"八五"普法应知应会法律手册

互联网从业人员
应知应会法律手册

法律出版社法规中心　编

法律出版社
LAW PRESS · CHINA
北京

图书在版编目（CIP）数据

互联网从业人员应知应会法律手册 / 法律出版社法规中心编. -- 北京 ：法律出版社，2021
（“八五”普法应知应会法律手册）
ISBN 978-7-5197-6053-3

Ⅰ. ①互… Ⅱ. ①法… Ⅲ. ①互联网络－科学技术管理法规－中国－手册 Ⅳ. ①D922.17-62

中国版本图书馆 CIP 数据核字(2021)第 215872 号

互联网从业人员应知应会法律手册
HULIANWANG CONGYE RENYUAN YINGZHI YINGHUI FALÜ SHOUCE

法律出版社法规中心 编

责任编辑 陶玉霞 赵雪慧
装帧设计 汪奇峰

出版发行 法律出版社
编辑统筹 法规出版分社
责任校对 张红蕊
责任印制 张建伟
经　　销 新华书店

开本 850 毫米×1168 毫米 1/32
印张 9.25 **字数** 310 千
版本 2021 年 11 月第 1 版
印次 2021 年 11 月第 1 次印刷
印刷 天津嘉恒印务有限公司

地址：北京市丰台区莲花池西里 7 号（100073）
网址：www.lawpress.com.cn
投稿邮箱：info@lawpress.com.cn
举报盗版邮箱：jbwq@lawpress.com.cn

销售电话：010-83938349
客服电话：010-83938350
咨询电话：010-63939796

书号：ISBN 978-7-5197-6053-3 **定价**：28.00 元
凡购买本社图书，如有印装错误，我社负责退换。电话：010-83938349

编写说明

自1986年以来，我国已连续实施完成了七个五年普法规划，取得了重要成果，全社会法治观念明显增强，社会治理法治化水平明显提高。在14亿多人口的大国持续开展全民普法，把法律交给人民，这是人类法治史上的一大创举，是中国特色社会主义制度优势的体现，也是中国特色社会主义法治的重要组成部分。全国第七个五年法治宣传教育规划（2016—2020年）顺利实施完成之后，以宪法为核心的中国特色社会主义法律体系学习宣传深入开展，“谁执法谁普法”等普法责任制广泛实行，法治文化蓬勃发展，全社会法治观念明显增强，社会治理法治化水平明显提高。

我国开启全面建设社会主义现代化国家新征程，进入新发展阶段，迫切要求进一步提升公民法治素养，推动全社会尊法学法守法用法。全民普法是全面依法治国的长期基础性工作。2021年6月，中共中央、国务院转发《中央宣传部、司法部关于开展法治宣传教育的第八个五年规划（2021—2025年）》。

为配合“八五”普法规划的实施，根据《中央宣传部、司法部关于开展法治宣传教育的第八个五年规划（2021—2025年）》的要求，我们尽可能覆盖重点普法对象，组织编写了“‘八五’普法应知应会法律手册”丛书。该丛书共10册，分别是：《公民应知应会法律手册》《国家安全教育应知应会法律手册》《青少年应知应会法律手册》《老年人应知应会法律手册》《村民应知应会法律手册》《国家工作人员应知应会法律手册》《互联网从业人员应知应会法律手册》

《企业用工应知应会法律手册》《安全生产应知应会法律手册》《打官司应知应会法律手册》。

本丛书具有以下特点：

1. 法律文本标准。作为专业的法律出版机构，多年来，我社积淀了丰富的标准法律文本资源，并根据立法进度及时更新相关内容。

2. 收录应知应会法规。丛书精选相关领域应知应会法规，内容精准，编排科学，是“八五”普法的推荐用书。

本丛书不足之处，恳请读者批评指正。

法律出版社法规中心

2021年10月

目　录

一、网络安全

二、网络侵权

三、网络管理

四、网络犯罪

一、网络安全

中华人民共和国网络安全法

1．2016年11月7日第十二届全国人民代表大会常务委员会第二十四次会议通过
2．2016年11月7日中华人民共和国主席令第53号公布
3．自2017年6月1日起施行

目　　录

第一章　总　　则

第一条　为了保障网络安全，维护网络空间主权和国家安全、社会公共利益，保护公民、法人和其他组织的合法权益，促进经济社会信息化健康发展，制定本法。

第二条　在中华人民共和国境内建设、运营、维护和使用网络，以及网络安全的监督管理，适用本法。

第三条　国家坚持网络安全与信息化发展并重，遵循积极利用、科学发展、依法管理、确保安全的方针，推进网络基础设施建设和互联互通，鼓励网络技术创新和应用，支持培养网络安全人才，建立健全网络安全保障体系，提高网络安全保护能力。

第四条　国家制定并不断完善网络安全战略，明确保障网络安全的基本要求和主要目标，提出重点领域的网络安全政策、工作任务和措施。

第五条　国家采取措施，监测、防御、处置来源于中华人民共和国境内外的网络安全风险和威胁，保护关键信息基础设施免受攻击、侵入、干扰和破坏，依法惩治网络违法犯罪活动，维护网络空间安全和秩序。

第六条　国家倡导诚实守信、健康文明的网络行为，推动传播社会主义核心价值观，采取措施提高全社会的网络安全意识和水平，形成全社会共同参与促进网络安全的良好环境。

第七条　国家积极开展网络空间治理、网络技术研发和标准制定、打击网络违法犯罪等方面的国际交流与合作，推动构建和平、安全、开放、合作的网络空间，建立多边、民主、透明的网络治理体系。

第八条　国家网信部门负责统筹协调网络安全工作和相关监督管理工作。国务院电信主管部门、公安部门和其他

有关机关依照本法和有关法律、行政法规的规定，在各自职责范围内负责网络安全保护和监督管理工作。

县级以上地方人民政府有关部门的网络安全保护和监督管理职责，按照国家有关规定确定。

第九条　网络运营者开展经营和服务活动，必须遵守法律、行政法规，尊重社会公德，遵守商业道德，诚实信用，履行网络安全保护义务，接受政府和社会的监督，承担社会责任。

第十条　建设、运营网络或者通过网络提供服务，应当依照法律、行政法规的规定和国家标准的强制性要求，采取技术措施和其他必要措施，保障网络安全、稳定运行，有效应对网络安全事件，防范网络违法犯罪活动，维护网络数据的完整性、保密性和可用性。

第十一条　网络相关行业组织按照章程，加强行业自律，制定网络安全行为规范，指导会员加强网络安全保护，提高网络安全保护水平，促进行业健康发展。

第十二条　国家保护公民、法人和其他组织依法使用网络的权利，促进网络接入普及，提升网络服务水平，为社会提供安全、便利的网络服务，保障网络信息依法有序自由流动。

任何个人和组织使用网络应当遵守宪法法律，遵守公共秩序，尊重社会公德，不得危害网络安全，不得利用网络从事危害国家安全、荣誉和利益，煽动颠覆国家政权、推翻社会主义制度，煽动分裂国家、破坏国家统一，宣扬恐怖主义、极端主义，宣扬民族仇恨、民族歧视，传播暴力、淫秽色情信息，编造、传播虚假信息扰乱经济秩序和社会秩序，以及侵害他人名誉、隐私、知识产权和其他合法权益等活动。

第十三条　国家支持研究开发有利于未成年人健康成长的网络产品和服务，依法惩治利用网络从事危害未成年人身心健康的活动，为未成年人提供安全、健康的网络环境。

第十四条　任何个人和组织有权对危害网络安全的行为向网信、电信、公安等部门举报。收到举报的部门应当及时依法作出处理；不属于本部门职责的，应当及时移送有权处理的部门。

有关部门应当对举报人的相关信息予以保密，保护举报人的合法权益。

第二章　网络安全支持与促进

第十五条　国家建立和完善网络安全标准体系。国务院标准化行政主管部门和国务院其他有关部门根据各自的职责，组织制定并适时修订有关网络安全管理以及网络产品、服务和运行安全的国家标准、行业标准。

国家支持企业、研究机构、高等学校、网络相关行业组织参与网络安全国家标准、行业标准的制定。

第十六条　国务院和省、自治区、直辖市人民政府应当统筹规划，加大投入，扶持重点网络安全技术产业和项目，支持网络安全技术的研究开发和应用，推广安全可信的网络产品和服务，保护网络技术知识产权，支持企业、研究机构和高等学校等参与国家网络安全技术创新项目。

第十七条 国家推进网络安全社会化服务体系建设，鼓励有关企业、机构开展网络安全认证、检测和风险评估等安全服务。

第十八条 国家鼓励开发网络数据安全保护和利用技术，促进公共数据资源开放，推动技术创新和经济社会发展。

国家支持创新网络安全管理方式，运用网络新技术，提升网络安全保护水平。

第十九条 各级人民政府及其有关部门应当组织开展经常性的网络安全宣传教育，并指导、督促有关单位做好网络安全宣传教育工作。

大众传播媒介应当有针对性地面向社会进行网络安全宣传教育。

第二十条 国家支持企业和高等学校、职业学校等教育培训机构开展网络安全相关教育与培训，采取多种方式培养网络安全人才，促进网络安全人才交流。

第三章 网络运行安全

第一节 一般规定

第二十一条 国家实行网络安全等级保护制度。网络运营者应当按照网络安全等级保护制度的要求，履行下列安全保护义务，保障网络免受干扰、破坏或者未经授权的访问，防止网络数据泄露或者被窃取、篡改：

（一）制定内部安全管理制度和操作规程，确定网络安全负责人，落实网络安全保护责任；

（二）采取防范计算机病毒和网络攻击、网络侵入等危害网络安全行为的技术措施；

（三）采取监测、记录网络运行状态、网络安全事件的技术措施，并按照规定留存相关的网络日志不少于六个月；

（四）采取数据分类、重要数据备份和加密等措施；

（五）法律、行政法规规定的其他义务。

第二十二条 网络产品、服务应当符合相关国家标准的强制性要求。网络产品、服务的提供者不得设置恶意程序；发现其网络产品、服务存在安全缺陷、漏洞等风险时，应当立即采取补救措施，按照规定及时告知用户并向有关主管部门报告。

网络产品、服务的提供者应当为其产品、服务持续提供安全维护；在规定或者当事人约定的期限内，不得终止提供安全维护。

网络产品、服务具有收集用户信息功能的，其提供者应当向用户明示并取得同意；涉及用户个人信息的，还应当遵守本法和有关法律、行政法规关于个人信息保护的规定。

第二十三条 网络关键设备和网络安全专用产品应当按照相关国家标准的强制性要求，由具备资格的机构安全认证合格或者安全检测符合要求后，方可销售或者提供。国家网信部门会同国务院有关部门制定、公布网络关键设备和网络安全专用产品目录，并推动安全认证和安全检测结果互认，避免重复认证、检测。

第二十四条 网络运营者为用户办理网络接入、域名注册服务，办理固定电话、移动电话等入网手续，或者为用户提供信息发布、即时通讯等服务，在与用户签订协议或者确认提供服务时，应当要求用户提供真实身份信息。用户不提供真实身份信息的，网络运营者不得为其提供相关服务。

国家实施网络可信身份战略，支持研究开发安全、方便的电子身份认证技术，推动不同电子身份认证之间的互认。

第二十五条 网络运营者应当制定网络安全事件应急预案，及时处置系统漏洞、计算机病毒、网络攻击、网络侵入等安全风险；在发生危害网络安全的事件时，立即启动应急预案，采取相应的补救措施，并按照规定向有关主管部门报告。

第二十六条 开展网络安全认证、检测、风险评估等活动，向社会发布系统漏洞、计算机病毒、网络攻击、网络侵入等网络安全信息，应当遵守国家有关规定。

第二十七条 任何个人和组织不得从事非法侵入他人网络、干扰他人网络正常功能、窃取网络数据等危害网络安全的活动；不得提供专门用于从事侵入网络、干扰网络正常功能及防护措施、窃取网络数据等危害网络安全活动的程序、工具；明知他人从事危害网络安全的活动的，不得为其提供技术支持、广告推广、支付结算等帮助。

第二十八条 网络运营者应当为公安机关、国家安全机关依法维护国家安全和侦查犯罪的活动提供技术支持和协助。

第二十九条 国家支持网络运营者之间在网络安全信息收集、分析、通报和应急处置等方面进行合作，提高网络运营者的安全保障能力。

有关行业组织建立健全本行业的网络安全保护规范和协作机制，加强对网络安全风险的分析评估，定期向会员进行风险警示，支持、协助会员应对网络安全风险。

第三十条 网信部门和有关部门在履行网络安全保护职责中获取的信息，只能用于维护网络安全的需要，不得用于其他用途。

第二节 关键信息基础设施的运行安全

第三十一条 国家对公共通信和信息服务、能源、交通、水利、金融、公共服务、电子政务等重要行业和领域，以及其他一旦遭到破坏、丧失功能或者数据泄露，可能严重危害国家安全、国计民生、公共利益的关键信息基础设施，在网络安全等级保护制度的基础上，实行重点保护。关键信息基础设施的具体范围和安全保护办法由国务院制定。

国家鼓励关键信息基础设施以外的网络运营者自愿参与关键信息基础设施保护体系。

第三十二条 按照国务院规定的职责分工，负责关键信息基础设施安全保护工作的部门分别编制并组织实施本行业、本领域的关键信息基础设施安全规划，指导和监督关键信息基础设施运行安全保护工作。

第三十三条 建设关键信息基础设施应当确保其具有支持业务稳定、持续运行的性能，并保证安全技术措施同步规划、同步建设、同步使用。

第三十四条 除本法第二十一条的规定外，关键信息基础设施的运营者还应当履行下列安全保护义务：

（一）设置专门安全管理机构和安全管理负责人，并对该负责人和关键岗位的人员进行安全背景审查；

（二）定期对从业人员进行网络安全教育、技术培训和技能考核；

（三）对重要系统和数据库进行容灾备份；

（四）制定网络安全事件应急预案，并定期进行演练；

（五）法律、行政法规规定的其他义务。

第三十五条 关键信息基础设施的运营者采购网络产品和服务，可能影响国家安全的，应当通过国家网信部门会同国务院有关部门组织的国家安全审查。

第三十六条 关键信息基础设施的运营者采购网络产品和服务，应当按照规定与提供者签订安全保密协议，明确安全和保密义务与责任。

第三十七条 关键信息基础设施的运营者在中华人民共和国境内运营中收集和产生的个人信息和重要数据应当在境内存储。因业务需要，确需向境外提供的，应当按照国家网信部门会同国务院有关部门制定的办法进行安全评估；法律、行政法规另有规定的，依照其规定。

第三十八条 关键信息基础设施的运营者应当自行或者委托网络安全服务机构对其网络的安全性和可能存在的风险每年至少进行一次检测评估，并将检测评估情况和改进措施报送相关负责关键信息基础设施安全保护工作的部门。

第三十九条 国家网信部门应当统筹协调有关部门对关键信息基础设施的安全保护采取下列措施：

（一）对关键信息基础设施的安全风险进行抽查检测，提出改进措施，必要时可以委托网络安全服务机构对网络存在的安全风险进行检测评估；

（二）定期组织关键信息基础设施的运营者进行网络安全应急演练，提高应对网络安全事件的水平和协同配合能力；

（三）促进有关部门、关键信息基础设施的运营者以及有关研究机构、网络安全服务机构等之间的网络安全信息共享；

（四）对网络安全事件的应急处置

与网络功能的恢复等，提供技术支持和协助。

第四章　网络信息安全

第四十条　网络运营者应当对其收集的用户信息严格保密，并建立健全用户信息保护制度。

第四十一条　网络运营者收集、使用个人信息，应当遵循合法、正当、必要的原则，公开收集、使用规则，明示收集、使用信息的目的、方式和范围，并经被收集者同意。

网络运营者不得收集与其提供的服务无关的个人信息，不得违反法律、行政法规的规定和双方的约定收集、使用个人信息，并应当依照法律、行政法规的规定和与用户的约定，处理其保存的个人信息。

第四十二条　网络运营者不得泄露、篡改、毁损其收集的个人信息；未经被收集者同意，不得向他人提供个人信息。但是，经过处理无法识别特定个人且不能复原的除外。

网络运营者应当采取技术措施和其他必要措施，确保其收集的个人信息安全，防止信息泄露、毁损、丢失。在发生或者可能发生个人信息泄露、毁损、丢失的情况时，应当立即采取补救措施，按照规定及时告知用户并向有关主管部门报告。

第四十三条　个人发现网络运营者违反法律、行政法规的规定或者双方的约定收集、使用其个人信息的，有权要求网络运营者删除其个人信息；发现网络运营者收集、存储的其个人信息有错误的，有权要求网络运营者予以更正。网络运营者应当采取措施予以删除或者更正。

第四十四条　任何个人和组织不得窃取或者以其他非法方式获取个人信息，不得非法出售或者非法向他人提供个人信息。

第四十五条　依法负有网络安全监督管理职责的部门及其工作人员，必须对在履行职责中知悉的个人信息、隐私和商业秘密严格保密，不得泄露、出售或者非法向他人提供。

第四十六条　任何个人和组织应当对其使用网络的行为负责，不得设立用于实施诈骗，传授犯罪方法，制作或者销售违禁物品、管制物品等违法犯罪活动的网站、通讯群组，不得利用网络发布涉及实施诈骗，制作或者销售违禁物品、管制物品以及其他违法犯罪活动的信息。

第四十七条　网络运营者应当加强对其用户发布的信息的管理，发现法律、行政法规禁止发布或者传输的信息的，应当立即停止传输该信息，采取消除等处置措施，防止信息扩散，保存有关记录，并向有关主管部门报告。

第四十八条　任何个人和组织发送的电子信息、提供的应用软件，不得设置恶意程序，不得含有法律、行政法规禁止发布或者传输的信息。

电子信息发送服务提供者和应用软件下载服务提供者，应当履行安全管理义务，知道其用户有前款规定行为的，应当停止提供服务，采取消除等处置措施，保存有关记录，并向有关主管部门报告。

第四十九条　网络运营者应当建立网络信息安全投诉、举报制度，公布投诉、举报方式等信息，及时受理并处理有关网络信息安全的投诉和举报。

网络运营者对网信部门和有关部门依法实施的监督检查，应当予以配合。

第五十条　国家网信部门和有关部门依法履行网络信息安全监督管理职责，发现法律、行政法规禁止发布或者传输的信息的，应当要求网络运营者停止传输，采取消除等处置措施，保存有关记录；对来源于中华人民共和国境外的上述信息，应当通知有关机构采取技术措施和其他必要措施阻断传播。

第五章　监测预警与应急处置

第五十一条　国家建立网络安全监测预警和信息通报制度。国家网信部门应当统筹协调有关部门加强网络安全信息收集、分析和通报工作，按照规定统一发布网络安全监测预警信息。

第五十二条　负责关键信息基础设施安全保护工作的部门，应当建立健全本行业、本领域的网络安全监测预警和信息通报制度，并按照规定报送网络安全监测预警信息。

第五十三条　国家网信部门协调有关部门建立健全网络安全风险评估和应急工作机制，制定网络安全事件应急预案，并定期组织演练。

负责关键信息基础设施安全保护工作的部门应当制定本行业、本领域的网络安全事件应急预案，并定期组织演练。

网络安全事件应急预案应当按照事件发生后的危害程度、影响范围等因素对网络安全事件进行分级，并规定相应的应急处置措施。

第五十四条　网络安全事件发生的风险增大时，省级以上人民政府有关部门应当按照规定的权限和程序，并根据网络安全风险的特点和可能造成的危害，采取下列措施：

（一）要求有关部门、机构和人员及时收集、报告有关信息，加强对网络安全风险的监测；

（二）组织有关部门、机构和专业人员，对网络安全风险信息进行分析评估，预测事件发生的可能性、影响范围和危害程度；

（三）向社会发布网络安全风险预警，发布避免、减轻危害的措施。

第五十五条　发生网络安全事件，应当立即启动网络安全事件应急预案，对网络安全事件进行调查和评估，要求网络运营者采取技术措施和其他必要措施，消除安全隐患，防止危害扩大，并及时向社会发布与公众有关的警示信息。

第五十六条　省级以上人民政府有关部门在履行网络安全监督管理职责中，发现网络存在较大安全风险或者发生安全事件的，可以按照规定的权限和程序对该网络的运营者的法定代表人或者主要负责人进行约谈。网络运营者应当按照要求采取措施，进行整改，消除隐患。

第五十七条　因网络安全事件，发生突发事件或者生产安全事故的，应当依照《中华人民共和国突发事件应对法》、《中华人民共和国安全生产法》等有关法律、行政法规的规定处置。

第五十八条　因维护国家安全和社会公共秩序，处置重大突发社会安全事件的需要，经国务院决定或者批准，可以在特定区域对网络通信采取限制等临时措施。

第六章　法 律 责 任

第五十九条　网络运营者不履行本法第二十一条、第二十五条规定的网络安全保护义务的，由有关主管部门责令改正，给予警告；拒不改正或者导致危害网络安全等后果的，处一万元以上十万元以下罚款，对直接负责的主管人员处五千元以上五万元以下罚款。

关键信息基础设施的运营者不履行本法第三十三条、第三十四条、第三十六条、第三十八条规定的网络安全保护义务的，由有关主管部门责令改正，给予警告；拒不改正或者导致危害网络安全等后果的，处十万元以上一百万元以下罚款，对直接负责的主管人员处一万元以上十万元以下罚款。

第六十条　违反本法第二十二条第一款、第二款和第四十八条第一款规定，有下列行为之一的，由有关主管部门责令改正，给予警告；拒不改正或者导致危害网络安全等后果的，处五万元以上五十万元以下罚款，对直接负责的主管人员处一万元以上十万元以下罚款：

（一）设置恶意程序的；

（二）对其产品、服务存在的安全缺陷、漏洞等风险未立即采取补救措施，或者未按照规定及时告知用户并向有关主管部门报告的；

（三）擅自终止为其产品、服务提供安全维护的。

第六十一条　网络运营者违反本法第二十四条第一款规定，未要求用户提供真实身份信息，或者对不提供真实身份信息的用户提供相关服务的，由有关主管部门责令改正；拒不改正或者情节严重的，处五万元以上五十万元以下罚款，并可以由有关主管部门责令暂停相关业务、停业整顿、关闭网站、吊销相关业务许可证或者吊销营业执照，对直接负责的主管人员和其他直接责任人员处一万元以上十万元以下罚款。

第六十二条　违反本法第二十六条规定，开展网络安全认证、检测、风险评估等活动，或者向社会发布系统漏洞、计算机病毒、网络攻击、网络侵入等网络安全信息的，由有关主管部门责令改正，给予警告；拒不改正或者情节严重的，处一万元以上十万元以下罚款，并可以由有关主管部门责令暂停相关业务、停业整顿、关闭网站、吊销相关业务许可证或者吊销营业执照，对直接负责的主管人员和其他直接责任人员处五千元以上五万元以下罚款。

第六十三条　违反本法第二十七条规定，从事危害网络安全的活动，或者提供专门用于从事危害网络安全活动的程序、工具，或者为他人从事危害网络安全的活动提供技术支持、广告推广、支付结算等帮助，尚不构成犯罪的，由公安机关没收违法所得，处五日以下拘留，可以并处五万元以上五十万元以下罚款；情节较重的，处五日以上十五日以下拘留，可以并处十万元以上一百万元以下罚款。

单位有前款行为的，由公安机关没收违法所得，处十万元以上一百万元以下罚款，并对直接负责的主管人员和其他直接责任人员依照前款规定处罚。

违反本法第二十七条规定，受到治安管理处罚的人员，五年内不得从事网络安全管理和网络运营关键岗位的工作；受到刑事处罚的人员，终身不得从事网络安全管理和网络运营关键岗位的工作。

第六十四条　网络运营者、网络产品或者服务的提供者违反本法第二十二条第三款、第四十一条至第四十三条规定，侵害个人信息依法得到保护的权利的，由有关主管部门责令改正，可以根据情节单处或者并处警告、没收违法所得、处违法所得一倍以上十倍以下罚款，没有违法所得的，处一百万元以下罚款，对直接负责的主管人员和其他直接责任人员处一万元以上十万元以下罚款；情节严重的，并可以责令暂停相关业务、停业整顿、关闭网站、吊销相关业务许可证或者吊销营业执照。

违反本法第四十四条规定，窃取或者以其他非法方式获取、非法出售或者非法向他人提供个人信息，尚不构成犯罪的，由公安机关没收违法所得，并处违法所得一倍以上十倍以下罚款，没有违法所得的，处一百万元以下罚款。

第六十五条　关键信息基础设施的运营者违反本法第三十五条规定，使用未经安全审查或者安全审查未通过的网络产品或者服务的，由有关主管部门责令停止使用，处采购金额一倍以上十倍以下罚款；对直接负责的主管人员和其他直接责任人员处一万元以上十万元以下罚款。

第六十六条　关键信息基础设施的运营者违反本法第三十七条规定，在境外存储网络数据，或者向境外提供网络数据的，由有关主管部门责令改正，给予警告，没收违法所得，处五万元以上五十万元以下罚款，并可以责令暂停相关业务、停业整顿、关闭网站、吊销相关业务许可证或者吊销营业执照；对直接负责的主管人员和其他直接责任人员处一万元以上十万元以下罚款。

第六十七条　违反本法第四十六条规定，设立用于实施违法犯罪活动的网站、通讯群组，或者利用网络发布涉及实施违法犯罪活动的信息，尚不构成犯罪的，由公安机关处五日以下拘留，可以并处一万元以上十万元以下罚款；情节较重的，处五日以上十五日以下拘留，可以并处五万元以上五十万元以下罚款。关闭用于实施违法犯罪活动的网站、通讯群组。

单位有前款行为的，由公安机关处十万元以上五十万元以下罚款，并对直接负责的主管人员和其他直接责任人员依照前款规定处罚。

第六十八条　网络运营者违反本法第四十七条规定，对法律、行政法规禁止发布或者传输的信息未停止传输、采取消除等处置措施、保存有关记录的，由有关主管部门责令改正，给予警告，没收违法所得；拒不改正或者情节严重的，处十万元以上五十万元以下罚款，并可以责令暂停相关业务、停业整顿、关闭网站、吊销相关业务许可证或者吊销营业执照，对直接负责的主管人员和其他直接责任人员处一万元以上十万元以下罚款。

电子信息发送服务提供者、应用软件下载服务提供者，不履行本法第四十八条第二款规定的安全管理义务的，依照前款规定处罚。

第六十九条　网络运营者违反本法规定，有下列行为之一的，由有关主管部门责令改正；拒不改正或者情节严重的，处五万元以上五十万元以下罚款，对直接负责的主管人员和其他直接责任人员，处一万元以上十万元以下罚款：

（一）不按照有关部门的要求对法律、行政法规禁止发布或者传输的信息，采取停止传输、消除等处置措施的；

（二）拒绝、阻碍有关部门依法实施的监督检查的；

（三）拒不向公安机关、国家安全机关提供技术支持和协助的。

第七十条　发布或者传输本法第十二条第二款和其他法律、行政法规禁止发布或者传输的信息的，依照有关法律、行政法规的规定处罚。

第七十一条　有本法规定的违法行为的，依照有关法律、行政法规的规定记入信用档案，并予以公示。

第七十二条　国家机关政务网络的运营者不履行本法规定的网络安全保护义务的，由其上级机关或者有关机关责令改正；对直接负责的主管人员和其他直接责任人员依法给予处分。

第七十三条　网信部门和有关部门违反本法第三十条规定，将在履行网络安全保护职责中获取的信息用于其他用途的，对直接负责的主管人员和其他直接责任人员依法给予处分。

网信部门和有关部门的工作人员玩忽职守、滥用职权、徇私舞弊，尚不构成犯罪的，依法给予处分。

第七十四条　违反本法规定，给他人造成损害的，依法承担民事责任。

违反本法规定，构成违反治安管理行为的，依法给予治安管理处罚；构成犯罪的，依法追究刑事责任。

第七十五条　境外的机构、组织、个人从事攻击、侵入、干扰、破坏等危害中华人民共和国的关键信息基础设施的活动，造成严重后果的，依法追究法律责任；国务院公安部门和有关部门并可以决定对该机构、组织、个人采取冻结财产或者其他必要的制裁措施。

第七章 附 则

第七十六条 本法下列用语的含义：

（一）网络，是指由计算机或者其他信息终端及相关设备组成的按照一定的规则和程序对信息进行收集、存储、传输、交换、处理的系统。

（二）网络安全，是指通过采取必要措施，防范对网络的攻击、侵入、干扰、破坏和非法使用以及意外事故，使网络处于稳定可靠运行的状态，以及保障网络数据的完整性、保密性、可用性的能力。

（三）网络运营者，是指网络的所有者、管理者和网络服务提供者。

（四）网络数据，是指通过网络收集、存储、传输、处理和产生的各种电子数据。

（五）个人信息，是指以电子或者其他方式记录的能够单独或者与其他信息结合识别自然人个人身份的各种信息，包括但不限于自然人的姓名、出生日期、身份证件号码、个人生物识别信息、住址、电话号码等。

第七十七条 存储、处理涉及国家秘密信息的网络的运行安全保护，除应当遵守本法外，还应当遵守保密法律、行政法规的规定。

第七十八条 军事网络的安全保护，由中央军事委员会另行规定。

第七十九条 本法自2017年6月1日起施行。

全国人民代表大会常务委员会关于维护互联网安全的决定

1. 2000年12月28日第九届全国人民代表大会常务委员会第十九次会议通过
2. 根据2009年8月27日第十一届全国人民代表大会常务委员会第十次会议《关于修改部分法律的决定》修正

我国的互联网，在国家大力倡导和积极推动下，在经济建设和各项事业中得到日益广泛的应用，使人们的生产、工作、学习和生活方式已经开始并将继续发生深刻的变化，对于加快我国国民经济、科学技术的发展和社会服务信息化进程具有重要作用。同时，如何保障互联网的运行安全和信息安全问题已经引起全社会的普遍关注。为了兴利除弊，促进我国互联网的健康发展，维护国家安全和社会公共利益，保护个人、法人和其他组织的合法权益，特作如下决定：

一、为了保障互联网的运行安全，对有下列行为之一，构成犯罪的，依照刑法有关规定追究刑事责任：

（一）侵入国家事务、国防建设、尖端科学技术领域的计算机信息系统；

（二）故意制作、传播计算机病毒等破坏性程序，攻击计算机系统及通信网络，致使计算机系统及通信网络遭受损害；

（三）违反国家规定，擅自中断计算机网络或者通信服务，造成计算机网络或者通信系统不能正常运行。

二、为了维护国家安全和社会稳定，对有下列行为之一，构成犯罪的，依照刑法有关规定追究刑事责任：

（一）利用互联网造谣、诽谤或者发表、传播其他有害信息，煽动颠覆国家政权、推翻社会主义制度，或者煽动分裂国家、破坏国家统一；

（二）通过互联网窃取、泄露国家秘密、情报或者军事秘密；

（三）利用互联网煽动民族仇恨、民族歧视，破坏民族团结；

（四）利用互联网组织邪教组织、联络邪教组织成员，破坏国家法律、行政法规实施。

三、为了维护社会主义市场经济秩序和社会管理秩序，对有下列行为之一，构成犯罪的，依照刑法有关规定追究刑事责任：

（一）利用互联网销售伪劣产品或者对商品、服务作虚假宣传；

（二）利用互联网损害他人商业信誉和商品声誉；

（三）利用互联网侵犯他人知识产权；

（四）利用互联网编造并传播影响证券、期货交易或者其他扰乱金融秩序的虚假信息；

（五）在互联网上建立淫秽网站、网页，提供淫秽站点链接服务，或者传播淫秽书刊、影片、音像、图片。

四、为了保护个人、法人和其他组织的人身、财产等合法权利，对有下列行为之一，构成犯罪的，依照刑法有关规定追究刑事责任：

（一）利用互联网侮辱他人或者捏造事实诽谤他人；

（二）非法截获、篡改、删除他人电子邮件或者其他数据资料，侵犯公民通信自由和通信秘密；

（三）利用互联网进行盗窃、诈骗、敲诈勒索。

五、利用互联网实施本决定第一条、第二条、第三条、第四条所列行为以外的其他行为，构成犯罪的，依照刑法有关规定追究刑事责任。

六、利用互联网实施违法行为，违反社会治安管理，尚不构成犯罪的，由公安机关依照《治安管理处罚法》予以处罚；违反其他法律、行政法规，尚不构成犯罪的，由有关行政管理部门依法给予行政处罚；对直接负责的主管人员和其他直接责任人员，依法给予行政处分或者纪律处分。

利用互联网侵犯他人合法权益，构成民事侵权的，依法承担民事责任。

七、各级人民政府及有关部门要采取积极措施，在促进互联网的应用和网络技术的普及过程中，重视和支持对网络安全技术的研究和开发，增强网络的安全防护能力。有关主管部门要加强对互联网的运行安全和信息安全的宣传教育，依法实施有效的监督管理，防范和制止利用互联网进行的各种违法活动，为互联网的健康发展创造良好的社会环境。从事互联网业务的单位要依法开展活动,发现互联网上出现违法犯罪行为和有害信息时,要采取措施,停止传输有害信息,并及时向有关机关报告。任何单位和个人在利用互联网时,都要遵纪守法,抵制各种违法犯罪行为和有害信息。人民法院、人民检察院、公安机关、国家安全机关要各司其职,密切配合,依法严厉打击利用互联网实施的各种犯罪活动。要动员全社会的力量,依靠全社会的共同努力,保障互联网的运行安全与信息安全,促进社会主义精神文明和物质文明建设。

中华人民共和国数据安全法

1. 2021年6月10日第十三届全国人民代表大会常务委员会第二十九次会议通过
2. 2021年6月10日中华人民共和国主席令第84号公布
3. 自2021年9月1日起施行

目　　录

第一章　总　　则

第一条　为了规范数据处理活动,保障数据安全,促进数据开发利用,保护个人、组织的合法权益,维护国家主权、安全和发展利益,制定本法。

第二条　在中华人民共和国境内开展数据处理活动及其安全监管,适用本法。

在中华人民共和国境外开展数据处理活动,损害中华人民共和国国家安全、公共利益或者公民、组织合法权益的,依法追究法律责任。

第三条　本法所称数据,是指任何以电子或者其他方式对信息的记录。

数据处理,包括数据的收集、存储、使用、加工、传输、提供、公开等。

数据安全,是指通过采取必要措施,确保数据处于有效保护和合法利用的状态,以及具备保障持续安全状态的能力。

第四条　维护数据安全,应当坚持总体国家安全观,建立健全数据安全治理体系,提高数据安全保障能力。

第五条　中央国家安全领导机构负责国家数据安全工作的决策和议事协调,研究制定、指导实施国家数据安全战略和有关重大方针政策,统筹协调国家数据安全的重大事项和重要工作,建立国家数据安全工作协调机制。

第六条　各地区、各部门对本地区、本部门工作中收集和产生的数据及数据安全负责。

工业、电信、交通、金融、自然资源、

卫生健康、教育、科技等主管部门承担本行业、本领域数据安全监管职责。

公安机关、国家安全机关等依照本法和有关法律、行政法规的规定，在各自职责范围内承担数据安全监管职责。

国家网信部门依照本法和有关法律、行政法规的规定，负责统筹协调网络数据安全和相关监管工作。

第七条　国家保护个人、组织与数据有关的权益，鼓励数据依法合理有效利用，保障数据依法有序自由流动，促进以数据为关键要素的数字经济发展。

第八条　开展数据处理活动，应当遵守法律、法规，尊重社会公德和伦理，遵守商业道德和职业道德，诚实守信，履行数据安全保护义务，承担社会责任，不得危害国家安全、公共利益，不得损害个人、组织的合法权益。

第九条　国家支持开展数据安全知识宣传普及，提高全社会的数据安全保护意识和水平，推动有关部门、行业组织、科研机构、企业、个人等共同参与数据安全保护工作，形成全社会共同维护数据安全和促进发展的良好环境。

第十条　相关行业组织按照章程，依法制定数据安全行为规范和团体标准，加强行业自律，指导会员加强数据安全保护，提高数据安全保护水平，促进行业健康发展。

第十一条　国家积极开展数据安全治理、数据开发利用等领域的国际交流与合作，参与数据安全相关国际规则和标准的制定，促进数据跨境安全、自由流动。

第十二条　任何个人、组织都有权对违反本法规定的行为向有关主管部门投诉、举报。收到投诉、举报的部门应当及时依法处理。

有关主管部门应当对投诉、举报人的相关信息予以保密，保护投诉、举报人的合法权益。

第二章　数据安全与发展

第十三条　国家统筹发展和安全，坚持以数据开发利用和产业发展促进数据安全，以数据安全保障数据开发利用和产业发展。

第十四条　国家实施大数据战略，推进数据基础设施建设，鼓励和支持数据在各行业、各领域的创新应用。

省级以上人民政府应当将数字经济发展纳入本级国民经济和社会发展规划，并根据需要制定数字经济发展规划。

第十五条　国家支持开发利用数据提升公共服务的智能化水平。提供智能化公共服务，应当充分考虑老年人、残疾人的需求，避免对老年人、残疾人的日常生活造成障碍。

第十六条　国家支持数据开发利用和数据安全技术研究，鼓励数据开发利用和数据安全等领域的技术推广和商业创新，培育、发展数据开发利用和数据安全产品、产业体系。

第十七条　国家推进数据开发利用技术和数据安全标准体系建设。国务院标准化行政主管部门和国务院有关部门根据各自的职责，组织制定并适时修订有关数据开发利用技术、产品和数据安全相关标准。国家支持企业、社会团体和教育、科研机构等参与标准制定。

第十八条 国家促进数据安全检测评估、认证等服务的发展,支持数据安全检测评估、认证等专业机构依法开展服务活动。

国家支持有关部门、行业组织、企业、教育和科研机构、有关专业机构等在数据安全风险评估、防范、处置等方面开展协作。

第十九条 国家建立健全数据交易管理制度,规范数据交易行为,培育数据交易市场。

第二十条 国家支持教育、科研机构和企业等开展数据开发利用技术和数据安全相关教育和培训,采取多种方式培养数据开发利用技术和数据安全专业人才,促进人才交流。

第三章 数据安全制度

第二十一条 国家建立数据分类分级保护制度,根据数据在经济社会发展中的重要程度,以及一旦遭到篡改、破坏、泄露或者非法获取、非法利用,对国家安全、公共利益或者个人、组织合法权益造成的危害程度,对数据实行分类分级保护。国家数据安全工作协调机制统筹协调有关部门制定重要数据目录,加强对重要数据的保护。

关系国家安全、国民经济命脉、重要民生、重大公共利益等数据属于国家核心数据,实行更加严格的管理制度。

各地区、各部门应当按照数据分类分级保护制度,确定本地区、本部门以及相关行业、领域的重要数据具体目录,对列入目录的数据进行重点保护。

第二十二条 国家建立集中统一、高效权威的数据安全风险评估、报告、信息共享、监测预警机制。国家数据安全工作协调机制统筹协调有关部门加强数据安全风险信息的获取、分析、研判、预警工作。

第二十三条 国家建立数据安全应急处置机制。发生数据安全事件,有关主管部门应当依法启动应急预案,采取相应的应急处置措施,防止危害扩大,消除安全隐患,并及时向社会发布与公众有关的警示信息。

第二十四条 国家建立数据安全审查制度,对影响或者可能影响国家安全的数据处理活动进行国家安全审查。

依法作出的安全审查决定为最终决定。

第二十五条 国家对与维护国家安全和利益、履行国际义务相关的属于管制物项的数据依法实施出口管制。

第二十六条 任何国家或者地区在与数据和数据开发利用技术等有关的投资、贸易等方面对中华人民共和国采取歧视性的禁止、限制或者其他类似措施的,中华人民共和国可以根据实际情况对该国家或者地区对等采取措施。

第四章 数据安全保护义务

第二十七条 开展数据处理活动应当依照法律、法规的规定,建立健全全流程数据安全管理制度，组织开展数据安全教育培训，采取相应的技术措施和其他必要措施，保障数据安全。利用互联网等信息网络开展数据处理活动，应当在网络安全等级保护制度的基础上，履行上述数据安全保护义务。

重要数据的处理者应当明确数据安全负责人和管理机构，落实数据安全保护责任。

第二十八条　开展数据处理活动以及研究开发数据新技术，应当有利于促进经济社会发展，增进人民福祉，符合社会公德和伦理。

第二十九条　开展数据处理活动应当加强风险监测，发现数据安全缺陷、漏洞等风险时，应当立即采取补救措施；发生数据安全事件时，应当立即采取处置措施，按照规定及时告知用户并向有关主管部门报告。

第三十条　重要数据的处理者应当按照规定对其数据处理活动定期开展风险评估，并向有关主管部门报送风险评估报告。

风险评估报告应当包括处理的重要数据的种类、数量，开展数据处理活动的情况，面临的数据安全风险及其应对措施等。

第三十一条　关键信息基础设施的运营者在中华人民共和国境内运营中收集和产生的重要数据的出境安全管理，适用《中华人民共和国网络安全法》的规定；其他数据处理者在中华人民共和国境内运营中收集和产生的重要数据的出境安全管理办法，由国家网信部门会同国务院有关部门制定。

第三十二条　任何组织、个人收集数据，应当采取合法、正当的方式，不得窃取或者以其他非法方式获取数据。

法律、行政法规对收集、使用数据的目的、范围有规定的，应当在法律、行政法规规定的目的和范围内收集、使用数据。

第三十三条　从事数据交易中介服务的机构提供服务，应当要求数据提供方说明数据来源，审核交易双方的身份，并留存审核、交易记录。

第三十四条　法律、行政法规规定提供数据处理相关服务应当取得行政许可的，服务提供者应当依法取得许可。

第三十五条　公安机关、国家安全机关因依法维护国家安全或者侦查犯罪的需要调取数据，应当按照国家有关规定，经过严格的批准手续，依法进行，有关组织、个人应当予以配合。

第三十六条　中华人民共和国主管机关根据有关法律和中华人民共和国缔结或者参加的国际条约、协定，或者按照平等互惠原则，处理外国司法或者执法机构关于提供数据的请求。非经中华人民共和国主管机关批准，境内的组织、个人不得向外国司法或者执法机构提供存储于中华人民共和国境内的数据。

第五章　政务数据安全与开放

第三十七条　国家大力推进电子政务建设，提高政务数据的科学性、准确性、时效性,提升运用数据服务经济社会发展的能力。

第三十八条 国家机关为履行法定职责的需要收集、使用数据,应当在其履行法定职责的范围内依照法律、行政法规规定的条件和程序进行;对在履行职责中知悉的个人隐私、个人信息、商业秘密、保密商务信息等数据应当依法予以保密,不得泄露或者非法向他人提供。

第三十九条 国家机关应当依照法律、行政法规的规定,建立健全数据安全管理制度,落实数据安全保护责任,保障政务数据安全。

第四十条 国家机关委托他人建设、维护电子政务系统,存储、加工政务数据,应当经过严格的批准程序,并应当监督受托方履行相应的数据安全保护义务。受托方应当依照法律、法规的规定和合同约定履行数据安全保护义务,不得擅自留存、使用、泄露或者向他人提供政务数据。

第四十一条 国家机关应当遵循公正、公平、便民的原则,按照规定及时、准确地公开政务数据。依法不予公开的除外。

第四十二条 国家制定政务数据开放目录,构建统一规范、互联互通、安全可控的政务数据开放平台,推动政务数据开放利用。

第四十三条 法律、法规授权的具有管理公共事务职能的组织为履行法定职责开展数据处理活动,适用本章规定。

第六章 法律责任

第四十四条 有关主管部门在履行数据安全监管职责中,发现数据处理活动存在较大安全风险的,可以按照规定的权限和程序对有关组织、个人进行约谈,并要求有关组织、个人采取措施进行整改,消除隐患。

第四十五条 开展数据处理活动的组织、个人不履行本法第二十七条、第二十九条、第三十条规定的数据安全保护义务的,由有关主管部门责令改正,给予警告,可以并处五万元以上五十万元以下罚款,对直接负责的主管人员和其他直接责任人员可以处一万元以上十万元以下罚款;拒不改正或者造成大量数据泄露等严重后果的,处五十万元以上二百万元以下罚款,并可以责令暂停相关业务、停业整顿、吊销相关业务许可证或者吊销营业执照,对直接负责的主管人员和其他直接责任人员处五万元以上二十万元以下罚款。

违反国家核心数据管理制度,危害国家主权、安全和发展利益的,由有关主管部门处二百万元以上一千万元以下罚款,并根据情况责令暂停相关业务、停业整顿、吊销相关业务许可证或者吊销营业执照;构成犯罪的,依法追究刑事责任。

第四十六条 违反本法第三十一条规定,向境外提供重要数据的,由有关主管部门责令改正,给予警告,可以并处十万元以上一百万元以下罚款,对直接负责的主管人员和其他直接责任人员可以处一万元以上十万元以下罚款；情节严重的，处一百万元以上一千万元以下罚款，并可以责令暂停相关业务、停业整顿、吊销相关业务许可证或者吊销营业执照，对直接负责的主管人员和其他直接责任人员处十万元以上一百万元以下罚款。

第四十七条　从事数据交易中介服务的机构未履行本法第三十三条规定的义务的，由有关主管部门责令改正，没收违法所得，处违法所得一倍以上十倍以下罚款，没有违法所得或者违法所得不足十万元的，处十万元以上一百万元以下罚款，并可以责令暂停相关业务、停业整顿、吊销相关业务许可证或者吊销营业执照；对直接负责的主管人员和其他直接责任人员处一万元以上十万元以下罚款。

第四十八条　违反本法第三十五条规定，拒不配合数据调取的，由有关主管部门责令改正，给予警告，并处五万元以上五十万元以下罚款，对直接负责的主管人员和其他直接责任人员处一万元以上十万元以下罚款。

违反本法第三十六条规定，未经主管机关批准向外国司法或者执法机构提供数据的，由有关主管部门给予警告，可以并处十万元以上一百万元以下罚款，对直接负责的主管人员和其他直接责任人员可以处一万元以上十万元以下罚款；造成严重后果的，处一百万元以上五百万元以下罚款，并可以责令暂停相关业务、停业整顿、吊销相关业务许可证或者吊销营业执照，对直接负责的主管人员和其他直接责任人员处五万元以上五十万元以下罚款。

第四十九条　国家机关不履行本法规定的数据安全保护义务的，对直接负责的主管人员和其他直接责任人员依法给予处分。

第五十条　履行数据安全监管职责的国家工作人员玩忽职守、滥用职权、徇私舞弊的，依法给予处分。

第五十一条　窃取或者以其他非法方式获取数据，开展数据处理活动排除、限制竞争，或者损害个人、组织合法权益的，依照有关法律、行政法规的规定处罚。

第五十二条　违反本法规定，给他人造成损害的，依法承担民事责任。

违反本法规定，构成违反治安管理行为的，依法给予治安管理处罚；构成犯罪的，依法追究刑事责任。

第七章　附　　则

第五十三条　开展涉及国家秘密的数据处理活动，适用《中华人民共和国保守国家秘密法》等法律、行政法规的规定。

在统计、档案工作中开展数据处理活动，开展涉及个人信息的数据处理活动，还应当遵守有关法律、行政法规的规定。

第五十四条　军事数据安全保护的办法，由中央军事委员会依据本法另行制定。

第五十五条 本法自2021年9月1日起施行。

计算机信息系统安全保护条例

1. 1994年2月18日国务院令第147号发布
2. 根据2011年1月8日国务院令第588号《关于废止和修改部分行政法规的决定》修订
3. 自2011年1月8日起施行

第一章 总 则

第一条 为了保护计算机信息系统的安全，促进计算机的应用和发展，保障社会主义现代化建设的顺利进行，制定本条例。

第二条 本条例所称的计算机信息系统，是指由计算机及其相关的和配套的设备、设施（含网络）构成的，按照一定的应用目标和规则对信息进行采集、加工、存储、传输、检索等处理的人机系统。

第三条 计算机信息系统的安全保护，应当保障计算机及其相关的和配套的设备、设施（含网络）的安全，运行环境的安全，保障信息的安全，保障计算机功能的正常发挥，以维护计算机信息系统的安全运行。

第四条 计算机信息系统的安全保护工作，重点维护国家事务、经济建设、国防建设、尖端科学技术等重要领域的计算机信息系统的安全。

第五条 中华人民共和国境内的计算机信息系统的安全保护，适用本条例。

未联网的微型计算机的安全保护办法，另行制定。

第六条 公安部主管全国计算机信息系统安全保护工作。

国家安全部、国家保密局和国务院其他有关部门，在国务院规定的职责范围内做好计算机信息系统安全保护的有关工作。

第七条 任何组织或者个人，不得利用计算机信息系统从事危害国家利益、集体利益和公民合法利益的活动，不得危害计算机信息系统的安全。

第二章 安全保护制度

第八条 计算机信息系统的建设和应用，应当遵守法律、行政法规和国家其他有关规定。

第九条 计算机信息系统实行安全等级保护。安全等级的划分标准和安全等级保护的具体办法，由公安部会同有关部门制定。

第十条 计算机机房应当符合国家标准和国家有关规定。

在计算机机房附近施工，不得危害计算机信息系统的安全。

第十一条 进行国际联网的计算机信息系统，由计算机信息系统的使用单位报省级以上人民政府公安机关备案。

第十二条　运输、携带、邮寄计算机信息媒体进出境的，应当如实向海关申报。

第十三条　计算机信息系统的使用单位应当建立健全安全管理制度，负责本单位计算机信息系统的安全保护工作。

第十四条　对计算机信息系统中发生的案件，有关使用单位应当在24小时内向当地县级以上人民政府公安机关报告。

第十五条　对计算机病毒和危害社会公共安全的其他有害数据的防治研究工作，由公安部归口管理。

第十六条　国家对计算机信息系统安全专用产品的销售实行许可证制度。具体办法由公安部会同有关部门制定。

第三章　安全监督

第十七条　公安机关对计算机信息系统安全保护工作行使下列监督职权：

（一）监督、检查、指导计算机信息系统安全保护工作；

（二）查处危害计算机信息系统安全的违法犯罪案件；

（三）履行计算机信息系统安全保护工作的其他监督职责。

第十八条　公安机关发现影响计算机信息系统安全的隐患时，应当及时通知使用单位采取安全保护措施。

第十九条　公安部在紧急情况下，可以就涉及计算机信息系统安全的特定事项发布专项通令。

第四章　法律责任

第二十条　违反本条例的规定，有下列行为之一的，由公安机关处以警告或者停机整顿：

（一）违反计算机信息系统安全等级保护制度，危害计算机信息系统安全的；

（二）违反计算机信息系统国际联网备案制度的；

（三）不按照规定时间报告计算机信息系统中发生的案件的；

（四）接到公安机关要求改进安全状况的通知后，在限期内拒不改进的；

（五）有危害计算机信息系统安全的其他行为的。

第二十一条　计算机机房不符合国家标准和国家其他有关规定的，或者在计算机机房附近施工危害计算机信息系统安全的，由公安机关会同有关单位进行处理。

第二十二条　运输、携带、邮寄计算机信息媒体进出境，不如实向海关申报的，由海关依照《中华人民共和国海关法》和本条例以及其他有关法律、法规的规定处理。

第二十三条　故意输入计算机病毒以及其他有害数据危害计算机信息系统安全的，或者未经许可出售计算机信息系统安全专用产品的，由公安机关处以警告或者对个人处以5000元以下的罚款、对单位处以1.5万元以下的罚款；有违法所得的，除予以没收外，可以处以违法所得1至3倍的罚款。

第二十四条 违反本条例的规定，构成违反治安管理行为的，依照《中华人民共和国治安管理处罚法》的有关规定处罚；构成犯罪的，依法追究刑事责任。

第二十五条 任何组织或者个人违反本条例的规定，给国家、集体或者他人财产造成损失的，应当依法承担民事责任。

第二十六条 当事人对公安机关依照本条例所作出的具体行政行为不服的，可以依法申请行政复议或者提起行政诉讼。

第二十七条 执行本条例的国家公务员利用职权，索取、收受贿赂或者有其他违法、失职行为，构成犯罪的，依法追究刑事责任；尚不构成犯罪的，给予行政处分。

第五章 附 则

第二十八条 本条例下列用语的含义：

计算机病毒，是指编制或者在计算机程序中插入的破坏计算机功能或者毁坏数据，影响计算机使用，并能自我复制的一组计算机指令或者程序代码。

计算机信息系统安全专用产品，是指用于保护计算机信息系统安全的专用硬件和软件产品。

第二十九条 军队的计算机信息系统安全保护工作，按照军队的有关法规执行。

第三十条 公安部可以根据本条例制定实施办法。

第三十一条 本条例自发布之日起施行。

中华人民共和国电信条例

1. 2000年9月25日国务院令第291号公布
2. 根据2014年7月29日国务院令第653号《关于修改部分行政法规的决定》第一次修订
3. 根据2016年2月6日国务院令第666号《关于修改部分行政法规的决定》第二次修订

第一章 总 则

第一条 为了规范电信市场秩序，维护电信用户和电信业务经营者的合法权益，保障电信网络和信息的安全，促进电信业的健康发展，制定本条例。

第二条 在中华人民共和国境内从事电信活动或者与电信有关的活动，必须遵守本条例。

本条例所称电信，是指利用有线、无线的电磁系统或者光电系统，传送、发射或者接收语音、文字、数据、图像以及其他任何形式信息的活动。

第三条 国务院信息产业主管部门依照本条例的规定对全国电信业实施监

督管理。

省、自治区、直辖市电信管理机构在国务院信息产业主管部门的领导下，依照本条例的规定对本行政区域内的电信业实施监督管理。

第四条 电信监督管理遵循政企分开、破除垄断、鼓励竞争、促进发展和公开、公平、公正的原则。

电信业务经营者应当依法经营，遵守商业道德，接受依法实施的监督检查。

第五条 电信业务经营者应当为电信用户提供迅速、准确、安全、方便和价格合理的电信服务。

第六条 电信网络和信息的安全受法律保护。任何组织或者个人不得利用电信网络从事危害国家安全、社会公共利益或者他人合法权益的活动。

第二章 电信市场

第一节 电信业务许可

第七条 国家对电信业务经营按照电信业务分类，实行许可制度。

经营电信业务，必须依照本条例的规定取得国务院信息产业主管部门或者省、自治区、直辖市电信管理机构颁发的电信业务经营许可证。

未取得电信业务经营许可证，任何组织或者个人不得从事电信业务经营活动。

第八条 电信业务分为基础电信业务和增值电信业务。

基础电信业务，是指提供公共网络基础设施、公共数据传送和基本话音通信服务的业务。增值电信业务，是指利用公共网络基础设施提供的电信与信息服务的业务。

电信业务分类的具体划分在本条例所附的《电信业务分类目录》中列出。国务院信息产业主管部门根据实际情况，可以对目录所列电信业务分类项目作局部调整，重新公布。

第九条 经营基础电信业务，须经国务院信息产业主管部门审查批准，取得《基础电信业务经营许可证》。

经营增值电信业务，业务覆盖范围在两个以上省、自治区、直辖市的，须经国务院信息产业主管部门审查批准，取得《跨地区增值电信业务经营许可证》；业务覆盖范围在一个省、自治区、直辖市行政区域内的，须经省、自治区、直辖市电信管理机构审查批准，取得《增值电信业务经营许可证》。

运用新技术试办《电信业务分类目录》未列出的新型电信业务的，应当向省、自治区、直辖市电信管理机构备案。

第十条 经营基础电信业务，应当具备下列条件：

（一）经营者为依法设立的专门从事基础电信业务的公司，且公司中国有股权或者股份不少于51%；

（二）有可行性研究报告和组网技术方案；

（三）有与从事经营活动相适应的资金和专业人员；

（四）有从事经营活动的场地及相

应的资源；

（五）有为用户提供长期服务的信誉或者能力；

（六）国家规定的其他条件。

第十一条 申请经营基础电信业务，应当向国务院信息产业主管部门提出申请，并提交本条例第十条规定的相关文件。国务院信息产业主管部门应当自受理申请之日起180日内审查完毕，作出批准或者不予批准的决定。予以批准的，颁发《基础电信业务经营许可证》；不予批准的，应当书面通知申请人并说明理由。

第十二条 国务院信息产业主管部门审查经营基础电信业务的申请时，应当考虑国家安全、电信网络安全、电信资源可持续利用、环境保护和电信市场的竞争状况等因素。

颁发《基础电信业务经营许可证》，应当按照国家有关规定采用招标方式。

第十三条 经营增值电信业务，应当具备下列条件：

（一）经营者为依法设立的公司；

（二）有与开展经营活动相适应的资金和专业人员；

（三）有为用户提供长期服务的信誉或者能力；

（四）国家规定的其他条件。

第十四条 申请经营增值电信业务，应当根据本条例第九条第二款的规定，向国务院信息产业主管部门或者省、自治区、直辖市电信管理机构提出申请，并提交本条例第十三条规定的相关文件。申请经营的增值电信业务，按照国家有关规定须经有关主管部门审批的，还应当提交有关主管部门审核同意的文件。国务院信息产业主管部门或者省、自治区、直辖市电信管理机构应当自收到申请之日起60日内审查完毕，作出批准或者不予批准的决定。予以批准的，颁发《跨地区增值电信业务经营许可证》或者《增值电信业务经营许可证》；不予批准的，应当书面通知申请人并说明理由。

第十五条 电信业务经营者在经营过程中，变更经营主体、业务范围或者停止经营的，应当提前90日向原颁发许可证的机关提出申请，并办理相应手续；停止经营的，还应当按照国家有关规定做好善后工作。

第十六条 专用电信网运营单位在所在地区经营电信业务的，应当依照本条例规定的条件和程序提出申请，经批准，取得电信业务经营许可证。

第二节 电信网间互联

第十七条 电信网之间应当按照技术可行、经济合理、公平公正、相互配合的原则，实现互联互通。

主导的电信业务经营者不得拒绝其他电信业务经营者和专用网运营单位提出的互联互通要求。

前款所称主导的电信业务经营者，是指控制必要的基础电信设施并且在电信业务市场中占有较大份额，能够对其他电信业务经营者进入电信业务市场构成实质性影响的经营者。

主导的电信业务经营者由国务院信息产业主管部门确定。

第十八条　主导的电信业务经营者应当按照非歧视和透明化的原则，制定包括网间互联的程序、时限、非捆绑网络元素目录等内容的互联规程。互联规程应当报国务院信息产业主管部门审查同意。该互联规程对主导的电信业务经营者的互联互通活动具有约束力。

第十九条　公用电信网之间、公用电信网与专用电信网之间的网间互联，由网间互联双方按照国务院信息产业主管部门的网间互联管理规定进行互联协商，并订立网间互联协议。

第二十条　网间互联双方经协商未能达成网间互联协议的，自一方提出互联要求之日起60日内，任何一方均可以按照网间互联覆盖范围向国务院信息产业主管部门或者省、自治区、直辖市电信管理机构申请协调；收到申请的机关应当依照本条例第十七条第一款规定的原则进行协调，促使网间互联双方达成协议；自网间互联一方或者双方申请协调之日起45日内经协调仍不能达成协议的，由协调机关随机邀请电信技术专家和其他有关方面专家进行公开论证并提出网间互联方案。协调机关应当根据专家论证结论和提出的网间互联方案作出决定，强制实现互联互通。

第二十一条　网间互联双方必须在协议约定或者决定规定的时限内实现互联互通，遵守网间互联协议和国务院信息产业主管部门的相关规定，保障网间通信畅通，任何一方不得擅自中断互联互通。网间互联遇有通信技术障碍的，双方应当立即采取有效措施予以消除。网间互联双方在互联互通中发生争议的，依照本条例第二十条规定的程序和办法处理。

网间互联的通信质量应当符合国家有关标准。主导的电信业务经营者向其他电信业务经营者提供网间互联，服务质量不得低于本网内的同类业务及向其子公司或者分支机构提供的同类业务质量。

第二十二条　网间互联的费用结算与分摊应当执行国家有关规定，不得在规定标准之外加收费用。

网间互联的技术标准、费用结算办法和具体管理规定，由国务院信息产业主管部门制定。

第三节　电信资费

第二十三条　电信资费实行市场调节价。电信业务经营者应当统筹考虑生产经营成本、电信市场供求状况等因素，合理确定电信业务资费标准。

第二十四条　国家依法加强对电信业务经营者资费行为的监管，建立健全监管规则，维护消费者合法权益。

第二十五条　电信业务经营者应当根据国务院信息产业主管部门和省、自治区、直辖市电信管理机构的要求，提供准确、完备的业务成本数据及其他有关资料。

第四节 电信资源

第二十六条 国家对电信资源统一规划、集中管理、合理分配,实行有偿使用制度。

前款所称电信资源,是指无线电频率、卫星轨道位置、电信网码号等用于实现电信功能且有限的资源。

第二十七条 电信业务经营者占有、使用电信资源,应当缴纳电信资源费。具体收费办法由国务院信息产业主管部门会同国务院财政部门、价格主管部门制定,报国务院批准后公布施行。

第二十八条 电信资源的分配,应当考虑电信资源规划、用途和预期服务能力。

分配电信资源,可以采取指配的方式,也可以采用拍卖的方式。

取得电信资源使用权的,应当在规定的时限内启用所分配的资源,并达到规定的最低使用规模。未经国务院信息产业主管部门或者省、自治区、直辖市电信管理机构批准,不得擅自使用、转让、出租电信资源或者改变电信资源的用途。

第二十九条 电信资源使用者依法取得电信网码号资源后,主导的电信业务经营者和其他有关单位有义务采取必要的技术措施,配合电信资源使用者实现其电信网码号资源的功能。

法律、行政法规对电信资源管理另有特别规定的,从其规定。

第三章 电信服务

第三十条 电信业务经营者应当按照国家规定的电信服务标准向电信用户提供服务。电信业务经营者提供服务的种类、范围、资费标准和时限,应当向社会公布,并报省、自治区、直辖市电信管理机构备案。

电信用户有权自主选择使用依法开办的各类电信业务。

第三十一条 电信用户申请安装、移装电信终端设备的,电信业务经营者应当在其公布的时限内保证装机开通;由于电信业务经营者的原因逾期未能装机开通的,应当每日按照收取的安装费、移装费或者其他费用数额1%的比例,向电信用户支付违约金。

第三十二条 电信用户申告电信服务障碍的,电信业务经营者应当自接到申告之日起,城镇48小时、农村72小时内修复或者调通;不能按期修复或者调通的,应当及时通知电信用户,并免收障碍期间的月租费用。但是,属于电信终端设备的原因造成电信服务障碍的除外。

第三十三条 电信业务经营者应当为电信用户交费和查询提供方便。电信用户要求提供国内长途通信、国际通信、移动通信和信息服务等收费清单的,电信业务经营者应当免费提供。

电信用户出现异常的巨额电信费用时,电信业务经营者一经发现,应当尽可能迅速告知电信用户,并采取相应的措施。

前款所称巨额电信费用，是指突然出现超过电信用户此前3个月平均电信费用5倍以上的费用。

第三十四条　电信用户应当按照约定的时间和方式及时、足额地向电信业务经营者交纳电信费用；电信用户逾期不交纳电信费用的，电信业务经营者有权要求补交电信费用，并可以按照所欠费用每日加收3‰的违约金。

对超过收费约定期限30日仍不交纳电信费用的电信用户，电信业务经营者可以暂停向其提供电信服务。电信用户在电信业务经营者暂停服务60日内仍未补交电信费用和违约金的，电信业务经营者可以终止提供服务，并可以依法追缴欠费和违约金。

经营移动电信业务的经营者可以与电信用户约定交纳电信费用的期限、方式，不受前款规定期限的限制。

电信业务经营者应当在迟延交纳电信费用的电信用户补足电信费用、违约金后的48小时内，恢复暂停的电信服务。

第三十五条　电信业务经营者因工程施工、网络建设等原因，影响或者可能影响正常电信服务的，必须按照规定的时限及时告知用户，并向省、自治区、直辖市电信管理机构报告。

因前款原因中断电信服务的，电信业务经营者应当相应减免用户在电信服务中断期间的相关费用。

出现本条第一款规定的情形，电信业务经营者未及时告知用户的，应当赔偿由此给用户造成的损失。

第三十六条　经营本地电话业务和移动电话业务的电信业务经营者，应当免费向用户提供火警、匪警、医疗急救、交通事故报警等公益性电信服务并保障通信线路畅通。

第三十七条　电信业务经营者应当及时为需要通过中继线接入其电信网的集团用户，提供平等、合理的接入服务。

未经批准，电信业务经营者不得擅自中断接入服务。

第三十八条　电信业务经营者应当建立健全内部服务质量管理制度，并可以制定并公布施行高于国家规定的电信服务标准的企业标准。

电信业务经营者应当采取各种形式广泛听取电信用户意见，接受社会监督，不断提高电信服务质量。

第三十九条　电信业务经营者提供的电信服务达不到国家规定的电信服务标准或者其公布的企业标准的，或者电信用户对交纳电信费用持有异议的，电信用户有权要求电信业务经营者予以解决；电信业务经营者拒不解决或者电信用户对解决结果不满意的，电信用户有权向国务院信息产业主管部门或者省、自治区、直辖市电信管理机构或者其他有关部门申诉。收到申诉的机关必须对申诉及时处理，并自收到申诉之日起30日内向申诉者作出答复。

电信用户对交纳本地电话费用有异议的，电信业务经营者还应当应电信用户的要求免费提供本地电话收费依据，并有义务采取必要措施协助电信用户查找原因。

第四十条 电信业务经营者在电信服务中，不得有下列行为：

（一）以任何方式限定电信用户使用其指定的业务；

（二）限定电信用户购买其指定的电信终端设备或者拒绝电信用户使用自备的已经取得入网许可的电信终端设备；

（三）无正当理由拒绝、拖延或者中止对电信用户的电信服务；

（四）对电信用户不履行公开作出的承诺或者作容易引起误解的虚假宣传；

（五）以不正当手段刁难电信用户或者对投诉的电信用户打击报复。

第四十一条 电信业务经营者在电信业务经营活动中，不得有下列行为：

（一）以任何方式限制电信用户选择其他电信业务经营者依法开办的电信服务；

（二）对其经营的不同业务进行不合理的交叉补贴；

（三）以排挤竞争对手为目的，低于成本提供电信业务或者服务，进行不正当竞争。

第四十二条 国务院信息产业主管部门或者省、自治区、直辖市电信管理机构应当依据职权对电信业务经营者的电信服务质量和经营活动进行监督检查，并向社会公布监督抽查结果。

第四十三条 电信业务经营者必须按照国家有关规定履行相应的电信普遍服务义务。

国务院信息产业主管部门可以采取指定的或者招标的方式确定电信业务经营者具体承担电信普遍服务的义务。

电信普遍服务成本补偿管理办法，由国务院信息产业主管部门会同国务院财政部门、价格主管部门制定，报国务院批准后公布施行。

第四章 电信建设

第一节 电信设施建设

第四十四条 公用电信网、专用电信网、广播电视传输网的建设应当接受国务院信息产业主管部门的统筹规划和行业管理。

属于全国性信息网络工程或者国家规定限额以上建设项目的公用电信网、专用电信网、广播电视传输网建设，在按照国家基本建设项目审批程序报批前，应当征得国务院信息产业主管部门同意。

基础电信建设项目应当纳入地方各级人民政府城市建设总体规划和村镇、集镇建设总体规划。

第四十五条 城市建设和村镇、集镇建设应当配套设置电信设施。建筑物内的电信管线和配线设施以及建设项目用地范围内的电信管道，应当纳入建设项目的设计文件，并随建设项目同时施工与验收。所需经费应当纳入建设项目概算。

有关单位或者部门规划、建设道路、桥梁、隧道或者地下铁道等，应当事先通知省、自治区、直辖市电信管理机构和电信业务经营者，协商预留电信管线等事宜。

第四十六条　基础电信业务经营者可以在民用建筑物上附挂电信线路或者设置小型天线、移动通信基站等公用电信设施，但是应当事先通知建筑物产权人或者使用人，并按照省、自治区、直辖市人民政府规定的标准向该建筑物的产权人或者其他权利人支付使用费。

第四十七条　建设地下、水底等隐蔽电信设施和高空电信设施，应当按照国家有关规定设置标志。

基础电信业务经营者建设海底电信缆线，应当征得国务院信息产业主管部门同意，并征求有关部门意见后，依法办理有关手续。海底电信缆线由国务院有关部门在海图上标出。

第四十八条　任何单位或者个人不得擅自改动或者迁移他人的电信线路及其他电信设施；遇有特殊情况必须改动或者迁移的，应当征得该电信设施产权人同意，由提出改动或者迁移要求的单位或者个人承担改动或者迁移所需费用，并赔偿由此造成的经济损失。

第四十九条　从事施工、生产、种植树木等活动，不得危及电信线路或者其他电信设施的安全或者妨碍线路畅通；可能危及电信安全时，应当事先通知有关电信业务经营者，并由从事该活动的单位或者个人负责采取必要的安全防护措施。

违反前款规定，损害电信线路或者其他电信设施或者妨碍线路畅通的，应当恢复原状或者予以修复，并赔偿由此造成的经济损失。

第五十条　从事电信线路建设，应当与已建的电信线路保持必要的安全距离；难以避开或者必须穿越，或者需要使用已建电信管道的，应当与已建电信线路的产权人协商，并签订协议；经协商不能达成协议的，根据不同情况，由国务院信息产业主管部门或者省、自治区、直辖市电信管理机构协调解决。

第五十一条　任何组织或者个人不得阻止或者妨碍基础电信业务经营者依法从事电信设施建设和向电信用户提供公共电信服务；但是，国家规定禁止或者限制进入的区域除外。

第五十二条　执行特殊通信、应急通信和抢修、抢险任务的电信车辆，经公安交通管理机关批准，在保障交通安全畅通的前提下可以不受各种禁止机动车通行标志的限制。

第二节　电信设备进网

第五十三条　国家对电信终端设备、无线电通信设备和涉及网间互联的设备实行进网许可制度。

接入公用电信网的电信终端设备、无线电通信设备和涉及网间互联的设备，必须符合国家规定的标准并取得进网许可证。

实行进网许可制度的电信设备目录,由国务院信息产业主管部门会同国务院产品质量监督部门制定并公布施行。

第五十四条 办理电信设备进网许可证的,应当向国务院信息产业主管部门提出申请,并附送经国务院产品质量监督部门认可的电信设备检测机构出具的检测报告或者认证机构出具的产品质量认证证书。

国务院信息产业主管部门应当自收到电信设备进网许可申请之日起60日内,对申请及电信设备检测报告或者产品质量认证证书审查完毕。经审查合格的,颁发进网许可证;经审查不合格的,应当书面答复并说明理由。

第五十五条 电信设备生产企业必须保证获得进网许可的电信设备的质量稳定、可靠,不得降低产品质量和性能。

电信设备生产企业应当在其生产的获得进网许可的电信设备上粘贴进网许可标志。

国务院产品质量监督部门应当会同国务院信息产业主管部门对获得进网许可证的电信设备进行质量跟踪和监督抽查,公布抽查结果。

第五章 电信安全

第五十六条 任何组织或者个人不得利用电信网络制作、复制、发布、传播含有下列内容的信息:

(一)反对宪法所确定的基本原则的;

(二)危害国家安全,泄露国家秘密,颠覆国家政权,破坏国家统一的;

(三)损害国家荣誉和利益的;

(四)煽动民族仇恨、民族歧视,破坏民族团结的;

(五)破坏国家宗教政策,宣扬邪教和封建迷信的;

(六)散布谣言,扰乱社会秩序,破坏社会稳定的;

(七)散布淫秽、色情、赌博、暴力、凶杀、恐怖或者教唆犯罪的;

(八)侮辱或者诽谤他人,侵害他人合法权益的;

(九)含有法律、行政法规禁止的其他内容的。

第五十七条 任何组织或者个人不得有下列危害电信网络安全和信息安全的行为:

(一)对电信网的功能或者存储、处理、传输的数据和应用程序进行删除或者修改;

(二)利用电信网从事窃取或者破坏他人信息、损害他人合法权益的活动;

(三)故意制作、复制、传播计算机病毒或者以其他方式攻击他人电信网络等电信设施;

(四)危害电信网络安全和信息安全的其他行为。

第五十八条 任何组织或者个人不得有下列扰乱电信市场秩序的行为:

(一)采取租用电信国际专线、私设转接设备或者其他方法,擅自经营国际或者香港特别行政区、澳门特别行政区和台湾地区电信业务；

（二）盗接他人电信线路，复制他人电信码号，使用明知是盗接、复制的电信设施或者码号；

（三）伪造、变造电话卡及其他各种电信服务有价凭证；

（四）以虚假、冒用的身份证件办理入网手续并使用移动电话。

第五十九条　电信业务经营者应当按照国家有关电信安全的规定，建立健全内部安全保障制度，实行安全保障责任制。

第六十条　电信业务经营者在电信网络的设计、建设和运行中，应当做到与国家安全和电信网络安全的需求同步规划，同步建设，同步运行。

第六十一条　在公共信息服务中，电信业务经营者发现电信网络中传输的信息明显属于本条例第五十六条所列内容的，应当立即停止传输，保存有关记录，并向国家有关机关报告。

第六十二条　使用电信网络传输信息的内容及其后果由电信用户负责。

电信用户使用电信网络传输的信息属于国家秘密信息的，必须依照保守国家秘密法的规定采取保密措施。

第六十三条　在发生重大自然灾害等紧急情况下，经国务院批准，国务院信息产业主管部门可以调用各种电信设施，确保重要通信畅通。

第六十四条　在中华人民共和国境内从事国际通信业务，必须通过国务院信息产业主管部门批准设立的国际通信出入口局进行。

我国内地与香港特别行政区、澳门特别行政区和台湾地区之间的通信，参照前款规定办理。

第六十五条　电信用户依法使用电信的自由和通信秘密受法律保护。除因国家安全或者追查刑事犯罪的需要，由公安机关、国家安全机关或者人民检察院依照法律规定的程序对电信内容进行检查外，任何组织或者个人不得以任何理由对电信内容进行检查。

电信业务经营者及其工作人员不得擅自向他人提供电信用户使用电信网络所传输信息的内容。

第六章　罚　　则

第六十六条　违反本条例第五十六条、第五十七条的规定，构成犯罪的，依法追究刑事责任；尚不构成犯罪的，由公安机关、国家安全机关依照有关法律、行政法规的规定予以处罚。

第六十七条　有本条例第五十八条第（二）、（三）、（四）项所列行为之一，扰乱电信市场秩序，构成犯罪的，依法追究刑事责任；尚不构成犯罪的，由国务院信息产业主管部门或者省、自治区、直辖市电信管理机构依据职权责令改正，没收违法所得，处违法所得3倍以上5倍以下罚款；没有违法所得或者违法所得不足1万元的，处1万元以上10万元以下罚款。

第六十八条　违反本条例的规定，伪造、冒用、转让电信业务经营许可证、电信设备进网许可证或者编造在电信设备上标注的进网许可证编号的，由国务院信息产业主管部门或者省、自治区、直辖市电信管理机构依据职权没收违法所得，处违法所得3倍以上5倍以下罚款；没有违法所得或者违法所得不足1万元的，处1万元以上10万元以下罚款。

第六十九条　违反本条例规定，有下列行为之一的，由国务院信息产业主管部门或者省、自治区、直辖市电信管理机构依据职权责令改正，没收违法所得，处违法所得3倍以上5倍以下罚款；没有违法所得或者违法所得不足5万元的，处10万元以上100万元以下罚款；情节严重的，责令停业整顿：

（一）违反本条例第七条第三款的规定或者有本条例第五十八条第（一）项所列行为，擅自经营电信业务的，或者超范围经营电信业务的；

（二）未通过国务院信息产业主管部门批准，设立国际通信出入口进行国际通信的；

（三）擅自使用、转让、出租电信资源或者改变电信资源用途的；

（四）擅自中断网间互联互通或者接入服务的；

（五）拒不履行普遍服务义务的。

第七十条　违反本条例的规定，有下列行为之一的，由国务院信息产业主管部门或者省、自治区、直辖市电信管理机构依据职权责令改正，没收违法所得，处违法所得1倍以上3倍以下罚款；没有违法所得或者违法所得不足1万元的，处1万元以上10万元以下罚款；情节严重的，责令停业整顿：

（一）在电信网间互联中违反规定加收费用的；

（二）遇有网间通信技术障碍，不采取有效措施予以消除的；

（三）擅自向他人提供电信用户使用电信网络所传输信息的内容的；

（四）拒不按照规定缴纳电信资源使用费的。

第七十一条　违反本条例第四十一条的规定，在电信业务经营活动中进行不正当竞争的，由国务院信息产业主管部门或者省、自治区、直辖市电信管理机构依据职权责令改正，处10万元以上100万元以下罚款；情节严重的，责令停业整顿。

第七十二条　违反本条例的规定，有下列行为之一的，由国务院信息产业主管部门或者省、自治区、直辖市电信管理机构依据职权责令改正，处5万元以上50万元以下罚款；情节严重的，责令停业整顿：

（一）拒绝其他电信业务经营者提出的互联互通要求的；

（二）拒不执行国务院信息产业主管部门或者省、自治区、直辖市电信管理机构依法作出的互联互通决定的；

（三）向其他电信业务经营者提供网间互联的服务质量低于本网及其子公司或者分支机构的。

第七十三条　违反本条例第三十三条第一款、第三十九条第二款的规定，电信业务经营者拒绝免费为电信用户提供国内长途通信、国际通信、移动通信和信息服务等收费清单,或者电信用户对交纳本地电话费用有异议并提出要求时,拒绝为电信用户免费提供本地电话收费依据的,由省、自治区、直辖市电信管理机构责令改正,并向电信用户赔礼道歉;拒不改正并赔礼道歉的,处以警告,并处5000元以上5万元以下的罚款。

第七十四条　违反本条例第四十条的规定,由省、自治区、直辖市电信管理机构责令改正,并向电信用户赔礼道歉,赔偿电信用户损失;拒不改正并赔礼道歉、赔偿损失的,处以警告,并处1万元以上10万元以下的罚款;情节严重的,责令停业整顿。

第七十五条　违反本条例的规定,有下列行为之一的,由省、自治区、直辖市电信管理机构责令改正,处1万元以上10万元以下的罚款:

(一)销售未取得进网许可的电信终端设备的;

(二)非法阻止或者妨碍电信业务经营者向电信用户提供公共电信服务的;

(三)擅自改动或者迁移他人的电信线路及其他电信设施的。

第七十六条　违反本条例的规定,获得电信设备进网许可证后降低产品质量和性能的,由产品质量监督部门依照有关法律、行政法规的规定予以处罚。

第七十七条　有本条例第五十六条、第五十七条和第五十八条所列禁止行为之一,情节严重的,由原发证机关吊销电信业务经营许可证。

国务院信息产业主管部门或者省、自治区、直辖市电信管理机构吊销电信业务经营许可证后,应当通知企业登记机关。

第七十八条　国务院信息产业主管部门或者省、自治区、直辖市电信管理机构工作人员玩忽职守、滥用职权、徇私舞弊,构成犯罪的,依法追究刑事责任;尚不构成犯罪的,依法给予行政处分。

第七章　附　　则

第七十九条　外国的组织或者个人在中华人民共和国境内投资与经营电信业务和香港特别行政区、澳门特别行政区与台湾地区的组织或者个人在内地投资与经营电信业务的具体办法,由国务院另行制定。

第八十条　本条例自公布之日起施行。

附

电信业务分类目录

一、基础电信业务

(一)固定网络国内长途及本地电话业务;

(二)移动网络电话和数据业务;

(三)卫星通信及卫星移动通信业务;

(四)互联网及其他公共数据传送业务;

（五）带宽、波长、光纤、光缆、管道及其他网络元素出租、出售业务；

（六）网络承载、接入及网络外包等业务；

（七）国际通信基础设施、国际电信业务；

（八）无线寻呼业务；

（九）转售的基础电信业务。

第（八）、（九）项业务比照增值电信业务管理。

二、增值电信业务

（一）电子邮件；

（二）语音信箱；

（三）在线信息库存储和检索；

（四）电子数据交换；

（五）在线数据处理与交易处理；

（六）增值传真；

（七）互联网接入服务；

（八）互联网信息服务；

（九）可视电话会议服务。

关键信息基础设施安全保护条例

1. 2021 年 7 月 30 日国务院令第 745 号公布
2. 自 2021 年 9 月 1 日起施行

第一章　总　　则

第一条　为了保障关键信息基础设施安全，维护网络安全，根据《中华人民共和国网络安全法》，制定本条例。

第二条　本条例所称关键信息基础设施，是指公共通信和信息服务、能源、交通、水利、金融、公共服务、电子政务、国防科技工业等重要行业和领域的，以及其他一旦遭到破坏、丧失功能或者数据泄露，可能严重危害国家安全、国计民生、公共利益的重要网络设施、信息系统等。

第三条　在国家网信部门统筹协调下，国务院公安部门负责指导监督关键信息基础设施安全保护工作。国务院电信主管部门和其他有关部门依照本条例和有关法律、行政法规的规定，在各自职责范围内负责关键信息基础设施安全保护和监督管理工作。

省级人民政府有关部门依据各自职责对关键信息基础设施实施安全保护和监督管理。

第四条　关键信息基础设施安全保护坚持综合协调、分工负责、依法保护，强化和落实关键信息基础设施运营者（以下简称运营者）主体责任，充分发挥政府及社会各方面的作用，共同保护关键信息基础设施安全。

第五条　国家对关键信息基础设施实行重点保护，采取措施，监测、防御、处置来源于中华人民共和国境内外的网络安全风险和威胁，保护关键信息基础设施免受攻击、侵入、干扰和破坏，依法惩治危害关键信息基础设施安全的违法犯罪活动。

任何个人和组织不得实施非法侵入、干扰、破坏关键信息基础设施的活动,不得危害关键信息基础设施安全。

第六条　运营者依照本条例和有关法律、行政法规的规定以及国家标准的强制性要求,在网络安全等级保护的基础上,采取技术保护措施和其他必要措施,应对网络安全事件,防范网络攻击和违法犯罪活动,保障关键信息基础设施安全稳定运行,维护数据的完整性、保密性和可用性。

第七条　对在关键信息基础设施安全保护工作中取得显著成绩或者作出突出贡献的单位和个人,按照国家有关规定给予表彰。

第二章　关键信息基础设施认定

第八条　本条例第二条涉及的重要行业和领域的主管部门、监督管理部门是负责关键信息基础设施安全保护工作的部门(以下简称保护工作部门)。

第九条　保护工作部门结合本行业、本领域实际,制定关键信息基础设施认定规则,并报国务院公安部门备案。

制定认定规则应当主要考虑下列因素:

(一)网络设施、信息系统等对于本行业、本领域关键核心业务的重要程度;

(二)网络设施、信息系统等一旦遭到破坏、丧失功能或者数据泄露可能带来的危害程度;

(三)对其他行业和领域的关联性影响。

第十条　保护工作部门根据认定规则负责组织认定本行业、本领域的关键信息基础设施,及时将认定结果通知运营者,并通报国务院公安部门。

第十一条　关键信息基础设施发生较大变化,可能影响其认定结果的,运营者应当及时将相关情况报告保护工作部门。保护工作部门自收到报告之日起3个月内完成重新认定,将认定结果通知运营者,并通报国务院公安部门。

第三章　运营者责任义务

第十二条　安全保护措施应当与关键信息基础设施同步规划、同步建设、同步使用。

第十三条　运营者应当建立健全网络安全保护制度和责任制,保障人力、财力、物力投入。运营者的主要负责人对关键信息基础设施安全保护负总责,领导关键信息基础设施安全保护和重大网络安全事件处置工作,组织研究解决重大网络安全问题。

第十四条　运营者应当设置专门安全管理机构,并对专门安全管理机构负责人和关键岗位人员进行安全背景审查。审查时,公安机关、国家安全机关应当予以协助。

第十五条　专门安全管理机构具体负责本单位的关键信息基础设施安全保护工作,履行下列职责:

(一)建立健全网络安全管理、评价考核制度,拟订关键信息基础设施安全保护计划;

(二)组织推动网络安全防护能力建设,开展网络安全监测、检测和风险评估；

（三）按照国家及行业网络安全事件应急预案，制定本单位应急预案，定期开展应急演练，处置网络安全事件；

（四）认定网络安全关键岗位，组织开展网络安全工作考核，提出奖励和惩处建议；

（五）组织网络安全教育、培训；

（六）履行个人信息和数据安全保护责任，建立健全个人信息和数据安全保护制度；

（七）对关键信息基础设施设计、建设、运行、维护等服务实施安全管理；

（八）按照规定报告网络安全事件和重要事项。

第十六条 运营者应当保障专门安全管理机构的运行经费、配备相应的人员，开展与网络安全和信息化有关的决策应当有专门安全管理机构人员参与。

第十七条 运营者应当自行或者委托网络安全服务机构对关键信息基础设施每年至少进行一次网络安全检测和风险评估，对发现的安全问题及时整改，并按照保护工作部门要求报送情况。

第十八条 关键信息基础设施发生重大网络安全事件或者发现重大网络安全威胁时，运营者应当按照有关规定向保护工作部门、公安机关报告。

发生关键信息基础设施整体中断运行或者主要功能故障、国家基础信息以及其他重要数据泄露、较大规模个人信息泄露、造成较大经济损失、违法信息较大范围传播等特别重大网络安全事件或者发现特别重大网络安全威胁时，保护工作部门应当在收到报告后，及时向国家网信部门、国务院公安部门报告。

第十九条 运营者应当优先采购安全可信的网络产品和服务；采购网络产品和服务可能影响国家安全的，应当按照国家网络安全规定通过安全审查。

第二十条 运营者采购网络产品和服务，应当按照国家有关规定与网络产品和服务提供者签订安全保密协议，明确提供者的技术支持和安全保密义务与责任，并对义务与责任履行情况进行监督。

第二十一条 运营者发生合并、分立、解散等情况，应当及时报告保护工作部门，并按照保护工作部门的要求对关键信息基础设施进行处置，确保安全。

第四章 保障和促进

第二十二条 保护工作部门应当制定本行业、本领域关键信息基础设施安全规划，明确保护目标、基本要求、工作任务、具体措施。

第二十三条 国家网信部门统筹协调有关部门建立网络安全信息共享机制，及时汇总、研判、共享、发布网络安全威胁、漏洞、事件等信息，促进有关部门、保护工作部门、运营者以及网络安全服务机构等之间的网络安全信息共享。

第二十四条 保护工作部门应当建立健全本行业、本领域的关键信息基础设施网络安全监测预警制度，及时掌握本行业、本领域关键信息基础设施运行状况、安全态势，预警通报网络安全威胁和隐患，指导做好安全防范工作。

第二十五条　保护工作部门应当按照国家网络安全事件应急预案的要求，建立健全本行业、本领域的网络安全事件应急预案，定期组织应急演练；指导运营者做好网络安全事件应对处置，并根据需要组织提供技术支持与协助。

第二十六条　保护工作部门应当定期组织开展本行业、本领域关键信息基础设施网络安全检查检测，指导监督运营者及时整改安全隐患、完善安全措施。

第二十七条　国家网信部门统筹协调国务院公安部门、保护工作部门对关键信息基础设施进行网络安全检查检测，提出改进措施。

有关部门在开展关键信息基础设施网络安全检查时，应当加强协同配合、信息沟通，避免不必要的检查和交叉重复检查。检查工作不得收取费用，不得要求被检查单位购买指定品牌或者指定生产、销售单位的产品和服务。

第二十八条　运营者对保护工作部门开展的关键信息基础设施网络安全检查检测工作，以及公安、国家安全、保密行政管理、密码管理等有关部门依法开展的关键信息基础设施网络安全检查工作应当予以配合。

第二十九条　在关键信息基础设施安全保护工作中，国家网信部门和国务院电信主管部门、国务院公安部门等应当根据保护工作部门的需要，及时提供技术支持和协助。

第三十条　网信部门、公安机关、保护工作部门等有关部门，网络安全服务机构及其工作人员对于在关键信息基础设施安全保护工作中获取的信息，只能用于维护网络安全，并严格按照有关法律、行政法规的要求确保信息安全，不得泄露、出售或者非法向他人提供。

第三十一条　未经国家网信部门、国务院公安部门批准或者保护工作部门、运营者授权，任何个人和组织不得对关键信息基础设施实施漏洞探测、渗透性测试等可能影响或者危害关键信息基础设施安全的活动。对基础电信网络实施漏洞探测、渗透性测试等活动，应当事先向国务院电信主管部门报告。

第三十二条　国家采取措施，优先保障能源、电信等关键信息基础设施安全运行。

能源、电信行业应当采取措施，为其他行业和领域的关键信息基础设施安全运行提供重点保障。

第三十三条　公安机关、国家安全机关依据各自职责依法加强关键信息基础设施安全保卫，防范打击针对和利用关键信息基础设施实施的违法犯罪活动。

第三十四条　国家制定和完善关键信息基础设施安全标准，指导、规范关键信息基础设施安全保护工作。

第三十五条　国家采取措施，鼓励网络安全专门人才从事关键信息基础设施安全保护工作；将运营者安全管理人员、安全技术人员培训纳入国家继续教育体系。

第三十六条　国家支持关键信息基础设施安全防护技术创新和产业发展，组织力量实施关键信息基础设施安全技术攻关。

第三十七条　国家加强网络安全服务机构建设和管理，制定管理要求并加强监督指导，不断提升服务机构能力水平，充分发挥其在关键信息基础设施安全保护中的作用。

第三十八条　国家加强网络安全军民融合，军地协同保护关键信息基础设施安全。

第五章　法律责任

第三十九条　运营者有下列情形之一的，由有关主管部门依据职责责令改正，给予警告；拒不改正或者导致危害网络安全等后果的，处10万元以上100万元以下罚款，对直接负责的主管人员处1万元以上10万元以下罚款：

（一）在关键信息基础设施发生较大变化，可能影响其认定结果时未及时将相关情况报告保护工作部门的；

（二）安全保护措施未与关键信息基础设施同步规划、同步建设、同步使用的；

（三）未建立健全网络安全保护制度和责任制的；

（四）未设置专门安全管理机构的；

（五）未对专门安全管理机构负责人和关键岗位人员进行安全背景审查的；

（六）开展与网络安全和信息化有关的决策没有专门安全管理机构人员参与的；

（七）专门安全管理机构未履行本条例第十五条规定的职责的；

（八）未对关键信息基础设施每年至少进行一次网络安全检测和风险评估，未对发现的安全问题及时整改，或者未按照保护工作部门要求报送情况的；

（九）采购网络产品和服务，未按照国家有关规定与网络产品和服务提供者签订安全保密协议的；

（十）发生合并、分立、解散等情况，未及时报告保护工作部门，或者未按照保护工作部门的要求对关键信息基础设施进行处置的。

第四十条　运营者在关键信息基础设施发生重大网络安全事件或者发现重大网络安全威胁时，未按照有关规定向保护工作部门、公安机关报告的，由保护工作部门、公安机关依据职责责令改正，给予警告；拒不改正或者导致危害网络安全等后果的，处10万元以上100万元以下罚款，对直接负责的主管人员处1万元以上10万元以下罚款。

第四十一条　运营者采购可能影响国家安全的网络产品和服务，未按照国家网络安全规定进行安全审查的，由国家网信部门等有关主管部门依据职责责令改正，处采购金额1倍以上10倍以下罚款，对直接负责的主管人员和其他直接责任人员处1万元以上10万元以下罚款。

第四十二条　运营者对保护工作部门开展的关键信息基础设施网络安全检查检测工作，以及公安、国家安全、保密行政管理、密码管理等有关部门依法开展的关键信息基础设施网络安全检查工作不予配合的，由有关主管部门责令改正；拒不改正的，处5万元以上50万元以下罚款，对直接负责的主管人员和其他直接责任人员处1万元以上10万元以下罚款；情节严重的，依法追究相应法律责任。

第四十三条　实施非法侵入、干扰、破坏关键信息基础设施，危害其安全的活动尚不构成犯罪的，依照《中华人民共和国网络安全法》有关规定，由公安机关没收违法所得，处5日以下拘留，可以并处5万元以上50万元以下罚款；情节较重的，处5日以上15日以下拘留，可以并处10万元以上100万元以下罚款。

单位有前款行为的，由公安机关没收违法所得，处10万元以上100万元以下罚款，并对直接负责的主管人员和其他直接责任人员依照前款规定处罚。

违反本条例第五条第二款和第三十一条规定，受到治安管理处罚的人员，5年内不得从事网络安全管理和网络运营关键岗位的工作；受到刑事处罚的人员，终身不得从事网络安全管理和网络运营关键岗位的工作。

第四十四条　网信部门、公安机关、保护工作部门和其他有关部门及其工作人员未履行关键信息基础设施安全保护和监督管理职责或者玩忽职守、滥用职权、徇私舞弊的，依法对直接负责的主管人员和其他直接责任人员给予处分。

第四十五条　公安机关、保护工作部门和其他有关部门在开展关键信息基础设施网络安全检查工作中收取费用，或者要求被检查单位购买指定品牌或者指定生产、销售单位的产品和服务的，由其上级机关责令改正，退还收取的费用；情节严重的，依法对直接负责的主管人员和其他直接责任人员给予处分。

第四十六条　网信部门、公安机关、保护工作部门等有关部门、网络安全服务机构及其工作人员将在关键信息基础设施安全保护工作中获取的信息用于其他用途，或者泄露、出售、非法向他人提供的，依法对直接负责的主管人员和其他直接责任人员给予处分。

第四十七条　关键信息基础设施发生重大和特别重大网络安全事件，经调查确定为责任事故的，除应当查明运营者责任并依法予以追究外，还应查明相关网络安全服务机构及有关部门的责任，对有失职、渎职及其他违法行为的，依法追究责任。

第四十八条　电子政务关键信息基础设施的运营者不履行本条例规定的网络安全保护义务的，依照《中华人民共和国网络安全法》有关规定予以处理。

第四十九条　违反本条例规定，给他人造成损害的，依法承担民事责任。

违反本条例规定，构成违反治安管理行为的，依法给予治安管理处罚；构成犯罪的，依法追究刑事责任。

第六章 附 则

第五十条 存储、处理涉及国家秘密信息的关键信息基础设施的安全保护，还应当遵守保密法律、行政法规的规定。

关键信息基础设施中的密码使用和管理，还应当遵守相关法律、行政法规的规定。

第五十一条 本条例自2021年9月1日起施行。

计算机信息网络国际联网安全保护管理办法

1．1997年12月11日国务院批准
2．1997年12月16日公安部令第33号发布
3．根据2011年1月8日国务院令第588号《关于废止和修改部分行政法规的决定》修订

第一章 总 则

第一条 为了加强对计算机信息网络国际联网的安全保护，维护公共秩序和社会稳定，根据《中华人民共和国计算机信息系统安全保护条例》、《中华人民共和国计算机信息网络国际联网管理暂行规定》和其他法律、行政法规的规定，制定本办法。

第二条 中华人民共和国境内的计算机信息网络国际联网安全保护管理，适用本办法。

第三条 公安部计算机管理监察机构负责计算机信息网络国际联网的安全保护管理工作。

公安机关计算机管理监察机构应当保护计算机信息网络国际联网的公共安全，维护从事国际联网业务的单位和个人的合法权益和公众利益。

第四条 任何单位和个人不得利用国际联网危害国家安全、泄露国家秘密，不得侵犯国家的、社会的、集体的利益和公民的合法权益，不得从事违法犯罪活动。

第五条 任何单位和个人不得利用国际联网制作、复制、查阅和传播下列信息：

（一）煽动抗拒、破坏宪法和法律、行政法规实施的；

（二）煽动颠覆国家政权，推翻社会主义制度的；

（三）煽动分裂国家、破坏国家统一的；

（四）煽动民族仇恨、民族歧视，破坏民族团结的；

（五）捏造或者歪曲事实，散布谣言，扰乱社会秩序的；

（六）宣扬封建迷信、淫秽、色情、赌博、暴力、凶杀、恐怖，教唆犯罪的；

（七）公然侮辱他人或者捏造事实诽谤他人的；

（八）损害国家机关信誉的；

（九）其他违反宪法和法律、行政法规的。

第六条 任何单位和个人不得从事下列危害计算机信息网络安全的活动：

（一）未经允许，进入计算机信息网络或者使用计算机信息网络资源的；

（二）未经允许，对计算机信息网络功能进行删除、修改或者增加的；

（三）未经允许，对计算机信息网络中存储、处理或者传输的数据和应用程序进行删除、修改或者增加的；

（四）故意制作、传播计算机病毒等破坏性程序的；

（五）其他危害计算机信息网络安全的。

第七条 用户的通信自由和通信秘密受法律保护。任何单位和个人不得违反法律规定，利用国际联网侵犯用户的通信自由和通信秘密。

第二章 安全保护责任

第八条 从事国际联网业务的单位和个人应当接受公安机关的安全监督、检查和指导，如实向公安机关提供有关安全保护的信息、资料及数据文件，协助公安机关查处通过国际联网的计算机信息网络的违法犯罪行为。

第九条 国际出入口信道提供单位、互联单位的主管部门或者主管单位，应当依照法律和国家有关规定负责国际出入口信道、所属互联网络的安全保护管理工作。

第十条 互联单位、接入单位及使用计算机信息网络国际联网的法人和其他组织应当履行下列安全保护职责：

（一）负责本网络的安全保护管理工作，建立健全安全保护管理制度；

（二）落实安全保护技术措施，保障本网络的运行安全和信息安全；

（三）负责对本网络用户的安全教育和培训；

（四）对委托发布信息的单位和个人进行登记，并对所提供的信息内容按照本办法第五条进行审核；

（五）建立计算机信息网络电子公告系统的用户登记和信息管理制度；

（六）发现有本办法第四条、第五条、第六条、第七条所列情形之一的，应当保留有关原始记录，并在24小时内向当地公安机关报告；

（七）按照国家有关规定，删除本网络中含有本办法第五条内容的地址、目录或者关闭服务器。

第十一条 用户在接入单位办理入网手续时，应当填写用户备案表。备案表由公安部监制。

第十二条 互联单位、接入单位、使用计算机信息网络国际联网的法人和其他组织（包括跨省、自治区、直辖市联网的单位和所属的分支机构），应当自网络正式联通之日起30日内，到所在地的省、自治区、直辖市人民政府公安机关指定的受理机关办理备案手续。

前款所列单位应当负责将接入本网络的接入单位和用户情况报当地公安机关备案，并及时报告本网络中接入单位和用户的变更情况。

第十三条 使用公用账号的注册者应当加强对公用账号的管理，建立账号使用登记制度。用户账号不得转借、转让。

第十四条 涉及国家事务、经济建设、国防建设、尖端科学技术等重要领域的单位办理备案手续时，应当出具其行政主管部门的审批证明。

前款所列单位的计算机信息网络与国际联网，应当采取相应的安全保护措施。

第三章 安全监督

第十五条 省、自治区、直辖市公安厅（局），地（市）、县（市）公安局，应当有相应机构负责国际联网的安全保护管理工作。

第十六条 公安机关计算机管理监察机构应当掌握互联单位、接入单位和用户的备案情况，建立备案档案，进行备案统计，并按照国家有关规定逐级上报。

第十七条 公安机关计算机管理监察机构应当督促互联单位、接入单位及有关用户建立健全安全保护管理制度。监督、检查网络安全保护管理以及技术措施的落实情况。

公安机关计算机管理监察机构在组织安全检查时，有关单位应当派人参加。公安机关计算机管理监察机构对安全检查发现的问题，应当提出改进意见，作出详细记录，存档备查。

第十八条 公安机关计算机管理监察机构发现含有本办法第五条所列内容的地址、目录或者服务器时，应当通知有关单位关闭或者删除。

第十九条 公安机关计算机管理监察机构应当负责追踪和查处通过计算机信息网络的违法行为和针对计算机信息网络的犯罪案件，对违反本办法第四条、第七条规定的违法犯罪行为，应当按照国家有关规定移送有关部门或者司法机关处理。

第四章 法律责任

第二十条 违反法律、行政法规，有本办法第五条、第六条所列行为之一的，由公安机关给予警告，有违法所得的，没收违法所得，对个人可以并处5000元以下的罚款，对单位可以并处1.5万元以下的罚款；情节严重的，并可以给予6个月以内停止联网、停机整顿的处罚，必要时可以建议原发证、审批机构吊销经营许可证或者取消联网资格；构成违反治安管理行为的，依照治安管理处罚法的规定处罚；构成犯罪的，依法追究刑事责任。

第二十一条 有下列行为之一的，由公安机关责令限期改正，给予警告，有违法所得的，没收违法所得；在规定的限期内未改正的，对单位的主管负责人员和其他直接责任人员可以并处5000元以下的罚款，对单位可以并处1.5万元以下的罚款；情节严重的，并可以给予6个月以内的停止联网、停机整顿的处罚，必要时可以建议原发证、审批机构吊销经营许可证或者取消联网资格。

（一）未建立安全保护管理制度的；

（二）未采取安全技术保护措施的；

（三）未对网络用户进行安全教育和培训的；

（四）未提供安全保护管理所需信息、资料及数据文件，或者所提供内容不真实的；

（五）对委托其发布的信息内容未进行审核或者对委托单位和个人未进行登记的；

（六）未建立电子公告系统的用户登记和信息管理制度的；

（七）未按照国家有关规定，删除网络地址、目录或者关闭服务器的；

（八）未建立公用账号使用登记制度的；

（九）转借、转让用户账号的。

第二十二条　违反本办法第四条、第七条规定的，依照有关法律、法规予以处罚。

第二十三条　违反本办法第十一条、第十二条规定，不履行备案职责的，由公安机关给予警告或者停机整顿不超过6个月的处罚。

第五章　附　　则

第二十四条　与香港特别行政区和台湾、澳门地区联网的计算机信息网络的安全保护管理，参照本办法执行。

第二十五条　本办法自1997年12月30日起施行。

互联网信息服务管理办法

1．2000年9月25日国务院令第292号公布

2．根据2011年1月8日国务院令第588号《关于废止和修改部分行政法规的规定》修订

第一条　为了规范互联网信息服务活动，促进互联网信息服务健康有序发展，制定本办法。

第二条　在中华人民共和国境内从事互联网信息服务活动，必须遵守本办法。

本办法所称互联网信息服务，是指通过互联网向上网用户提供信息的服务活动。

第三条　互联网信息服务分为经营性和非经营性两类。

经营性互联网信息服务，是指通过互联网向上网用户有偿提供信息或者网页制作等服务活动。

非经营性互联网信息服务，是指通过互联网向上网用户无偿提供具有公开性、共享性信息的服务活动。

第四条　国家对经营性互联网信息服务实行许可制度；对非经营性互联网信息服务实行备案制度。

未取得许可或者未履行备案手续的，不得从事互联网信息服务。

第五条　从事新闻、出版、教育、医疗保健、药品和医疗器械等互联网信息

服务，依照法律、行政法规以及国家有关规定须经有关主管部门审核同意的，在申请经营许可或者履行备案手续前，应当依法经有关主管部门审核同意。

第六条 从事经营性互联网信息服务，除应当符合《中华人民共和国电信条例》规定的要求外，还应当具备下列条件：

（一）有业务发展计划及相关技术方案；

（二）有健全的网络与信息安全保障措施，包括网站安全保障措施、信息安全保密管理制度、用户信息安全管理制度；

（三）服务项目属于本办法第五条规定范围的，已取得有关主管部门同意的文件。

第七条 从事经营性互联网信息服务，应当向省、自治区、直辖市电信管理机构或者国务院信息产业主管部门申请办理互联网信息服务增值电信业务经营许可证（以下简称经营许可证）。

省、自治区、直辖市电信管理机构或者国务院信息产业主管部门应当自收到申请之日起60日内审查完毕，作出批准或者不予批准的决定。予以批准的，颁发经营许可证；不予批准的，应当书面通知申请人并说明理由。

申请人取得经营许可证后，应当持经营许可证向企业登记机关办理登记手续。

第八条 从事非经营性互联网信息服务，应当向省、自治区、直辖市电信管理机构或者国务院信息产业主管部门办理备案手续。办理备案时，应当提交下列材料：

（一）主办单位和网站负责人的基本情况；

（二）网站网址和服务项目；

（三）服务项目属于本办法第五条规定范围的，已取得有关主管部门的同意文件。

省、自治区、直辖市电信管理机构对备案材料齐全的，应当予以备案并编号。

第九条 从事互联网信息服务，拟开办电子公告服务的，应当在申请经营性互联网信息服务许可或者办理非经营性互联网信息服务备案时，按照国家有关规定提出专项申请或者专项备案。

第十条 省、自治区、直辖市电信管理机构和国务院信息产业主管部门应当公布取得经营许可证或者已履行备案手续的互联网信息服务提供者名单。

第十一条 互联网信息服务提供者应当按照经许可或者备案的项目提供服务，不得超出经许可或者备案的项目提供服务。

非经营性互联网信息服务提供者不得从事有偿服务。

互联网信息服务提供者变更服务项目、网站网址等事项的，应当提前30日向原审核、发证或者备案机关办理变更手续。

第十二条 互联网信息服务提供者应当在其网站主页的显著位置标明其经营许可证编号或者备案编号。

第十三条 互联网信息服务提供者应当向上网用户提供良好的服务，并保证所提供的信息内容合法。

第十四条 从事新闻、出版以及电子公告等服务项目的互联网信息服务提供者，应当记录提供的信息内容及其发布时间、互联网地址或者域名；互联网接入服务提供者应当记录上网用户的上网时间、用户帐号、互联网地址或者域名、主叫电话号码等信息。

互联网信息服务提供者和互联网接入服务提供者的记录备份应当保存60日，并在国家有关机关依法查询时，予以提供。

第十五条 互联网信息服务提供者不得制作、复制、发布、传播含有下列内容的信息：

（一）反对宪法所确定的基本原则的；

（二）危害国家安全，泄露国家秘密，颠覆国家政权，破坏国家统一的；

（三）损害国家荣誉和利益的；

（四）煽动民族仇恨、民族歧视，破坏民族团结的；

（五）破坏国家宗教政策，宣扬邪教和封建迷信的；

（六）散布谣言，扰乱社会秩序，破坏社会稳定的；

（七）散布淫秽、色情、赌博、暴力、凶杀、恐怖或者教唆犯罪的；

（八）侮辱或者诽谤他人，侵害他人合法权益的；

（九）含有法律、行政法规禁止的其他内容的。

第十六条 互联网信息服务提供者发现其网站传输的信息明显属于本办法第十五条所列内容之一的，应当立即停止传输，保存有关记录，并向国家有关机关报告。

第十七条 经营性互联网信息服务提供者申请在境内境外上市或者同外商合资、合作，应当事先经国务院信息产业主管部门审查同意；其中，外商投资的比例应当符合有关法律、行政法规的规定。

第十八条 国务院信息产业主管部门和省、自治区、直辖市电信管理机构，依法对互联网信息服务实施监督管理。

新闻、出版、教育、卫生、药品监督管理、工商行政管理和公安、国家安全等有关主管部门，在各自职责范围内依法对互联网信息内容实施监督管理。

第十九条 违反本办法的规定，未取得经营许可证，擅自从事经营性互联网信息服务，或者超出许可的项目提供服务的，由省、自治区、直辖市电信管理机构责令限期改正，有违法所得的，没收违法所得，处违法所得3倍以上5倍以下的罚款；没有违法所得或者违法所得不足5万元的，处10万元以上100万元以下的罚款；情节严重的，责令关闭网站。

违反本办法的规定，未履行备案手续，擅自从事非经营性互联网信息服务，或者超出备案的项目提供服务的，由省、自治区、直辖市电信管理机构责令限期改正;拒不改正的,责令关闭网站。

第二十条 制作、复制、发布、传播本办法第十五条所列内容之一的信息,构成犯罪的,依法追究刑事责任;尚不构成犯罪的,由公安机关、国家安全机关依照《中华人民共和国治安管理处罚法》、《计算机信息网络国际联网安全保护管理办法》等有关法律、行政法规的规定予以处罚;对经营性互联网信息服务提供者,并由发证机关责令停业整顿直至吊销经营许可证,通知企业登记机关;对非经营性互联网信息服务提供者,并由备案机关责令暂时关闭网站直至关闭网站。

第二十一条 未履行本办法第十四条规定的义务的,由省、自治区、直辖市电信管理机构责令改正;情节严重的,责令停业整顿或者暂时关闭网站。

第二十二条 违反本办法的规定,未在其网站主页上标明其经营许可证编号或者备案编号的,由省、自治区、直辖市电信管理机构责令改正,处5000元以上5万元以下的罚款。

第二十三条 违反本办法第十六条规定的义务的,由省、自治区、直辖市电信管理机构责令改正;情节严重的,对经营性互联网信息服务提供者,并由发证机关吊销经营许可证,对非经营性互联网信息服务提供者,并由备案机关责令关闭网站。

第二十四条 互联网信息服务提供者在其业务活动中,违反其他法律、法规的,由新闻、出版、教育、卫生、药品监督管理和工商行政管理等有关主管部门依照有关法律、法规的规定处罚。

第二十五条 电信管理机构和其他有关主管部门及其工作人员,玩忽职守、滥用职权、徇私舞弊,疏于对互联网信息服务的监督管理,造成严重后果,构成犯罪的,依法追究刑事责任;尚不构成犯罪的,对直接负责的主管人员和其他直接责任人员依法给予降级、撤职直至开除的行政处分。

第二十六条 在本办法公布前从事互联网信息服务的,应当自本办法公布之日起60日内依照本办法的有关规定补办有关手续。

第二十七条 本办法自公布之日起施行。

互联网新闻信息服务管理规定

1. 2017年5月2日国家互联网信息办公室令第1号公布
2. 自2017年6月1日起施行

第一章 总 则

第一条 为加强互联网信息内容管理,促进互联网新闻信息服务健康有序发展,根据《中华人民共和国网络安全法》《互联网信息服务管理办法》《国务院关于授权国家互联网信息办公室负责互联网信息内容管理工作的通知》,制定本规定。

第二条 在中华人民共和国境内提供互联网新闻信息服务,适用本规定。

本规定所称新闻信息,包括有关政治、经济、军事、外交等社会公共事务的报道、评论,以及有关社会突发事件的报道、评论。

第三条 提供互联网新闻信息服务,应当遵守宪法、法律和行政法规,坚持为人民服务、为社会主义服务的方向,坚持正确舆论导向,发挥舆论监督作用,促进形成积极健康、向上向善的网络文化,维护国家利益和公共利益。

第四条 国家互联网信息办公室负责全国互联网新闻信息服务的监督管理执法工作。地方互联网信息办公室依据职责负责本行政区域内互联网新闻信息服务的监督管理执法工作。

第二章 许　　可

第五条 通过互联网站、应用程序、论坛、博客、微博客、公众账号、即时通信工具、网络直播等形式向社会公众提供互联网新闻信息服务,应当取得互联网新闻信息服务许可,禁止未经许可或超越许可范围开展互联网新闻信息服务活动。

前款所称互联网新闻信息服务,包括互联网新闻信息采编发布服务、转载服务、传播平台服务。

第六条 申请互联网新闻信息服务许可,应当具备下列条件:

(一)在中华人民共和国境内依法设立的法人;

(二)主要负责人、总编辑是中国公民;

(三)有与服务相适应的专职新闻编辑人员、内容审核人员和技术保障人员;

(四)有健全的互联网新闻信息服务管理制度;

(五)有健全的信息安全管理制度和安全可控的技术保障措施;

(六)有与服务相适应的场所、设施和资金。

申请互联网新闻信息采编发布服务许可的,应当是新闻单位(含其控股的单位)或新闻宣传部门主管的单位。

符合条件的互联网新闻信息服务提供者实行特殊管理股制度,具体实施办法由国家互联网信息办公室另行制定。

提供互联网新闻信息服务,还应当依法向电信主管部门办理互联网信息服务许可或备案手续。

第七条 任何组织不得设立中外合资经营、中外合作经营和外资经营的互联网新闻信息服务单位。

互联网新闻信息服务单位与境内外中外合资经营、中外合作经营和外资经营的企业进行涉及互联网新闻信息服务业务的合作,应当报经国家互联网信息办公室进行安全评估。

第八条 互联网新闻信息服务提供者的采编业务和经营业务应当分开,非公有资本不得介入互联网新闻信息采编业务。

第九条 申请互联网新闻信息服务许可，申请主体为中央新闻单位（含其控股的单位）或中央新闻宣传部门主管的单位的，由国家互联网信息办公室受理和决定；申请主体为地方新闻单位（含其控股的单位）或地方新闻宣传部门主管的单位的，由省、自治区、直辖市互联网信息办公室受理和决定；申请主体为其他单位的，经所在地省、自治区、直辖市互联网信息办公室受理和初审后，由国家互联网信息办公室决定。

国家或省、自治区、直辖市互联网信息办公室决定批准的，核发《互联网新闻信息服务许可证》。《互联网新闻信息服务许可证》有效期为三年。有效期届满，需继续从事互联网新闻信息服务活动的，应当于有效期届满三十日前申请续办。

省、自治区、直辖市互联网信息办公室应当定期向国家互联网信息办公室报告许可受理和决定情况。

第十条 申请互联网新闻信息服务许可，应当提交下列材料：

（一）主要负责人、总编辑为中国公民的证明；

（二）专职新闻编辑人员、内容审核人员和技术保障人员的资质情况；

（三）互联网新闻信息服务管理制度；

（四）信息安全管理制度和技术保障措施；

（五）互联网新闻信息服务安全评估报告；

（六）法人资格、场所、资金和股权结构等证明；

（七）法律法规规定的其他材料。

第三章 运 行

第十一条 互联网新闻信息服务提供者应当设立总编辑，总编辑对互联网新闻信息内容负总责。总编辑人选应当具有相关从业经验，符合相关条件，并报国家或省、自治区、直辖市互联网信息办公室备案。

互联网新闻信息服务相关从业人员应当依法取得相应资质，接受专业培训、考核。互联网新闻信息服务相关从业人员从事新闻采编活动，应当具备新闻采编人员职业资格，持有国家新闻出版广电总局统一颁发的新闻记者证。

第十二条 互联网新闻信息服务提供者应当健全信息发布审核、公共信息巡查、应急处置等信息安全管理制度，具有安全可控的技术保障措施。

第十三条 互联网新闻信息服务提供者为用户提供互联网新闻信息传播平台服务，应当按照《中华人民共和国网络安全法》的规定，要求用户提供真实身份信息。用户不提供真实身份信息的，互联网新闻信息服务提供者不得为其提供相关服务。

互联网新闻信息服务提供者对用户身份信息和日志信息负有保密的义务，不得泄露、篡改、毁损，不得出售或非法向他人提供。

互联网新闻信息服务提供者及其从

业人员不得通过采编、发布、转载、删除新闻信息，干预新闻信息呈现或搜索结果等手段谋取不正当利益。

第十四条　互联网新闻信息服务提供者提供互联网新闻信息传播平台服务，应当与在其平台上注册的用户签订协议，明确双方权利义务。

对用户开设公众账号的，互联网新闻信息服务提供者应当审核其账号信息、服务资质、服务范围等信息，并向所在地省、自治区、直辖市互联网信息办公室分类备案。

第十五条　互联网新闻信息服务提供者转载新闻信息，应当转载中央新闻单位或省、自治区、直辖市直属新闻单位等国家规定范围内的单位发布的新闻信息，注明新闻信息来源、原作者、原标题、编辑真实姓名等，不得歪曲、篡改标题原意和新闻信息内容，并保证新闻信息来源可追溯。

互联网新闻信息服务提供者转载新闻信息，应当遵守著作权相关法律法规的规定，保护著作权人的合法权益。

第十六条　互联网新闻信息服务提供者和用户不得制作、复制、发布、传播法律、行政法规禁止的信息内容。

互联网新闻信息服务提供者提供服务过程中发现含有违反本规定第三条或前款规定内容的，应当依法立即停止传输该信息、采取消除等处置措施，保存有关记录，并向有关主管部门报告。

第十七条　互联网新闻信息服务提供者变更主要负责人、总编辑、主管单位、股权结构等影响许可条件的重大事项，应当向原许可机关办理变更手续。

互联网新闻信息服务提供者应用新技术、调整增设具有新闻舆论属性或社会动员能力的应用功能，应当报国家或省、自治区、直辖市互联网信息办公室进行互联网新闻信息服务安全评估。

第十八条　互联网新闻信息服务提供者应当在明显位置明示互联网新闻信息服务许可证编号。

互联网新闻信息服务提供者应当自觉接受社会监督，建立社会投诉举报渠道，设置便捷的投诉举报入口，及时处理公众投诉举报。

第四章　监督检查

第十九条　国家和地方互联网信息办公室应当建立日常检查和定期检查相结合的监督管理制度，依法对互联网新闻信息服务活动实施监督检查，有关单位、个人应当予以配合。

国家和地方互联网信息办公室应当健全执法人员资格管理制度。执法人员开展执法活动，应当依法出示执法证件。

第二十条　任何组织和个人发现互联网新闻信息服务提供者有违反本规定行为的，可以向国家和地方互联网信息办公室举报。

国家和地方互联网信息办公室应当向社会公开举报受理方式，收到举报后，应当依法予以处置。互联网新闻信息服务提供者应当予以配合。

第二十一条 国家和地方互联网信息办公室应当建立互联网新闻信息服务网络信用档案,建立失信黑名单制度和约谈制度。

国家互联网信息办公室会同国务院电信、公安、新闻出版广电等部门建立信息共享机制,加强工作沟通和协作配合,依法开展联合执法等专项监督检查活动。

第五章 法律责任

第二十二条 违反本规定第五条规定,未经许可或超越许可范围开展互联网新闻信息服务活动的,由国家和省、自治区、直辖市互联网信息办公室依据职责责令停止相关服务活动,处一万元以上三万元以下罚款。

第二十三条 互联网新闻信息服务提供者运行过程中不再符合许可条件的,由原许可机关责令限期改正;逾期仍不符合许可条件的,暂停新闻信息更新;《互联网新闻信息服务许可证》有效期届满仍不符合许可条件的,不予换发许可证。

第二十四条 互联网新闻信息服务提供者违反本规定第七条第二款、第八条、第十一条、第十二条、第十三条第三款、第十四条、第十五条第一款、第十七条、第十八条规定的,由国家和地方互联网信息办公室依据职责给予警告,责令限期改正;情节严重或拒不改正的,暂停新闻信息更新,处五千元以上三万元以下罚款;构成犯罪的,依法追究刑事责任。

第二十五条 互联网新闻信息服务提供者违反本规定第三条、第十六条第一款、第十九条第一款、第二十条第二款规定的,由国家和地方互联网信息办公室依据职责给予警告,责令限期改正;情节严重或拒不改正的,暂停新闻信息更新,处二万元以上三万元以下罚款;构成犯罪的,依法追究刑事责任。

第二十六条 互联网新闻信息服务提供者违反本规定第十三条第一款、第十六条第二款规定的,由国家和地方互联网信息办公室根据《中华人民共和国网络安全法》的规定予以处理。

第六章 附 则

第二十七条 本规定所称新闻单位,是指依法设立的报刊社、广播电台、电视台、通讯社和新闻电影制片厂。

第二十八条 违反本规定,同时违反互联网信息服务管理规定的,由国家和地方互联网信息办公室根据本规定处理后,转由电信主管部门依法处置。

国家对互联网视听节目服务、网络出版服务等另有规定的,应当同时符合其规定。

第二十九条 本规定自 2017 年 6 月 1 日起施行。本规定施行之前颁布的有关规定与本规定不一致的,按照本规定执行。

通信网络安全防护管理办法

1. 2010年1月21日工业和信息化部令第11号公布
2. 自2010年3月1日起施行

第一条　为了加强对通信网络安全的管理，提高通信网络安全防护能力，保障通信网络安全畅通，根据《中华人民共和国电信条例》，制定本办法。

第二条　中华人民共和国境内的电信业务经营者和互联网域名服务提供者（以下统称“通信网络运行单位”）管理和运行的公用通信网和互联网（以下统称“通信网络”）的网络安全防护工作，适用本办法。

本办法所称互联网域名服务，是指设置域名数据库或者域名解析服务器，为域名持有者提供域名注册或者权威解析服务的行为。

本办法所称网络安全防护工作，是指为防止通信网络阻塞、中断、瘫痪或者被非法控制，以及为防止通信网络中传输、存储、处理的数据信息丢失、泄露或者被篡改而开展的工作。

第三条　通信网络安全防护工作坚持积极防御、综合防范、分级保护的原则。

第四条　中华人民共和国工业和信息化部（以下简称工业和信息化部）负责全国通信网络安全防护工作的统一指导、协调和检查，组织建立健全通信网络安全防护体系，制定通信行业相关标准。

各省、自治区、直辖市通信管理局（以下简称通信管理局）依据本办法的规定，对本行政区域内的通信网络安全防护工作进行指导、协调和检查。

工业和信息化部与通信管理局统称“电信管理机构”。

第五条　通信网络运行单位应当按照电信管理机构的规定和通信行业标准开展通信网络安全防护工作，对本单位通信网络安全负责。

第六条　通信网络运行单位新建、改建、扩建通信网络工程项目，应当同步建设通信网络安全保障设施，并与主体工程同时进行验收和投入运行。

通信网络安全保障设施的新建、改建、扩建费用，应当纳入本单位建设项目概算。

第七条　通信网络运行单位应当对本单位已正式投入运行的通信网络进行单元划分，并按照各通信网络单元遭到破坏后可能对国家安全、经济运行、社会秩序、公众利益的危害程度，由低到高分别划分为一级、二级、三级、四级、五级。

电信管理机构应当组织专家对通信网络单元的分级情况进行评审。

通信网络运行单位应当根据实际情况适时调整通信网络单元的划分和级别，并按照前款规定进行评审。

第八条　通信网络运行单位应当在通信网络定级评审通过后三十日内，将通信网络单元的划分和定级情况按照以下规定向电信管理机构备案：

（一）基础电信业务经营者集团公司向工业和信息化部申请办理其直接管理的通信网络单元的备案；基础电信业务经营者各省（自治区、直辖市）子公司、分公司向当地通信管理局申请办理其负责管理的通信网络单元的备案；

（二）增值电信业务经营者向作出电信业务经营许可决定的电信管理机构备案；

（三）互联网域名服务提供者向工业和信息化部备案。

第九条 通信网络运行单位办理通信网络单元备案，应当提交以下信息：

（一）通信网络单元的名称、级别和主要功能；

（二）通信网络单元责任单位的名称和联系方式；

（三）通信网络单元主要负责人的姓名和联系方式；

（四）通信网络单元的拓扑架构、网络边界、主要软硬件及型号和关键设施位置；

（五）电信管理机构要求提交的涉及通信网络安全的其他信息。

前款规定的备案信息发生变化的，通信网络运行单位应当自信息变化之日起三十日内向电信管理机构变更备案。

通信网络运行单位报备的信息应当真实、完整。

第十条 电信管理机构应当对备案信息的真实性、完整性进行核查，发现备案信息不真实、不完整的，通知备案单位予以补正。

第十一条 通信网络运行单位应当落实与通信网络单元级别相适应的安全防护措施，并按照以下规定进行符合性评测：

（一）三级及三级以上通信网络单元应当每年进行一次符合性评测；

（二）二级通信网络单元应当每两年进行一次符合性评测。

通信网络单元的划分和级别调整的，应当自调整完成之日起九十日内重新进行符合性评测。

通信网络运行单位应当在评测结束后三十日内，将通信网络单元的符合性评测结果、整改情况或者整改计划报送通信网络单元的备案机构。

第十二条 通信网络运行单位应当按照以下规定组织对通信网络单元进行安全风险评估，及时消除重大网络安全隐患：

（一）三级及三级以上通信网络单元应当每年进行一次安全风险评估；

（二）二级通信网络单元应当每两年进行一次安全风险评估。

国家重大活动举办前，通信网络单元应当按照电信管理机构的要求进行安全风险评估。

通信网络运行单位应当在安全风险评估结束后三十日内，将安全风险评估结果、隐患处理情况或者处理计划报送通信网络单元的备案机构。

第十三条 通信网络运行单位应当

对通信网络单元的重要线路、设备、系统和数据等进行备份。

第十四条 通信网络运行单位应当组织演练,检验通信网络安全防护措施的有效性。

通信网络运行单位应当参加电信管理机构组织开展的演练。

第十五条 通信网络运行单位应当建设和运行通信网络安全监测系统,对本单位通信网络的安全状况进行监测。

第十六条 通信网络运行单位可以委托专业机构开展通信网络安全评测、评估、监测等工作。

工业和信息化部应当根据通信网络安全防护工作的需要,加强对前款规定的受托机构的安全评测、评估、监测能力指导。

第十七条 电信管理机构应当对通信网络运行单位开展通信网络安全防护工作的情况进行检查。

电信管理机构可以采取以下检查措施:

(一)查阅通信网络运行单位的符合性评测报告和风险评估报告;

(二)查阅通信网络运行单位有关网络安全防护的文档和工作记录;

(三)向通信网络运行单位工作人员询问了解有关情况;

(四)查验通信网络运行单位的有关设施;

(五)对通信网络进行技术性分析和测试;

(六)法律、行政法规规定的其他检查措施。

第十八条 电信管理机构可以委托专业机构开展通信网络安全检查活动。

第十九条 通信网络运行单位应当配合电信管理机构及其委托的专业机构开展检查活动,对于检查中发现的重大网络安全隐患,应当及时整改。

第二十条 电信管理机构对通信网络安全防护工作进行检查,不得影响通信网络的正常运行,不得收取任何费用,不得要求接受检查的单位购买指定品牌或者指定单位的安全软件、设备或者其他产品。

第二十一条 电信管理机构及其委托的专业机构的工作人员对于检查工作中获悉的国家秘密、商业秘密和个人隐私,有保密的义务。

第二十二条 违反本办法第六条第一款、第七条第一款和第三款、第八条、第九条、第十一条、第十二条、第十三条、第十四条、第十五条、第十九条规定的,由电信管理机构依据职权责令改正;拒不改正的,给予警告,并处五千元以上三万元以下的罚款。

第二十三条 电信管理机构的工作人员违反本办法第二十条、第二十一条规定的,依法给予行政处分;构成犯罪的,依法追究刑事责任。

第二十四条 本办法自 2010 年 3 月 1 日起施行。

公安机关互联网安全监督检查规定

1. 2018年9月15日公安部令第151号发布
2. 自2018年11月1日起施行

第一章 总 则

第一条 为规范公安机关互联网安全监督检查工作,预防网络违法犯罪,维护网络安全,保护公民、法人和其他组织合法权益,根据《中华人民共和国人民警察法》、《中华人民共和国网络安全法》等有关法律、行政法规,制定本规定。

第二条 本规定适用于公安机关依法对互联网服务提供者和联网使用单位履行法律、行政法规规定的网络安全义务情况进行的安全监督检查。

第三条 互联网安全监督检查工作由县级以上地方人民政府公安机关网络安全保卫部门组织实施。

上级公安机关应当对下级公安机关开展互联网安全监督检查工作情况进行指导和监督。

第四条 公安机关开展互联网安全监督检查,应当遵循依法科学管理、保障和促进发展的方针,严格遵守法定权限和程序,不断改进执法方式,全面落实执法责任。

第五条 公安机关及其工作人员对履行互联网安全监督检查职责中知悉的个人信息、隐私、商业秘密和国家秘密,应当严格保密,不得泄露、出售或者非法向他人提供。

公安机关及其工作人员在履行互联网安全监督检查职责中获取的信息,只能用于维护网络安全的需要,不得用于其他用途。

第六条 公安机关对互联网安全监督检查工作中发现的可能危害国家安全、公共安全、社会秩序的网络安全风险,应当及时通报有关主管部门和单位。

第七条 公安机关应当建立并落实互联网安全监督检查工作制度,自觉接受检查对象和人民群众的监督。

第二章 监督检查对象和内容

第八条 互联网安全监督检查由互联网服务提供者的网络服务运营机构和联网使用单位的网络管理机构所在地公安机关实施。互联网服务提供者为个人的,可以由其经常居住地公安机关实施。

第九条 公安机关应当根据网络安全防范需要和网络安全风险隐患的具体情况,对下列互联网服务提供者和联网使用单位开展监督检查:

(一)提供互联网接入、互联网数据中心、内容分发、域名服务的;

(二)提供互联网信息服务的;

(三)提供公共上网服务的;

(四)提供其他互联网服务的。

对开展前款规定的服务未满一年

的，两年内曾发生过网络安全事件、违法犯罪案件的，或者因未履行法定网络安全义务被公安机关予以行政处罚的，应当开展重点监督检查。

第十条　公安机关应当根据互联网服务提供者和联网使用单位履行法定网络安全义务的实际情况，依照国家有关规定和标准，对下列内容进行监督检查：

（一）是否办理联网单位备案手续，并报送接入单位和用户基本信息及其变更情况；

（二）是否制定并落实网络安全管理制度和操作规程，确定网络安全负责人；

（三）是否依法采取记录并留存用户注册信息和上网日志信息的技术措施；

（四）是否采取防范计算机病毒和网络攻击、网络侵入等技术措施；

（五）是否在公共信息服务中对法律、行政法规禁止发布或者传输的信息依法采取相关防范措施；

（六）是否按照法律规定的要求为公安机关依法维护国家安全、防范调查恐怖活动、侦查犯罪提供技术支持和协助；

（七）是否履行法律、行政法规规定的网络安全等级保护等义务。

第十一条　除本规定第十条所列内容外，公安机关还应当根据提供互联网服务的类型，对下列内容进行监督检查：

（一）对提供互联网接入服务的，监督检查是否记录并留存网络地址及分配使用情况；

（二）对提供互联网数据中心服务的，监督检查是否记录所提供的主机托管、主机租用和虚拟空间租用的用户信息；

（三）对提供互联网域名服务的，监督检查是否记录网络域名申请、变动信息，是否对违法域名依法采取处置措施；

（四）对提供互联网信息服务的，监督检查是否依法采取用户发布信息管理措施，是否对已发布或者传输的法律、行政法规禁止发布或者传输的信息依法采取处置措施，并保存相关记录；

（五）对提供互联网内容分发服务的，监督检查是否记录内容分发网络与内容源网络链接对应情况；

（六）对提供互联网公共上网服务的，监督检查是否采取符合国家标准的网络与信息安全保护技术措施。

第十二条　在国家重大网络安全保卫任务期间，对与国家重大网络安全保卫任务相关的互联网服务提供者和联网使用单位，公安机关可以对下列内容开展专项安全监督检查：

（一）是否制定重大网络安全保卫任务所要求的工作方案、明确网络安全责任分工并确定网络安全管理人员；

（二）是否组织开展网络安全风险评估，并采取相应风险管控措施堵塞网络安全漏洞隐患；

（三）是否制定网络安全应急处置预案并组织开展应急演练，应急处置相关设施是否完备有效；

(四)是否依法采取重大网络安全保卫任务所需要的其他网络安全防范措施;

(五)是否按照要求向公安机关报告网络安全防范措施及落实情况。

对防范恐怖袭击的重点目标的互联网安全监督检查,按照前款规定的内容执行。

第三章 监督检查程序

第十三条 公安机关开展互联网安全监督检查,可以采取现场监督检查或者远程检测的方式进行。

第十四条 公安机关开展互联网安全现场监督检查时,人民警察不得少于二人,并应当出示人民警察证和县级以上地方人民政府公安机关出具的监督检查通知书。

第十五条 公安机关开展互联网安全现场监督检查可以根据需要采取以下措施:

(一)进入营业场所、机房、工作场所;

(二)要求监督检查对象的负责人或者网络安全管理人员对监督检查事项作出说明;

(三)查阅、复制与互联网安全监督检查事项相关的信息;

(四)查看网络与信息安全保护技术措施运行情况。

第十六条 公安机关对互联网服务提供者和联网使用单位是否存在网络安全漏洞,可以开展远程检测。

公安机关开展远程检测,应当事先告知监督检查对象检查时间、检查范围等事项或者公开相关检查事项,不得干扰、破坏监督检查对象网络的正常运行。

第十七条 公安机关开展现场监督检查或者远程检测,可以委托具有相应技术能力的网络安全服务机构提供技术支持。

网络安全服务机构及其工作人员对工作中知悉的个人信息、隐私、商业秘密和国家秘密,应当严格保密,不得泄露、出售或者非法向他人提供。公安机关应当严格监督网络安全服务机构落实网络安全管理与保密责任。

第十八条 公安机关开展现场监督检查,应当制作监督检查记录,并由开展监督检查的人民警察和监督检查对象的负责人或者网络安全管理人员签名。监督检查对象负责人或者网络安全管理人员对监督检查记录有异议的,应当允许其作出说明;拒绝签名的,人民警察应当在监督检查记录中注明。

公安机关开展远程检测,应当制作监督检查记录,并由二名以上开展监督检查的人民警察在监督检查记录上签名。

委托网络安全服务机构提供技术支持的,技术支持人员应当一并在监督检查记录上签名。

第十九条 公安机关在互联网安全监督检查中,发现互联网服务提供者和联网使用单位存在网络安全风险隐患,应当督促指导其采取措施消除风险隐患,并在监督检查记录上注明;发现有违法行为,但情节轻微或者未造成后果的,应当责令其限期整改。

监督检查对象在整改期限届满前认为已经整改完毕的,可以向公安机关书面提出提前复查申请。

公安机关应当自整改期限届满或者收到监督检查对象提前复查申请之日起三个工作日内,对整改情况进行复查,并在复查结束后三个工作日内反馈复查结果。

第二十条　监督检查过程中收集的资料、制作的各类文书等材料,应当按照规定立卷存档。

第四章　法律责任

第二十一条　公安机关在互联网安全监督检查中,发现互联网服务提供者和联网使用单位有下列违法行为的,依法予以行政处罚:

(一)未制定并落实网络安全管理制度和操作规程,未确定网络安全负责人的,依照《中华人民共和国网络安全法》第五十九条第一款的规定予以处罚;

(二)未采取防范计算机病毒和网络攻击、网络侵入等危害网络安全行为的技术措施的,依照《中华人民共和国网络安全法》第五十九条第一款的规定予以处罚;

(三)未采取记录并留存用户注册信息和上网日志信息措施的,依照《中华人民共和国网络安全法》第五十九条第一款的规定予以处罚;

(四)在提供互联网信息发布、即时通讯等服务中,未要求用户提供真实身份信息,或者对不提供真实身份信息的用户提供相关服务的,依照《中华人民共和国网络安全法》第六十一条的规定予以处罚;

(五)在公共信息服务中对法律、行政法规禁止发布或者传输的信息未依法或者不按照公安机关的要求采取停止传输、消除等处置措施、保存有关记录的,依照《中华人民共和国网络安全法》第六十八条或者第六十九条第一项的规定予以处罚;

(六)拒不为公安机关依法维护国家安全和侦查犯罪的活动提供技术支持和协助的,依照《中华人民共和国网络安全法》第六十九条第三项的规定予以处罚。

有前款第四至六项行为违反《中华人民共和国反恐怖主义法》规定的,依照《中华人民共和国反恐怖主义法》第八十四条或者第八十六条第一款的规定予以处罚。

第二十二条　公安机关在互联网安全监督检查中,发现互联网服务提供者和联网使用单位,窃取或者以其他非法方式获取、非法出售或者非法向他人提供个人信息,尚不构成犯罪的,依照《中华人民共和国网络安全法》第六十四条第二款的规定予以处罚。

第二十三条　公安机关在互联网安全监督检查中,发现互联网服务提供者和联网使用单位在提供的互联网服务中设置恶意程序的，依照《中华人民共和国网络安全法》第六十条第一项的规定予以处罚。

第二十四条 互联网服务提供者和联网使用单位拒绝、阻碍公安机关实施互联网安全监督检查的，依照《中华人民共和国网络安全法》第六十九条第二项的规定予以处罚；拒不配合反恐怖主义工作的，依照《中华人民共和国反恐怖主义法》第九十一条或者第九十二条的规定予以处罚。

第二十五条 受公安机关委托提供技术支持的网络安全服务机构及其工作人员，从事非法侵入监督检查对象网络、干扰监督检查对象网络正常功能、窃取网络数据等危害网络安全的活动的，依照《中华人民共和国网络安全法》第六十三条的规定予以处罚；窃取或者以其他非法方式获取、非法出售或者非法向他人提供在工作中获悉的个人信息的，依照《中华人民共和国网络安全法》第六十四条第二款的规定予以处罚，构成犯罪的，依法追究刑事责任。

前款规定的机构及人员侵犯监督检查对象的商业秘密，构成犯罪的，依法追究刑事责任。

第二十六条 公安机关及其工作人员在互联网安全监督检查工作中，玩忽职守、滥用职权、徇私舞弊的，对直接负责的主管人员和其他直接责任人员依法予以处分；构成犯罪的，依法追究刑事责任。

第二十七条 互联网服务提供者和联网使用单位违反本规定，构成违反治安管理行为的，依法予以治安管理处罚；构成犯罪的，依法追究刑事责任。

第五章 附 则

第二十八条 对互联网上网服务营业场所的监督检查，按照《互联网上网服务营业场所管理条例》的有关规定执行。

第二十九条 本规定自 2018 年 11 月 1 日起施行。

二、网络侵权

中华人民共和国电子商务法

1. 2018年8月31日第十三届全国人民代表大会常务委员会第五次会议通过
2. 2018年8月31日中华人民共和国主席令第7号公布
3. 自2019年1月1日起施行

目　录

第一章　总　　则

第一条　为了保障电子商务各方主体的合法权益，规范电子商务行为，维护市场秩序，促进电子商务持续健康发展，制定本法。

第二条　中华人民共和国境内的电子商务活动，适用本法。

本法所称电子商务，是指通过互联网等信息网络销售商品或者提供服务的经营活动。

法律、行政法规对销售商品或者提供服务有规定的，适用其规定。金融类产品和服务，利用信息网络提供新闻信息、音视频节目、出版以及文化产品等内容方面的服务，不适用本法。

第三条　国家鼓励发展电子商务新业态，创新商业模式，促进电子商务技术研发和推广应用，推进电子商务诚信体系建设，营造有利于电子商务创新发展的市场环境，充分发挥电子商务在推动高质量发展、满足人民日益增长的美好生活需要、构建开放型经济方面的重要作用。

第四条　国家平等对待线上线下商务活动，促进线上线下融合发展，各级人民政府和有关部门不得采取歧视性的政策措施，不得滥用行政权力排除、限制市场竞争。

第五条　电子商务经营者从事经营活动，应当遵循自愿、平等、公平、诚信的原则，遵守法律和商业道德，公平参与市场竞争，履行消费者权益保护、环境保护、知识产权保护、网络安全与个人信息保护等方面的义务，承担产品和服务质量责任，接受政府和社会的监督。

第六条　国务院有关部门按照职责分工负责电子商务发展促进、监督管理等工作。县级以上地方各级人民政府可以根据本行政区域的实际情况，确定本行政区域内电子商务的部门职责划分。

第七条 国家建立符合电子商务特点的协同管理体系，推动形成有关部门、电子商务行业组织、电子商务经营者、消费者等共同参与的电子商务市场治理体系。

第八条 电子商务行业组织按照本组织章程开展行业自律，建立健全行业规范，推动行业诚信建设，监督、引导本行业经营者公平参与市场竞争。

第二章 电子商务经营者

第一节 一般规定

第九条 本法所称电子商务经营者，是指通过互联网等信息网络从事销售商品或者提供服务的经营活动的自然人、法人和非法人组织，包括电子商务平台经营者、平台内经营者以及通过自建网站、其他网络服务销售商品或者提供服务的电子商务经营者。

本法所称电子商务平台经营者，是指在电子商务中为交易双方或者多方提供网络经营场所、交易撮合、信息发布等服务，供交易双方或者多方独立开展交易活动的法人或者非法人组织。

本法所称平台内经营者，是指通过电子商务平台销售商品或者提供服务的电子商务经营者。

第十条 电子商务经营者应当依法办理市场主体登记。但是，个人销售自产农副产品、家庭手工业产品，个人利用自己的技能从事依法无须取得许可的便民劳务活动和零星小额交易活动，以及依照法律、行政法规不需要进行登记的除外。

第十一条 电子商务经营者应当依法履行纳税义务，并依法享受税收优惠。

依照前条规定不需要办理市场主体登记的电子商务经营者在首次纳税义务发生后，应当依照税收征收管理法律、行政法规的规定申请办理税务登记，并如实申报纳税。

第十二条 电子商务经营者从事经营活动，依法需要取得相关行政许可的，应当依法取得行政许可。

第十三条 电子商务经营者销售的商品或者提供的服务应当符合保障人身、财产安全的要求和环境保护要求，不得销售或者提供法律、行政法规禁止交易的商品或者服务。

第十四条 电子商务经营者销售商品或者提供服务应当依法出具纸质发票或者电子发票等购货凭证或者服务单据。电子发票与纸质发票具有同等法律效力。

第十五条 电子商务经营者应当在其首页显著位置，持续公示营业执照信息、与其经营业务有关的行政许可信息、属于依照本法第十条规定的不需要办理市场主体登记情形等信息，或者上述信息的链接标识。

前款规定的信息发生变更的，电子商务经营者应当及时更新公示信息。

第十六条 电子商务经营者自行终止从事电子商务的，应当提前三十日在首页显著位置持续公示有关信息。

第十七条 电子商务经营者应当全面、真实、准确、及时地披露商品或者服务信息，保障消费者的知情权和选择权。电子商务经营者不得以虚构交易、编造用户评价等方式进行虚假或者引人误解的商业宣传，欺骗、误导消费者。

第十八条 电子商务经营者根据消费者的兴趣爱好、消费习惯等特征向其提供商品或者服务的搜索结果的，应当同时向该消费者提供不针对其个人特征的选项，尊重和平等保护消费者合法权益。

电子商务经营者向消费者发送广告的，应当遵守《中华人民共和国广告法》的有关规定。

第十九条 电子商务经营者搭售商品或者服务，应当以显著方式提请消费者注意，不得将搭售商品或者服务作为默认同意的选项。

第二十条 电子商务经营者应当按照承诺或者与消费者约定的方式、时限向消费者交付商品或者服务，并承担商品运输中的风险和责任。但是，消费者另行选择快递物流服务提供者的除外。

第二十一条 电子商务经营者按照约定向消费者收取押金的，应当明示押金退还的方式、程序，不得对押金退还设置不合理条件。消费者申请退还押金，符合押金退还条件的，电子商务经营者应当及时退还。

第二十二条 电子商务经营者因其技术优势、用户数量、对相关行业的控制能力以及其他经营者对该电子商务经营者在交易上的依赖程度等因素而具有市场支配地位的，不得滥用市场支配地位，排除、限制竞争。

第二十三条 电子商务经营者收集、使用其用户的个人信息，应当遵守法律、行政法规有关个人信息保护的规定。

第二十四条 电子商务经营者应当明示用户信息查询、更正、删除以及用户注销的方式、程序，不得对用户信息查询、更正、删除以及用户注销设置不合理条件。

电子商务经营者收到用户信息查询或者更正、删除的申请的，应当在核实身份后及时提供查询或者更正、删除用户信息。用户注销的，电子商务经营者应当立即删除该用户的信息；依照法律、行政法规的规定或者双方约定保存的，依照其规定。

第二十五条 有关主管部门依照法律、行政法规的规定要求电子商务经营者提供有关电子商务数据信息的，电子商务经营者应当提供。有关主管部门应当采取必要措施保护电子商务经营者提供的数据信息的安全，并对其中的个人信息、隐私和商业秘密严格保密，不得泄露、出售或者非法向他人提供。

第二十六条 电子商务经营者从事跨境电子商务，应当遵守进出口监督管理的法律、行政法规和国家有关规定。

第二节 电子商务平台经营者

第二十七条 电子商务平台经营者应当要求申请进入平台销售商品或者提

供服务的经营者提交其身份、地址、联系方式、行政许可等真实信息，进行核验、登记，建立登记档案，并定期核验更新。

电子商务平台经营者为进入平台销售商品或者提供服务的非经营用户提供服务，应当遵守本节有关规定。

第二十八条 电子商务平台经营者应当按照规定向市场监督管理部门报送平台内经营者的身份信息，提示未办理市场主体登记的经营者依法办理登记，并配合市场监督管理部门，针对电子商务的特点，为应当办理市场主体登记的经营者办理登记提供便利。

电子商务平台经营者应当依照税收征收管理法律、行政法规的规定，向税务部门报送平台内经营者的身份信息和与纳税有关的信息，并应当提示依照本法第十条规定不需要办理市场主体登记的电子商务经营者依照本法第十一条第二款的规定办理税务登记。

第二十九条 电子商务平台经营者发现平台内的商品或者服务信息存在违反本法第十二条、第十三条规定情形的，应当依法采取必要的处置措施，并向有关主管部门报告。

第三十条 电子商务平台经营者应当采取技术措施和其他必要措施保证其网络安全、稳定运行，防范网络违法犯罪活动，有效应对网络安全事件，保障电子商务交易安全。

电子商务平台经营者应当制定网络安全事件应急预案，发生网络安全事件时，应当立即启动应急预案，采取相应的补救措施，并向有关主管部门报告。

第三十一条 电子商务平台经营者应当记录、保存平台上发布的商品和服务信息、交易信息，并确保信息的完整性、保密性、可用性。商品和服务信息、交易信息保存时间自交易完成之日起不少于三年；法律、行政法规另有规定的，依照其规定。

第三十二条 电子商务平台经营者应当遵循公开、公平、公正的原则，制定平台服务协议和交易规则，明确进入和退出平台、商品和服务质量保障、消费者权益保护、个人信息保护等方面的权利和义务。

第三十三条 电子商务平台经营者应当在其首页显著位置持续公示平台服务协议和交易规则信息或者上述信息的链接标识，并保证经营者和消费者能够便利、完整地阅览和下载。

第三十四条 电子商务平台经营者修改平台服务协议和交易规则，应当在其首页显著位置公开征求意见，采取合理措施确保有关各方能够及时充分表达意见。修改内容应当至少在实施前七日予以公示。

平台内经营者不接受修改内容，要求退出平台的，电子商务平台经营者不得阻止，并按照修改前的服务协议和交易规则承担相关责任。

第三十五条 电子商务平台经营者不得利用服务协议、交易规则以及技术等手段，对平台内经营者在平台内的交易、交易价格以及与其他经营者的交易等进行不合理限制或者附加不合理条件,或者向平台内经营者收取不合理费用。

第三十六条　电子商务平台经营者依据平台服务协议和交易规则对平台内经营者违反法律、法规的行为实施警示、暂停或者终止服务等措施的,应当及时公示。

第三十七条　电子商务平台经营者在其平台上开展自营业务的,应当以显著方式区分标记自营业务和平台内经营者开展的业务,不得误导消费者。

电子商务平台经营者对其标记为自营的业务依法承担商品销售者或者服务提供者的民事责任。

第三十八条　电子商务平台经营者知道或者应当知道平台内经营者销售的商品或者提供的服务不符合保障人身、财产安全的要求,或者有其他侵害消费者合法权益行为,未采取必要措施的,依法与该平台内经营者承担连带责任。

对关系消费者生命健康的商品或者服务,电子商务平台经营者对平台内经营者的资质资格未尽到审核义务,或者对消费者未尽到安全保障义务,造成消费者损害的,依法承担相应的责任。

第三十九条　电子商务平台经营者应当建立健全信用评价制度,公示信用评价规则,为消费者提供对平台内销售的商品或者提供的服务进行评价的途径。

电子商务平台经营者不得删除消费者对其平台内销售的商品或者提供的服务的评价。

第四十条　电子商务平台经营者应当根据商品或者服务的价格、销量、信用等以多种方式向消费者显示商品或者服务的搜索结果;对于竞价排名的商品或者服务,应当显著标明"广告"。

第四十一条　电子商务平台经营者应当建立知识产权保护规则,与知识产权权利人加强合作,依法保护知识产权。

第四十二条　知识产权权利人认为其知识产权受到侵害的,有权通知电子商务平台经营者采取删除、屏蔽、断开链接、终止交易和服务等必要措施。通知应当包括构成侵权的初步证据。

电子商务平台经营者接到通知后,应当及时采取必要措施,并将该通知转送平台内经营者;未及时采取必要措施的,对损害的扩大部分与平台内经营者承担连带责任。

因通知错误造成平台内经营者损害的,依法承担民事责任。恶意发出错误通知,造成平台内经营者损失的,加倍承担赔偿责任。

第四十三条　平台内经营者接到转送的通知后,可以向电子商务平台经营者提交不存在侵权行为的声明。声明应当包括不存在侵权行为的初步证据。

电子商务平台经营者接到声明后,应当将该声明转送发出通知的知识产权权利人,并告知其可以向有关主管部门投诉或者向人民法院起诉。电子商务平台经营者在转送声明到达知识产权权利人后十五日内,未收到权利人已经投诉或者起诉通知的，应当及时终止所采取的措施。

第四十四条 电子商务平台经营者应当及时公示收到的本法第四十二条、第四十三条规定的通知、声明及处理结果。

第四十五条 电子商务平台经营者知道或者应当知道平台内经营者侵犯知识产权的，应当采取删除、屏蔽、断开链接、终止交易和服务等必要措施；未采取必要措施的，与侵权人承担连带责任。

第四十六条 除本法第九条第二款规定的服务外，电子商务平台经营者可以按照平台服务协议和交易规则，为经营者之间的电子商务提供仓储、物流、支付结算、交收等服务。电子商务平台经营者为经营者之间的电子商务提供服务，应当遵守法律、行政法规和国家有关规定，不得采取集中竞价、做市商等集中交易方式进行交易，不得进行标准化合约交易。

第三章 电子商务合同的订立与履行

第四十七条 电子商务当事人订立和履行合同，适用本章和《中华人民共和国民法总则》《中华人民共和国合同法》《中华人民共和国电子签名法》等法律的规定。

第四十八条 电子商务当事人使用自动信息系统订立或者履行合同的行为对使用该系统的当事人具有法律效力。

在电子商务中推定当事人具有相应的民事行为能力。但是，有相反证据足以推翻的除外。

第四十九条 电子商务经营者发布的商品或者服务信息符合要约条件的，用户选择该商品或者服务并提交订单成功，合同成立。当事人另有约定的，从其约定。

电子商务经营者不得以格式条款等方式约定消费者支付价款后合同不成立；格式条款等含有该内容的，其内容无效。

第五十条 电子商务经营者应当清晰、全面、明确地告知用户订立合同的步骤、注意事项、下载方法等事项，并保证用户能够便利、完整地阅览和下载。

电子商务经营者应当保证用户在提交订单前可以更正输入错误。

第五十一条 合同标的为交付商品并采用快递物流方式交付的，收货人签收时间为交付时间。合同标的为提供服务的，生成的电子凭证或者实物凭证中载明的时间为交付时间；前述凭证没有载明时间或者载明时间与实际提供服务时间不一致的，实际提供服务的时间为交付时间。

合同标的为采用在线传输方式交付的，合同标的进入对方当事人指定的特定系统并且能够检索识别的时间为交付时间。

合同当事人对交付方式、交付时间另有约定的，从其约定。

第五十二条 电子商务当事人可以约定采用快递物流方式交付商品。

快递物流服务提供者为电子商务提供快递物流服务，应当遵守法律、行政法规，并应当符合承诺的服务规范和时限。快递物流服务提供者在交付商品时，应当提示收货人当面查验；交由他人代收的，应当经收货人同意。

快递物流服务提供者应当按照规定使用环保包装材料，实现包装材料的减量化和再利用。

快递物流服务提供者在提供快递物流服务的同时，可以接受电子商务经营者的委托提供代收货款服务。

第五十三条　电子商务当事人可以约定采用电子支付方式支付价款。

电子支付服务提供者为电子商务提供电子支付服务，应当遵守国家规定，告知用户电子支付服务的功能、使用方法、注意事项、相关风险和收费标准等事项，不得附加不合理交易条件。电子支付服务提供者应当确保电子支付指令的完整性、一致性、可跟踪稽核和不可篡改。

电子支付服务提供者应当向用户免费提供对账服务以及最近三年的交易记录。

第五十四条　电子支付服务提供者提供电子支付服务不符合国家有关支付安全管理要求，造成用户损失的，应当承担赔偿责任。

第五十五条　用户在发出支付指令前，应当核对支付指令所包含的金额、收款人等完整信息。

支付指令发生错误的，电子支付服务提供者应当及时查找原因，并采取相关措施予以纠正。造成用户损失的，电子支付服务提供者应当承担赔偿责任，但能够证明支付错误非自身原因造成的除外。

第五十六条　电子支付服务提供者完成电子支付后，应当及时准确地向用户提供符合约定方式的确认支付的信息。

第五十七条　用户应当妥善保管交易密码、电子签名数据等安全工具。用户发现安全工具遗失、被盗用或者未经授权的支付的，应当及时通知电子支付服务提供者。

未经授权的支付造成的损失，由电子支付服务提供者承担；电子支付服务提供者能够证明未经授权的支付是因用户的过错造成的，不承担责任。

电子支付服务提供者发现支付指令未经授权，或者收到用户支付指令未经授权的通知时，应当立即采取措施防止损失扩大。电子支付服务提供者未及时采取措施导致损失扩大的，对损失扩大部分承担责任。

第四章　电子商务争议解决

第五十八条　国家鼓励电子商务平台经营者建立有利于电子商务发展和消费者权益保护的商品、服务质量担保机制。

电子商务平台经营者与平台内经营者协议设立消费者权益保证金的，双方应当就消费者权益保证金的提取数额、管理、使用和退还办法等作出明确约定。

消费者要求电子商务平台经营者承担先行赔偿责任以及电子商务平台经营者赔偿后向平台内经营者的追偿，适用《中华人民共和国消费者权益保护法》的有关规定。

第五十九条　电子商务经营者应当建立便捷、有效的投诉、举报机制，公开投诉、举报方式等信息，及时受理并处理投诉、举报。

第六十条　电子商务争议可以通过协商和解，请求消费者组织、行业协会或者其他依法成立的调解组织调解，向有关部门投诉，提请仲裁，或者提起诉讼等方式解决。

第六十一条　消费者在电子商务平台购买商品或者接受服务，与平台内经营者发生争议时，电子商务平台经营者应当积极协助消费者维护合法权益。

第六十二条　在电子商务争议处理中，电子商务经营者应当提供原始合同和交易记录。因电子商务经营者丢失、伪造、篡改、销毁、隐匿或者拒绝提供前述资料，致使人民法院、仲裁机构或者有关机关无法查明事实的，电子商务经营者应当承担相应的法律责任。

第六十三条　电子商务平台经营者可以建立争议在线解决机制，制定并公示争议解决规则，根据自愿原则，公平、公正地解决当事人的争议。

第五章　电子商务促进

第六十四条　国务院和省、自治区、直辖市人民政府应当将电子商务发展纳入国民经济和社会发展规划，制定科学合理的产业政策，促进电子商务创新发展。

第六十五条　国务院和县级以上地方人民政府及其有关部门应当采取措施，支持、推动绿色包装、仓储、运输，促进电子商务绿色发展。

第六十六条　国家推动电子商务基础设施和物流网络建设，完善电子商务统计制度，加强电子商务标准体系建设。

第六十七条　国家推动电子商务在国民经济各个领域的应用，支持电子商务与各产业融合发展。

第六十八条　国家促进农业生产、加工、流通等环节的互联网技术应用，鼓励各类社会资源加强合作，促进农村电子商务发展，发挥电子商务在精准扶贫中的作用。

第六十九条　国家维护电子商务交易安全，保护电子商务用户信息，鼓励电子商务数据开发应用，保障电子商务数据依法有序自由流动。

国家采取措施推动建立公共数据共享机制，促进电子商务经营者依法利用公共数据。

第七十条　国家支持依法设立的信用评价机构开展电子商务信用评价，向社会提供电子商务信用评价服务。

第七十一条　国家促进跨境电子商务发展，建立健全适应跨境电子商务特点的海关、税收、进出境检验检疫、支付结算等管理制度，提高跨境电子商务各环节便利化水平，支持跨境电子商务平台经营者等为跨境电子商务提供仓储物流、报关、报检等服务。

国家支持小型微型企业从事跨境电子商务。

第七十二条　国家进出口管理部门应当推进跨境电子商务海关申报、纳税、检验检疫等环节的综合服务和监管体系建设，优化监管流程，推动实现信息共享、监管互认、执法互助，提高跨境电子商务服务和监管效率。跨境电子商务经营者可以凭电子单证向国家进出口管理部门办理有关手续。

第七十三条　国家推动建立与不同国家、地区之间跨境电子商务的交流合作，参与电子商务国际规则的制定，促进电子签名、电子身份等国际互认。

国家推动建立与不同国家、地区之间的跨境电子商务争议解决机制。

第六章　法律责任

第七十四条　电子商务经营者销售商品或者提供服务，不履行合同义务或者履行合同义务不符合约定，或者造成他人损害的，依法承担民事责任。

第七十五条　电子商务经营者违反本法第十二条、第十三条规定，未取得相关行政许可从事经营活动，或者销售、提供法律、行政法规禁止交易的商品、服务，或者不履行本法第二十五条规定的信息提供义务，电子商务平台经营者违反本法第四十六条规定，采取集中交易方式进行交易，或者进行标准化合约交易的，依照有关法律、行政法规的规定处罚。

第七十六条　电子商务经营者违反本法规定，有下列行为之一的，由市场监督管理部门责令限期改正，可以处一万元以下的罚款，对其中的电子商务平台经营者，依照本法第八十一条第一款的规定处罚：

（一）未在首页显著位置公示营业执照信息、行政许可信息、属于不需要办理市场主体登记情形等信息，或者上述信息的链接标识的；

（二）未在首页显著位置持续公示终止电子商务的有关信息的；

（三）未明示用户信息查询、更正、删除以及用户注销的方式、程序，或者对用户信息查询、更正、删除以及用户注销设置不合理条件的。

电子商务平台经营者对违反前款规定的平台内经营者未采取必要措施的，由市场监督管理部门责令限期改正，可以处二万元以上十万元以下的罚款。

第七十七条　电子商务经营者违反本法第十八条第一款规定提供搜索结果，或者违反本法第十九条规定搭售商品、服务的，由市场监督管理部门责令限期改正，没收违法所得，可以并处五万元以上二十万元以下的罚款；情节严重的，并处二十万元以上五十万元以下的罚款。

第七十八条　电子商务经营者违反

本法第二十一条规定，未向消费者明示押金退还的方式、程序，对押金退还设置不合理条件，或者不及时退还押金的，由有关主管部门责令限期改正，可以处五万元以上二十万元以下的罚款；情节严重的，处二十万元以上五十万元以下的罚款。

第七十九条 电子商务经营者违反法律、行政法规有关个人信息保护的规定，或者不履行本法第三十条和有关法律、行政法规规定的网络安全保障义务的，依照《中华人民共和国网络安全法》等法律、行政法规的规定处罚。

第八十条 电子商务平台经营者有下列行为之一的，由有关主管部门责令限期改正；逾期不改正的，处二万元以上十万元以下的罚款；情节严重的，责令停业整顿，并处十万元以上五十万元以下的罚款：

（一）不履行本法第二十七条规定的核验、登记义务的；

（二）不按照本法第二十八条规定向市场监督管理部门、税务部门报送有关信息的；

（三）不按照本法第二十九条规定对违法情形采取必要的处置措施，或者未向有关主管部门报告的；

（四）不履行本法第三十一条规定的商品和服务信息、交易信息保存义务的。

法律、行政法规对前款规定的违法行为的处罚另有规定的，依照其规定。

第八十一条 电子商务平台经营者违反本法规定，有下列行为之一的，由市场监督管理部门责令限期改正，可以处二万元以上十万元以下的罚款；情节严重的，处十万元以上五十万元以下的罚款：

（一）未在首页显著位置持续公示平台服务协议、交易规则信息或者上述信息的链接标识的；

（二）修改交易规则未在首页显著位置公开征求意见，未按照规定的时间提前公示修改内容，或者阻止平台内经营者退出的；

（三）未以显著方式区分标记自营业务和平台内经营者开展的业务的；

（四）未为消费者提供对平台内销售的商品或者提供的服务进行评价的途径，或者擅自删除消费者的评价的。

电子商务平台经营者违反本法第四十条规定，对竞价排名的商品或者服务未显著标明“广告”的，依照《中华人民共和国广告法》的规定处罚。

第八十二条 电子商务平台经营者违反本法第三十五条规定，对平台内经营者在平台内的交易、交易价格或者与其他经营者的交易等进行不合理限制或者附加不合理条件，或者向平台内经营者收取不合理费用的，由市场监督管理部门责令限期改正，可以处五万元以上五十万元以下的罚款；情节严重的，处五十万元以上二百万元以下的罚款。

第八十三条 电子商务平台经营者违反本法第三十八条规定，对平台内经营者侵害消费者合法权益行为未采取必要措施,或者对平台内经营者未尽到资质资格审核义务,或者对消费者未尽到安全保障义务的,由市场监督管理部门责令限期改正,可以处五万元以上五十万元以下的罚款;情节严重的,责令停业整顿,并处五十万元以上二百万元以下的罚款。

第八十四条　电子商务平台经营者违反本法第四十二条、第四十五条规定,对平台内经营者实施侵犯知识产权行为未依法采取必要措施的,由有关知识产权行政部门责令限期改正;逾期不改正的,处五万元以上五十万元以下的罚款;情节严重的,处五十万元以上二百万元以下的罚款。

第八十五条　电子商务经营者违反本法规定,销售的商品或者提供的服务不符合保障人身、财产安全的要求,实施虚假或者引人误解的商业宣传等不正当竞争行为,滥用市场支配地位,或者实施侵犯知识产权、侵害消费者权益等行为的,依照有关法律的规定处罚。

第八十六条　电子商务经营者有本法规定的违法行为的,依照有关法律、行政法规的规定记入信用档案,并予以公示。

第八十七条　依法负有电子商务监督管理职责的部门的工作人员,玩忽职守、滥用职权、徇私舞弊,或者泄露、出售或者非法向他人提供在履行职责中所知悉的个人信息、隐私和商业秘密的,依法追究法律责任。

第八十八条　违反本法规定,构成违反治安管理行为的,依法给予治安管理处罚;构成犯罪的,依法追究刑事责任。

第七章　附　　则

第八十九条　本法自2019年1月1日起施行。

中华人民共和国
反不正当竞争法(节录)

1. 1993年9月2日第八届全国人民代表大会常务委员会第三次会议通过
2. 2017年11月4日第十二届全国人民代表大会常务委员会第三十次会议修订
3. 根据2019年4月23日第十三届全国人民代表大会常务委员会第十次会议《关于修改〈中华人民共和国建筑法〉等八部法律的决定》修正

第十二条　经营者利用网络从事生产经营活动,应当遵守本法的各项规定。

经营者不得利用技术手段,通过影响用户选择或者其他方式,实施下列妨碍、破坏其他经营者合法提供的网络产品或者服务正常运行的行为:

(一)未经其他经营者同意,在其合法提供的网络产品或者服务中,插入链接、强制进行目标跳转;

(二)误导、欺骗、强迫用户修改、关闭、卸载其他经营者合法提供的网络产品或者服务；

（三）恶意对其他经营者合法提供的网络产品或者服务实施不兼容；

（四）其他妨碍、破坏其他经营者合法提供的网络产品或者服务正常运行的行为。

第二十四条 经营者违反本法第十二条规定妨碍、破坏其他经营者合法提供的网络产品或者服务正常运行的，由监督检查部门责令停止违法行为，处十万元以上五十万元以下的罚款；情节严重的，处五十万元以上三百万元以下的罚款。

中华人民共和国民法典（节录）

1. 2020年5月28日第十三届全国人民代表大会第三次会议通过
2. 2020年5月28日中华人民共和国主席令第45号公布
3. 自2021年1月1日起施行

第一百一十一条 自然人的个人信息受法律保护。任何组织或者个人需要获取他人个人信息的，应当依法取得并确保信息安全，不得非法收集、使用、加工、传输他人个人信息，不得非法买卖、提供或者公开他人个人信息。

第一百二十七条 法律对数据、网络虚拟财产的保护有规定的，依照其规定。

第四百九十一条 当事人采用信件、数据电文等形式订立合同要求签订确认书的，签订确认书时合同成立。

当事人一方通过互联网等信息网络发布的商品或者服务信息符合要约条件的，对方选择该商品或者服务并提交订单成功时合同成立，但是当事人另有约定的除外。

第五百一十二条 通过互联网等信息网络订立的电子合同的标的为交付商品并采用快递物流方式交付的，收货人的签收时间为交付时间。电子合同的标的为提供服务的，生成的电子凭证或者实物凭证中载明的时间为提供服务时间；前述凭证没有载明时间或者载明时间与实际提供服务时间不一致的，以实际提供服务的时间为准。

电子合同的标的物为采用在线传输方式交付的，合同标的物进入对方当事人指定的特定系统且能够检索识别的时间为交付时间。

电子合同当事人对交付商品或者提供服务的方式、时间另有约定的，按照其约定。

第九百九十九条 为公共利益实施新闻报道、舆论监督等行为的，可以合理使用民事主体的姓名、名称、肖像、个人信息等；使用不合理侵害民事主体人格权的，应当依法承担民事责任。

第一千条 行为人因侵害人格权承担消除影响、恢复名誉、赔礼道歉等民事责任的，应当与行为的具体方式和造成的影响范围相当。

行为人拒不承担前款规定的民事责任的，人民法院可以采取在报刊、网络等媒体上发布公告或者公布生效裁判文书等方式执行，产生的费用由行为人负担。

第一千零二十八条　民事主体有证据证明报刊、网络等媒体报道的内容失实，侵害其名誉权的，有权请求该媒体及时采取更正或者删除等必要措施。

第一千零三十条　民事主体与征信机构等信用信息处理者之间的关系，适用本编有关个人信息保护的规定和其他法律、行政法规的有关规定。

第一千零三十三条　除法律另有规定或者权利人明确同意外，任何组织或者个人不得实施下列行为：

（一）以电话、短信、即时通讯工具、电子邮件、传单等方式侵扰他人的私人生活安宁；

（二）进入、拍摄、窥视他人的住宅、宾馆房间等私密空间；

（三）拍摄、窥视、窃听、公开他人的私密活动；

（四）拍摄、窥视他人身体的私密部位；

（五）处理他人的私密信息；

（六）以其他方式侵害他人的隐私权。

第一千零三十四条　自然人的个人信息受法律保护。

个人信息是以电子或者其他方式记录的能够单独或者与其他信息结合识别特定自然人的各种信息，包括自然人的姓名、出生日期、身份证件号码、生物识别信息、住址、电话号码、电子邮箱、健康信息、行踪信息等。

个人信息中的私密信息，适用有关隐私权的规定；没有规定的，适用有关个人信息保护的规定。

第一千零三十五条　处理个人信息的，应当遵循合法、正当、必要原则，不得过度处理，并符合下列条件：

（一）征得该自然人或者其监护人同意，但是法律、行政法规另有规定的除外；

（二）公开处理信息的规则；

（三）明示处理信息的目的、方式和范围；

（四）不违反法律、行政法规的规定和双方的约定。

个人信息的处理包括个人信息的收集、存储、使用、加工、传输、提供、公开等。

第一千零三十六条　处理个人信息，有下列情形之一的，行为人不承担民事责任：

（一）在该自然人或者其监护人同意的范围内合理实施的行为；

（二）合理处理该自然人自行公开的或者其他已经合法公开的信息，但是该自然人明确拒绝或者处理该信息侵害其重大利益的除外；

（三）为维护公共利益或者该自然人合法权益，合理实施的其他行为。

第一千零三十七条　自然人可以依法向信息处理者查阅或者复制其个人信

息;发现信息有错误的,有权提出异议并请求及时采取更正等必要措施。

自然人发现信息处理者违反法律、行政法规的规定或者双方的约定处理其个人信息的,有权请求信息处理者及时删除。

第一千零三十八条 信息处理者不得泄露或者篡改其收集、存储的个人信息;未经自然人同意,不得向他人非法提供其个人信息,但是经过加工无法识别特定个人且不能复原的除外。

信息处理者应当采取技术措施和其他必要措施,确保其收集、存储的个人信息安全,防止信息泄露、篡改、丢失;发生或者可能发生个人信息泄露、篡改、丢失的,应当及时采取补救措施,按照规定告知自然人并向有关主管部门报告。

第一千零三十九条 国家机关、承担行政职能的法定机构及其工作人员对于履行职责过程中知悉的自然人的隐私和个人信息,应当予以保密,不得泄露或者向他人非法提供。

第一千一百九十四条 网络用户、网络服务提供者利用网络侵害他人民事权益的,应当承担侵权责任。法律另有规定的,依照其规定。

第一千一百九十五条 网络用户利用网络服务实施侵权行为的,权利人有权通知网络服务提供者采取删除、屏蔽、断开链接等必要措施。通知应当包括构成侵权的初步证据及权利人的真实身份信息。

网络服务提供者接到通知后,应当及时将该通知转送相关网络用户,并根据构成侵权的初步证据和服务类型采取必要措施;未及时采取必要措施的,对损害的扩大部分与该网络用户承担连带责任。

权利人因错误通知造成网络用户或者网络服务提供者损害的,应当承担侵权责任。法律另有规定的,依照其规定。

第一千一百九十六条 网络用户接到转送的通知后,可以向网络服务提供者提交不存在侵权行为的声明。声明应当包括不存在侵权行为的初步证据及网络用户的真实身份信息。

网络服务提供者接到声明后,应当将该声明转送发出通知的权利人,并告知其可以向有关部门投诉或者向人民法院提起诉讼。网络服务提供者在转送声明到达权利人后的合理期限内,未收到权利人已经投诉或者提起诉讼通知的,应当及时终止所采取的措施。

第一千一百九十七条 网络服务提供者知道或者应当知道网络用户利用其网络服务侵害他人民事权益,未采取必要措施的,与该网络用户承担连带责任。

第一千二百二十六条 医疗机构及其医务人员应当对患者的隐私和个人信息保密。泄露患者的隐私和个人信息,或者未经患者同意公开其病历资料的,应当承担侵权责任。

中华人民共和国著作权法（节录）

1．1990年9月7日第七届全国人民代表大会常务委员会第十五次会议通过
2．根据2001年10月27日第九届全国人民代表大会常务委员会第二十四次会议《关于修改〈中华人民共和国著作权法〉的决定》第一次修正
3．根据2010年2月26日第十一届全国人民代表大会常务委员会第十三次会议《关于修改〈中华人民共和国著作权法〉的决定》第二次修正
4．根据2020年11月11日第十三届全国人民代表大会常务委员会第二十三次会议《关于修改〈中华人民共和国著作权法〉的决定》第三次修正

第十条　著作权包括下列人身权和财产权：

（一）发表权，即决定作品是否公之于众的权利；

（二）署名权，即表明作者身份，在作品上署名的权利；

（三）修改权，即修改或者授权他人修改作品的权利；

（四）保护作品完整权，即保护作品不受歪曲、篡改的权利；

（五）复制权，即以印刷、复印、拓印、录音、录像、翻录、翻拍、数字化等方式将作品制作一份或者多份的权利；

（六）发行权，即以出售或者赠与方式向公众提供作品的原件或者复制件的权利；

（七）出租权，即有偿许可他人临时使用视听作品、计算机软件的原件或者复制件的权利，计算机软件不是出租的主要标的的除外；

（八）展览权，即公开陈列美术作品、摄影作品的原件或者复制件的权利；

（九）表演权，即公开表演作品，以及用各种手段公开播送作品的表演的权利；

（十）放映权，即通过放映机、幻灯机等技术设备公开再现美术、摄影、视听作品等的权利；

（十一）广播权，即以有线或者无线方式公开传播或者转播作品，以及通过扩音器或者其他传送符号、声音、图像的类似工具向公众传播广播的作品的权利，但不包括本款第十二项规定的权利；

（十二）信息网络传播权，即以有线或者无线方式向公众提供，使公众可以在其选定的时间和地点获得作品的权利；

（十三）摄制权，即以摄制视听作品的方法将作品固定在载体上的权利；

（十四）改编权，即改变作品，创作出具有独创性的新作品的权利；

（十五）翻译权，即将作品从一种语言文字转换成另一种语言文字的权利；

（十六）汇编权，即将作品或者作品的片段通过选择或者编排，汇集成新作

品的权利；

（十七）应当由著作权人享有的其他权利。

著作权人可以许可他人行使前款第五项至第十七项规定的权利，并依照约定或者本法有关规定获得报酬。

著作权人可以全部或者部分转让本条第一款第五项至第十七项规定的权利，并依照约定或者本法有关规定获得报酬。

第三十九条 表演者对其表演享有下列权利：

（一）表明表演者身份；

（二）保护表演形象不受歪曲；

（三）许可他人从现场直播和公开传送其现场表演，并获得报酬；

（四）许可他人录音录像，并获得报酬；

（五）许可他人复制、发行、出租录有其表演的录音录像制品，并获得报酬；

（六）许可他人通过信息网络向公众传播其表演，并获得报酬。

被许可人以前款第三项至第六项规定的方式使用作品，还应当取得著作权人许可，并支付报酬。

第四十四条 录音录像制作者对其制作的录音录像制品，享有许可他人复制、发行、出租、通过信息网络向公众传播并获得报酬的权利；权利的保护期为五十年，截止于该制品首次制作完成后第五十年的12月31日。

被许可人复制、发行、通过信息网络向公众传播录音录像制品，应当同时取得著作权人、表演者许可，并支付报酬；被许可人出租录音录像制品，还应当取得表演者许可，并支付报酬。

第四十七条 广播电台、电视台有权禁止未经其许可的下列行为：

（一）将其播放的广播、电视以有线或者无线方式转播；

（二）将其播放的广播、电视录制以及复制；

（三）将其播放的广播、电视通过信息网络向公众传播。

广播电台、电视台行使前款规定的权利，不得影响、限制或者侵害他人行使著作权或者与著作权有关的权利。

本条第一款规定的权利的保护期为五十年，截止于该广播、电视首次播放后第五十年的12月31日。

第四十九条 为保护著作权和与著作权有关的权利，权利人可以采取技术措施。

未经权利人许可，任何组织或者个人不得故意避开或者破坏技术措施，不得以避开或者破坏技术措施为目的制造、进口或者向公众提供有关装置或者部件，不得故意为他人避开或者破坏技术措施提供技术服务。但是，法律、行政法规规定可以避开的情形除外。

本法所称的技术措施，是指用于防止、限制未经权利人许可浏览、欣赏作品、表演、录音录像制品或者通过信息网络向公众提供作品、表演、录音录像制品的有效技术、装置或者部件。

第五十条 下列情形可以避开技术

措施，但不得向他人提供避开技术措施的技术、装置或者部件，不得侵犯权利人依法享有的其他权利：

（一）为学校课堂教学或者科学研究，提供少量已经发表的作品，供教学或者科研人员使用，而该作品无法通过正常途径获取；

（二）不以营利为目的，以阅读障碍者能够感知的无障碍方式向其提供已经发表的作品，而该作品无法通过正常途径获取；

（三）国家机关依照行政、监察、司法程序执行公务；

（四）对计算机及其系统或者网络的安全性能进行测试；

（五）进行加密研究或者计算机软件反向工程研究。

前款规定适用于对与著作权有关的权利的限制。

第五十三条　有下列侵权行为的，应当根据情况，承担本法第五十二条规定的民事责任；侵权行为同时损害公共利益的，由主管著作权的部门责令停止侵权行为，予以警告，没收违法所得，没收、无害化销毁处理侵权复制品以及主要用于制作侵权复制品的材料、工具、设备等，违法经营额五万元以上的，可以并处违法经营额一倍以上五倍以下的罚款；没有违法经营额、违法经营额难以计算或者不足五万元的，可以并处二十五万元以下的罚款；构成犯罪的，依法追究刑事责任：

（一）未经著作权人许可，复制、发行、表演、放映、广播、汇编、通过信息网络向公众传播其作品的，本法另有规定的除外；

（二）出版他人享有专有出版权的图书的；

（三）未经表演者许可，复制、发行录有其表演的录音录像制品，或者通过信息网络向公众传播其表演的，本法另有规定的除外；

（四）未经录音录像制作者许可，复制、发行、通过信息网络向公众传播其制作的录音录像制品的，本法另有规定的除外；

（五）未经许可，播放、复制或者通过信息网络向公众传播广播、电视的，本法另有规定的除外；

（六）未经著作权人或者与著作权有关的权利人许可，故意避开或者破坏技术措施的，故意制造、进口或者向他人提供主要用于避开、破坏技术措施的装置或者部件的，或者故意为他人避开或者破坏技术措施提供技术服务的，法律、行政法规另有规定的除外；

（七）未经著作权人或者与著作权有关的权利人许可，故意删除或者改变作品、版式设计、表演、录音录像制品或者广播、电视上的权利管理信息的，知道或者应当知道作品、版式设计、表演、录音录像制品或者广播、电视上的权利管理信息未经许可被删除或者改变，仍然向公众提供的，法律、行政法规另有规定的除外；

（八）制作、出售假冒他人署名的作

品的。

第六十四条　计算机软件、信息网络传播权的保护办法由国务院另行规定。

中华人民共和国
个人信息保护法

1. 2021年8月20日第十三届全国人民代表大会常务委员会第三十次会议通过
2. 2021年8月20日中华人民共和国主席令第91号公布
3. 自2021年11月1日起施行

目　录

第一章　总　　则

第一条　为了保护个人信息权益，规范个人信息处理活动，促进个人信息合理利用，根据宪法，制定本法。

第二条　自然人的个人信息受法律保护，任何组织、个人不得侵害自然人的个人信息权益。

第三条　在中华人民共和国境内处理自然人个人信息的活动，适用本法。

在中华人民共和国境外处理中华人民共和国境内自然人个人信息的活动，有下列情形之一的，也适用本法：

（一）以向境内自然人提供产品或者服务为目的；

（二）分析、评估境内自然人的行为；

（三）法律、行政法规规定的其他情形。

第四条　个人信息是以电子或者其他方式记录的与已识别或者可识别的自然人有关的各种信息，不包括匿名化处理后的信息。

个人信息的处理包括个人信息的收集、存储、使用、加工、传输、提供、公开、删除等。

第五条　处理个人信息应当遵循合法、正当、必要和诚信原则，不得通过误导、欺诈、胁迫等方式处理个人信息。

第六条　处理个人信息应当具有明确、合理的目的，并应当与处理目的直接相关，采取对个人权益影响最小的方式。

收集个人信息，应当限于实现处理目的的最小范围，不得过度收集个人信息。

第七条　处理个人信息应当遵循公开、透明原则，公开个人信息处理规则，明示处理的目的、方式和范围。

第八条　处理个人信息应当保证个人信息的质量，避免因个人信息不准确、不完整对个人权益造成不利影响。

第九条　个人信息处理者应当对其个人信息处理活动负责，并采取必要措施保障所处理的个人信息的安全。

第十条　任何组织、个人不得非法收集、使用、加工、传输他人个人信息，不得非法买卖、提供或者公开他人个人信息；不得从事危害国家安全、公共利益的个人信息处理活动。

第十一条　国家建立健全个人信息保护制度，预防和惩治侵害个人信息权益的行为，加强个人信息保护宣传教育，推动形成政府、企业、相关社会组织、公众共同参与个人信息保护的良好环境。

第十二条　国家积极参与个人信息保护国际规则的制定，促进个人信息保护方面的国际交流与合作，推动与其他国家、地区、国际组织之间的个人信息保护规则、标准等互认。

第二章　个人信息处理规则

第一节　一般规定

第十三条　符合下列情形之一的，个人信息处理者方可处理个人信息：

（一）取得个人的同意；

（二）为订立、履行个人作为一方当事人的合同所必需，或者按照依法制定的劳动规章制度和依法签订的集体合同实施人力资源管理所必需；

（三）为履行法定职责或者法定义务所必需；

（四）为应对突发公共卫生事件，或者紧急情况下为保护自然人的生命健康和财产安全所必需；

（五）为公共利益实施新闻报道、舆论监督等行为，在合理的范围内处理个人信息；

（六）依照本法规定在合理的范围内处理个人自行公开或者其他已经合法公开的个人信息；

（七）法律、行政法规规定的其他情形。

依照本法其他有关规定，处理个人信息应当取得个人同意，但是有前款第二项至第七项规定情形的，不需取得个人同意。

第十四条　基于个人同意处理个人信息的，该同意应当由个人在充分知情的前提下自愿、明确作出。法律、行政法规规定处理个人信息应当取得个人单独同意或者书面同意的，从其规定。

个人信息的处理目的、处理方式和处理的个人信息种类发生变更的，应当重新取得个人同意。

第十五条　基于个人同意处理个人信息的，个人有权撤回其同意。个人信息处理者应当提供便捷的撤回同意的方式。

个人撤回同意，不影响撤回前基于个人同意已进行的个人信息处理活动的效力。

第十六条　个人信息处理者不得以

个人不同意处理其个人信息或者撤回同意为由，拒绝提供产品或者服务；处理个人信息属于提供产品或者服务所必需的除外。

第十七条 个人信息处理者在处理个人信息前，应当以显著方式、清晰易懂的语言真实、准确、完整地向个人告知下列事项：

（一）个人信息处理者的名称或者姓名和联系方式；

（二）个人信息的处理目的、处理方式，处理的个人信息种类、保存期限；

（三）个人行使本法规定权利的方式和程序；

（四）法律、行政法规规定应当告知的其他事项。

前款规定事项发生变更的，应当将变更部分告知个人。

个人信息处理者通过制定个人信息处理规则的方式告知第一款规定事项的，处理规则应当公开，并且便于查阅和保存。

第十八条 个人信息处理者处理个人信息，有法律、行政法规规定应当保密或者不需要告知的情形的，可以不向个人告知前条第一款规定的事项。

紧急情况下为保护自然人的生命健康和财产安全无法及时向个人告知的，个人信息处理者应当在紧急情况消除后及时告知。

第十九条 除法律、行政法规另有规定外，个人信息的保存期限应当为实现处理目的所必要的最短时间。

第二十条 两个以上的个人信息处理者共同决定个人信息的处理目的和处理方式的，应当约定各自的权利和义务。但是，该约定不影响个人向其中任何一个个人信息处理者要求行使本法规定的权利。

个人信息处理者共同处理个人信息，侵害个人信息权益造成损害的，应当依法承担连带责任。

第二十一条 个人信息处理者委托处理个人信息的，应当与受托人约定委托处理的目的、期限、处理方式、个人信息的种类、保护措施以及双方的权利和义务等，并对受托人的个人信息处理活动进行监督。

受托人应当按照约定处理个人信息，不得超出约定的处理目的、处理方式等处理个人信息；委托合同不生效、无效、被撤销或者终止的，受托人应当将个人信息返还个人信息处理者或者予以删除，不得保留。

未经个人信息处理者同意，受托人不得转委托他人处理个人信息。

第二十二条 个人信息处理者因合并、分立、解散、被宣告破产等原因需要转移个人信息的，应当向个人告知接收方的名称或者姓名和联系方式。接收方应当继续履行个人信息处理者的义务。接收方变更原先的处理目的、处理方式的，应当依照本法规定重新取得个人同意。

第二十三条 个人信息处理者向其他个人信息处理者提供其处理的个人信

息的，应当向个人告知接收方的名称或者姓名、联系方式、处理目的、处理方式和个人信息的种类，并取得个人的单独同意。接收方应当在上述处理目的、处理方式和个人信息的种类等范围内处理个人信息。接收方变更原先的处理目的、处理方式的，应当依照本法规定重新取得个人同意。

第二十四条　个人信息处理者利用个人信息进行自动化决策，应当保证决策的透明度和结果公平、公正，不得对个人在交易价格等交易条件上实行不合理的差别待遇。

通过自动化决策方式向个人进行信息推送、商业营销，应当同时提供不针对其个人特征的选项，或者向个人提供便捷的拒绝方式。

通过自动化决策方式作出对个人权益有重大影响的决定，个人有权要求个人信息处理者予以说明，并有权拒绝个人信息处理者仅通过自动化决策的方式作出决定。

第二十五条　个人信息处理者不得公开其处理的个人信息，取得个人单独同意的除外。

第二十六条　在公共场所安装图像采集、个人身份识别设备，应当为维护公共安全所必需，遵守国家有关规定，并设置显著的提示标识。所收集的个人图像、身份识别信息只能用于维护公共安全的目的，不得用于其他目的；取得个人单独同意的除外。

第二十七条　个人信息处理者可以在合理的范围内处理个人自行公开或者其他已经合法公开的个人信息；个人明确拒绝的除外。个人信息处理者处理已公开的个人信息，对个人权益有重大影响的，应当依照本法规定取得个人同意。

第二节　敏感个人信息的处理规则

第二十八条　敏感个人信息是一旦泄露或者非法使用，容易导致自然人的人格尊严受到侵害或者人身、财产安全受到危害的个人信息，包括生物识别、宗教信仰、特定身份、医疗健康、金融账户、行踪轨迹等信息，以及不满十四周岁未成年人的个人信息。

只有在具有特定的目的和充分的必要性，并采取严格保护措施的情形下，个人信息处理者方可处理敏感个人信息。

第二十九条　处理敏感个人信息应当取得个人的单独同意；法律、行政法规规定处理敏感个人信息应当取得书面同意的，从其规定。

第三十条　个人信息处理者处理敏感个人信息的，除本法第十七条第一款规定的事项外，还应当向个人告知处理敏感个人信息的必要性以及对个人权益的影响；依照本法规定可以不向个人告知的除外。

第三十一条　个人信息处理者处理不满十四周岁未成年人个人信息的，应当取得未成年人的父母或者其他监护人的同意。

个人信息处理者处理不满十四周岁

未成年人个人信息的，应当制定专门的个人信息处理规则。

第三十二条 法律、行政法规对处理敏感个人信息规定应当取得相关行政许可或者作出其他限制的，从其规定。

第三节 国家机关处理个人信息的特别规定

第三十三条 国家机关处理个人信息的活动，适用本法；本节有特别规定的，适用本节规定。

第三十四条 国家机关为履行法定职责处理个人信息，应当依照法律、行政法规规定的权限、程序进行，不得超出履行法定职责所必需的范围和限度。

第三十五条 国家机关为履行法定职责处理个人信息，应当依照本法规定履行告知义务；有本法第十八条第一款规定的情形，或者告知将妨碍国家机关履行法定职责的除外。

第三十六条 国家机关处理的个人信息应当在中华人民共和国境内存储；确需向境外提供的，应当进行安全评估。安全评估可以要求有关部门提供支持与协助。

第三十七条 法律、法规授权的具有管理公共事务职能的组织为履行法定职责处理个人信息，适用本法关于国家机关处理个人信息的规定。

第三章 个人信息跨境提供的规则

第三十八条 个人信息处理者因业务等需要，确需向中华人民共和国境外提供个人信息的，应当具备下列条件之一：

（一）依照本法第四十条的规定通过国家网信部门组织的安全评估；

（二）按照国家网信部门的规定经专业机构进行个人信息保护认证；

（三）按照国家网信部门制定的标准合同与境外接收方订立合同，约定双方的权利和义务；

（四）法律、行政法规或者国家网信部门规定的其他条件。

中华人民共和国缔结或者参加的国际条约、协定对向中华人民共和国境外提供个人信息的条件等有规定的，可以按照其规定执行。

个人信息处理者应当采取必要措施，保障境外接收方处理个人信息的活动达到本法规定的个人信息保护标准。

第三十九条 个人信息处理者向中华人民共和国境外提供个人信息的，应当向个人告知境外接收方的名称或者姓名、联系方式、处理目的、处理方式、个人信息的种类以及个人向境外接收方行使本法规定权利的方式和程序等事项，并取得个人的单独同意。

第四十条 关键信息基础设施运营者和处理个人信息达到国家网信部门规定数量的个人信息处理者，应当将在中华人民共和国境内收集和产生的个人信息存储在境内。确需向境外提供的，应当通过国家网信部门组织的安全评估；法律、行政法规和国家网信部门规定可以不进行安全评估的,从其规定。

第四十一条 中华人民共和国主管机关根据有关法律和中华人民共和国缔结或者参加的国际条约、协定,或者按照平等互惠原则,处理外国司法或者执法机构关于提供存储于境内个人信息的请求。非经中华人民共和国主管机关批准,个人信息处理者不得向外国司法或者执法机构提供存储于中华人民共和国境内的个人信息。

第四十二条 境外的组织、个人从事侵害中华人民共和国公民的个人信息权益,或者危害中华人民共和国国家安全、公共利益的个人信息处理活动的,国家网信部门可以将其列入限制或者禁止个人信息提供清单,予以公告,并采取限制或者禁止向其提供个人信息等措施。

第四十三条 任何国家或者地区在个人信息保护方面对中华人民共和国采取歧视性的禁止、限制或者其他类似措施的,中华人民共和国可以根据实际情况对该国家或者地区对等采取措施。

第四章 个人在个人信息处理活动中的权利

第四十四条 个人对其个人信息的处理享有知情权、决定权,有权限制或者拒绝他人对其个人信息进行处理;法律、行政法规另有规定的除外。

第四十五条 个人有权向个人信息处理者查阅、复制其个人信息;有本法第十八条第一款、第三十五条规定情形的除外。

个人请求查阅、复制其个人信息的,个人信息处理者应当及时提供。

个人请求将个人信息转移至其指定的个人信息处理者,符合国家网信部门规定条件的,个人信息处理者应当提供转移的途径。

第四十六条 个人发现其个人信息不准确或者不完整的,有权请求个人信息处理者更正、补充。

个人请求更正、补充其个人信息的,个人信息处理者应当对其个人信息予以核实,并及时更正、补充。

第四十七条 有下列情形之一的,个人信息处理者应当主动删除个人信息;个人信息处理者未删除的,个人有权请求删除:

(一)处理目的已实现、无法实现或者为实现处理目的不再必要;

(二)个人信息处理者停止提供产品或者服务,或者保存期限已届满;

(三)个人撤回同意;

(四)个人信息处理者违反法律、行政法规或者违反约定处理个人信息;

(五)法律、行政法规规定的其他情形。

法律、行政法规规定的保存期限未届满,或者删除个人信息从技术上难以实现的,个人信息处理者应当停止除存储和采取必要的安全保护措施之外的处理。

第四十八条 个人有权要求个人信息处理者对其个人信息处理规则进行解释说明。

第四十九条 自然人死亡的，其近亲属为了自身的合法、正当利益，可以对死者的相关个人信息行使本章规定的查阅、复制、更正、删除等权利；死者生前另有安排的除外。

第五十条 个人信息处理者应当建立便捷的个人行使权利的申请受理和处理机制。拒绝个人行使权利的请求的，应当说明理由。

个人信息处理者拒绝个人行使权利的请求的，个人可以依法向人民法院提起诉讼。

第五章 个人信息处理者的义务

第五十一条 个人信息处理者应当根据个人信息的处理目的、处理方式、个人信息的种类以及对个人权益的影响、可能存在的安全风险等，采取下列措施确保个人信息处理活动符合法律、行政法规的规定，并防止未经授权的访问以及个人信息泄露、篡改、丢失：

（一）制定内部管理制度和操作规程；

（二）对个人信息实行分类管理；

（三）采取相应的加密、去标识化等安全技术措施；

（四）合理确定个人信息处理的操作权限，并定期对从业人员进行安全教育和培训；

（五）制定并组织实施个人信息安全事件应急预案；

（六）法律、行政法规规定的其他措施。

第五十二条 处理个人信息达到国家网信部门规定数量的个人信息处理者应当指定个人信息保护负责人，负责对个人信息处理活动以及采取的保护措施等进行监督。

个人信息处理者应当公开个人信息保护负责人的联系方式，并将个人信息保护负责人的姓名、联系方式等报送履行个人信息保护职责的部门。

第五十三条 本法第三条第二款规定的中华人民共和国境外的个人信息处理者，应当在中华人民共和国境内设立专门机构或者指定代表，负责处理个人信息保护相关事务，并将有关机构的名称或者代表的姓名、联系方式等报送履行个人信息保护职责的部门。

第五十四条 个人信息处理者应当定期对其处理个人信息遵守法律、行政法规的情况进行合规审计。

第五十五条 有下列情形之一的，个人信息处理者应当事前进行个人信息保护影响评估，并对处理情况进行记录：

（一）处理敏感个人信息；

（二）利用个人信息进行自动化决策；

（三）委托处理个人信息、向其他个人信息处理者提供个人信息、公开个人信息；

（四）向境外提供个人信息；

（五）其他对个人权益有重大影响的个人信息处理活动。

第五十六条 个人信息保护影响评估应当包括下列内容：

（一）个人信息的处理目的、处理方式等是否合法、正当、必要；

（二）对个人权益的影响及安全风险；

（三）所采取的保护措施是否合法、有效并与风险程度相适应。

个人信息保护影响评估报告和处理情况记录应当至少保存三年。

第五十七条　发生或者可能发生个人信息泄露、篡改、丢失的，个人信息处理者应当立即采取补救措施，并通知履行个人信息保护职责的部门和个人。通知应当包括下列事项：

（一）发生或者可能发生个人信息泄露、篡改、丢失的信息种类、原因和可能造成的危害；

（二）个人信息处理者采取的补救措施和个人可以采取的减轻危害的措施；

（三）个人信息处理者的联系方式。

个人信息处理者采取措施能够有效避免信息泄露、篡改、丢失造成危害的，个人信息处理者可以不通知个人；履行个人信息保护职责的部门认为可能造成危害的，有权要求个人信息处理者通知个人。

第五十八条　提供重要互联网平台服务、用户数量巨大、业务类型复杂的个人信息处理者，应当履行下列义务：

（一）按照国家规定建立健全个人信息保护合规制度体系，成立主要由外部成员组成的独立机构对个人信息保护情况进行监督；

（二）遵循公开、公平、公正的原则，制定平台规则，明确平台内产品或者服务提供者处理个人信息的规范和保护个人信息的义务；

（三）对严重违反法律、行政法规处理个人信息的平台内的产品或者服务提供者，停止提供服务；

（四）定期发布个人信息保护社会责任报告，接受社会监督。

第五十九条　接受委托处理个人信息的受托人，应当依照本法和有关法律、行政法规的规定，采取必要措施保障所处理的个人信息的安全，并协助个人信息处理者履行本法规定的义务。

第六章　履行个人信息保护职责的部门

第六十条　国家网信部门负责统筹协调个人信息保护工作和相关监督管理工作。国务院有关部门依照本法和有关法律、行政法规的规定，在各自职责范围内负责个人信息保护和监督管理工作。

县级以上地方人民政府有关部门的个人信息保护和监督管理职责，按照国家有关规定确定。

前两款规定的部门统称为履行个人信息保护职责的部门。

第六十一条　履行个人信息保护职责的部门履行下列个人信息保护职责：

（一）开展个人信息保护宣传教育，指导、监督个人信息处理者开展个人信息保护工作；

（二）接受、处理与个人信息保护有

关的投诉、举报；

（三）组织对应用程序等个人信息保护情况进行测评，并公布测评结果；

（四）调查、处理违法个人信息处理活动；

（五）法律、行政法规规定的其他职责。

第六十二条 国家网信部门统筹协调有关部门依据本法推进下列个人信息保护工作：

（一）制定个人信息保护具体规则、标准；

（二）针对小型个人信息处理者、处理敏感个人信息以及人脸识别、人工智能等新技术、新应用，制定专门的个人信息保护规则、标准；

（三）支持研究开发和推广应用安全、方便的电子身份认证技术，推进网络身份认证公共服务建设；

（四）推进个人信息保护社会化服务体系建设，支持有关机构开展个人信息保护评估、认证服务；

（五）完善个人信息保护投诉、举报工作机制。

第六十三条 履行个人信息保护职责的部门履行个人信息保护职责，可以采取下列措施：

（一）询问有关当事人，调查与个人信息处理活动有关的情况；

（二）查阅、复制当事人与个人信息处理活动有关的合同、记录、账簿以及其他有关资料；

（三）实施现场检查，对涉嫌违法的个人信息处理活动进行调查；

（四）检查与个人信息处理活动有关的设备、物品；对有证据证明是用于违法个人信息处理活动的设备、物品，向本部门主要负责人书面报告并经批准，可以查封或者扣押。

履行个人信息保护职责的部门依法履行职责，当事人应当予以协助、配合，不得拒绝、阻挠。

第六十四条 履行个人信息保护职责的部门在履行职责中，发现个人信息处理活动存在较大风险或者发生个人信息安全事件的，可以按照规定的权限和程序对该个人信息处理者的法定代表人或者主要负责人进行约谈，或者要求个人信息处理者委托专业机构对其个人信息处理活动进行合规审计。个人信息处理者应当按照要求采取措施，进行整改，消除隐患。

履行个人信息保护职责的部门在履行职责中，发现违法处理个人信息涉嫌犯罪的，应当及时移送公安机关依法处理。

第六十五条 任何组织、个人有权对违法个人信息处理活动向履行个人信息保护职责的部门进行投诉、举报。收到投诉、举报的部门应当依法及时处理，并将处理结果告知投诉、举报人。

履行个人信息保护职责的部门应当公布接受投诉、举报的联系方式。

第七章 法律责任

第六十六条 违反本法规定处理个

人信息，或者处理个人信息未履行本法规定的个人信息保护义务的，由履行个人信息保护职责的部门责令改正，给予警告，没收违法所得，对违法处理个人信息的应用程序，责令暂停或者终止提供服务；拒不改正的，并处一百万元以下罚款；对直接负责的主管人员和其他直接责任人员处一万元以上十万元以下罚款。

有前款规定的违法行为，情节严重的，由省级以上履行个人信息保护职责的部门责令改正，没收违法所得，并处五千万元以下或者上一年度营业额百分之五以下罚款，并可以责令暂停相关业务或者停业整顿、通报有关主管部门吊销相关业务许可或者吊销营业执照；对直接负责的主管人员和其他直接责任人员处十万元以上一百万元以下罚款，并可以决定禁止其在一定期限内担任相关企业的董事、监事、高级管理人员和个人信息保护负责人。

第六十七条　有本法规定的违法行为的，依照有关法律、行政法规的规定记入信用档案，并予以公示。

第六十八条　国家机关不履行本法规定的个人信息保护义务的，由其上级机关或者履行个人信息保护职责的部门责令改正；对直接负责的主管人员和其他直接责任人员依法给予处分。

履行个人信息保护职责的部门的工作人员玩忽职守、滥用职权、徇私舞弊，尚不构成犯罪的，依法给予处分。

第六十九条　处理个人信息侵害个人信息权益造成损害，个人信息处理者不能证明自己没有过错的，应当承担损害赔偿等侵权责任。

前款规定的损害赔偿责任按照个人因此受到的损失或者个人信息处理者因此获得的利益确定；个人因此受到的损失和个人信息处理者因此获得的利益难以确定的，根据实际情况确定赔偿数额。

第七十条　个人信息处理者违反本法规定处理个人信息，侵害众多个人的权益的，人民检察院、法律规定的消费者组织和由国家网信部门确定的组织可以依法向人民法院提起诉讼。

第七十一条　违反本法规定，构成违反治安管理行为的，依法给予治安管理处罚；构成犯罪的，依法追究刑事责任。

第八章　附　　则

第七十二条　自然人因个人或者家庭事务处理个人信息的，不适用本法。

法律对各级人民政府及其有关部门组织实施的统计、档案管理活动中的个人信息处理有规定的，适用其规定。

第七十三条　本法下列用语的含义：

（一）个人信息处理者，是指在个人信息处理活动中自主决定处理目的、处理方式的组织、个人。

（二）自动化决策，是指通过计算机程序自动分析、评估个人的行为习惯、兴趣爱好或者经济、健康、信用状况等，并进行决策的活动。

（三）去标识化，是指个人信息经过处理，使其在不借助额外信息的情况下无法识别特定自然人的过程。

（四）匿名化，是指个人信息经过处理无法识别特定自然人且不能复原的过程。

第七十四条 本法自2021年11月1日起施行。

信息网络传播权保护条例

1．2006年5月18日国务院令第468号公布
2．根据2013年1月30日《国务院关于修改〈信息网络传播权保护条例〉的决定》修订

第一条 为保护著作权人、表演者、录音录像制作者（以下统称权利人）的信息网络传播权，鼓励有益于社会主义精神文明、物质文明建设的作品的创作和传播，根据《中华人民共和国著作权法》（以下简称著作权法），制定本条例。

第二条 权利人享有的信息网络传播权受著作权法和本条例保护。除法律、行政法规另有规定的外，任何组织或者个人将他人的作品、表演、录音录像制品通过信息网络向公众提供，应当取得权利人许可，并支付报酬。

第三条 依法禁止提供的作品、表演、录音录像制品，不受本条例保护。

权利人行使信息网络传播权，不得违反宪法和法律、行政法规，不得损害公共利益。

第四条 为了保护信息网络传播权，权利人可以采取技术措施。

任何组织或者个人不得故意避开或者破坏技术措施，不得故意制造、进口或者向公众提供主要用于避开或者破坏技术措施的装置或者部件，不得故意为他人避开或者破坏技术措施提供技术服务。但是，法律、行政法规规定可以避开的除外。

第五条 未经权利人许可，任何组织或者个人不得进行下列行为：

（一）故意删除或者改变通过信息网络向公众提供的作品、表演、录音录像制品的权利管理电子信息，但由于技术上的原因无法避免删除或者改变的除外；

（二）通过信息网络向公众提供明知或者应知未经权利人许可被删除或者改变权利管理电子信息的作品、表演、录音录像制品。

第六条 通过信息网络提供他人作品，属于下列情形的，可以不经著作权人许可，不向其支付报酬：

（一）为介绍、评论某一作品或者说明某一问题，在向公众提供的作品中适当引用已经发表的作品；

（二）为报道时事新闻，在向公众提供的作品中不可避免地再现或者引用已经发表的作品；

（三）为学校课堂教学或者科学研究，向少数教学、科研人员提供少量已经

发表的作品；

（四）国家机关为执行公务，在合理范围内向公众提供已经发表的作品；

（五）将中国公民、法人或者其他组织已经发表的、以汉语言文字创作的作品翻译成的少数民族语言文字作品，向中国境内少数民族提供；

（六）不以营利为目的，以盲人能够感知的独特方式向盲人提供已经发表的文字作品；

（七）向公众提供在信息网络上已经发表的关于政治、经济问题的时事性文章；

（八）向公众提供在公众集会上发表的讲话。

第七条　图书馆、档案馆、纪念馆、博物馆、美术馆等可以不经著作权人许可，通过信息网络向本馆馆舍内服务对象提供本馆收藏的合法出版的数字作品和依法为陈列或者保存版本的需要以数字化形式复制的作品，不向其支付报酬，但不得直接或者间接获得经济利益。当事人另有约定的除外。

前款规定的为陈列或者保存版本需要以数字化形式复制的作品，应当是已经损毁或者濒临损毁、丢失或者失窃，或者其存储格式已经过时，并且在市场上无法购买或者只能以明显高于标定的价格购买的作品。

第八条　为通过信息网络实施九年制义务教育或者国家教育规划，可以不经著作权人许可，使用其已经发表作品的片断或者短小的文字作品、音乐作品或者单幅的美术作品、摄影作品制作课件，由制作课件或者依法取得课件的远程教育机构通过信息网络向注册学生提供，但应当向著作权人支付报酬。

第九条　为扶助贫困，通过信息网络向农村地区的公众免费提供中国公民、法人或者其他组织已经发表的种植养殖、防病治病、防灾减灾等与扶助贫困有关的作品和适应基本文化需求的作品，网络服务提供者应当在提供前公告拟提供的作品及其作者、拟支付报酬的标准。自公告之日起30日内，著作权人不同意提供的，网络服务提供者不得提供其作品；自公告之日起满30日，著作权人没有异议的，网络服务提供者可以提供其作品，并按照公告的标准向著作权人支付报酬。网络服务提供者提供著作权人的作品后，著作权人不同意提供的，网络服务提供者应当立即删除著作权人的作品，并按照公告的标准向著作权人支付提供作品期间的报酬。

依照前款规定提供作品的，不得直接或者间接获得经济利益。

第十条　依照本条例规定不经著作权人许可、通过信息网络向公众提供其作品的，还应当遵守下列规定：

（一）除本条例第六条第一项至第六项、第七条规定的情形外，不得提供作者事先声明不许提供的作品；

（二）指明作品的名称和作者的姓名（名称）；

（三）依照本条例规定支付报酬；

（四）采取技术措施，防止本条例第

七条、第八条、第九条规定的服务对象以外的其他人获得著作权人的作品,并防止本条例第七条规定的服务对象的复制行为对著作权人利益造成实质性损害;

(五)不得侵犯著作权人依法享有的其他权利。

第十一条 通过信息网络提供他人表演、录音录像制品的,应当遵守本条例第六条至第十条的规定。

第十二条 属于下列情形的,可以避开技术措施,但不得向他人提供避开技术措施的技术、装置或者部件,不得侵犯权利人依法享有的其他权利:

(一)为学校课堂教学或者科学研究,通过信息网络向少数教学、科研人员提供已经发表的作品、表演、录音录像制品,而该作品、表演、录音录像制品只能通过信息网络获取;

(二)不以营利为目的,通过信息网络以盲人能够感知的独特方式向盲人提供已经发表的文字作品,而该作品只能通过信息网络获取;

(三)国家机关依照行政、司法程序执行公务;

(四)在信息网络上对计算机及其系统或者网络的安全性能进行测试。

第十三条 著作权行政管理部门为了查处侵犯信息网络传播权的行为,可以要求网络服务提供者提供涉嫌侵权的服务对象的姓名(名称)、联系方式、网络地址等资料。

第十四条 对提供信息存储空间或者提供搜索、链接服务的网络服务提供者,权利人认为其服务所涉及的作品、表演、录音录像制品,侵犯自己的信息网络传播权或者被删除、改变了自己的权利管理电子信息的,可以向该网络服务提供者提交书面通知,要求网络服务提供者删除该作品、表演、录音录像制品,或者断开与该作品、表演、录音录像制品的链接。通知书应当包含下列内容:

(一)权利人的姓名(名称)、联系方式和地址;

(二)要求删除或者断开链接的侵权作品、表演、录音录像制品的名称和网络地址;

(三)构成侵权的初步证明材料。

权利人应当对通知书的真实性负责。

第十五条 网络服务提供者接到权利人的通知书后,应当立即删除涉嫌侵权的作品、表演、录音录像制品,或者断开与涉嫌侵权的作品、表演、录音录像制品的链接,并同时将通知书转送提供作品、表演、录音录像制品的服务对象;服务对象网络地址不明、无法转送的,应当将通知书的内容同时在信息网络上公告。

第十六条 服务对象接到网络服务提供者转送的通知书后,认为其提供的作品、表演、录音录像制品未侵犯他人权利的,可以向网络服务提供者提交书面说明,要求恢复被删除的作品、表演、录音录像制品,或者恢复与被断开的作品、表演、录音录像制品的链接。书面说明应当包含下列内容:

(一)服务对象的姓名(名称)、联系方式和地址;

（二）要求恢复的作品、表演、录音录像制品的名称和网络地址；

（三）不构成侵权的初步证明材料。

服务对象应当对书面说明的真实性负责。

第十七条　网络服务提供者接到服务对象的书面说明后，应当立即恢复被删除的作品、表演、录音录像制品，或者可以恢复与被断开的作品、表演、录音录像制品的链接，同时将服务对象的书面说明转送权利人。权利人不得再通知网络服务提供者删除该作品、表演、录音录像制品，或者断开与该作品、表演、录音录像制品的链接。

第十八条　违反本条例规定，有下列侵权行为之一的，根据情况承担停止侵害、消除影响、赔礼道歉、赔偿损失等民事责任；同时损害公共利益的，可以由著作权行政管理部门责令停止侵权行为，没收违法所得，非法经营额5万元以上的，可处非法经营额1倍以上5倍以下的罚款；没有非法经营额或者非法经营额5万元以下的，根据情节轻重，可处25万元以下的罚款；情节严重的，著作权行政管理部门可以没收主要用于提供网络服务的计算机等设备；构成犯罪的，依法追究刑事责任：

（一）通过信息网络擅自向公众提供他人的作品、表演、录音录像制品的；

（二）故意避开或者破坏技术措施的；

（三）故意删除或者改变通过信息网络向公众提供的作品、表演、录音录像制品的权利管理电子信息，或者通过信息网络向公众提供明知或者应知未经权利人许可而被删除或者改变权利管理电子信息的作品、表演、录音录像制品的；

（四）为扶助贫困通过信息网络向农村地区提供作品、表演、录音录像制品超过规定范围，或者未按照公告的标准支付报酬，或者在权利人不同意提供其作品、表演、录音录像制品后未立即删除的；

（五）通过信息网络提供他人的作品、表演、录音录像制品，未指明作品、表演、录音录像制品的名称或者作者、表演者、录音录像制作者的姓名（名称），或者未支付报酬，或者未依照本条例规定采取技术措施防止服务对象以外的其他人获得他人的作品、表演、录音录像制品，或者未防止服务对象的复制行为对权利人利益造成实质性损害的。

第十九条　违反本条例规定，有下列行为之一的，由著作权行政管理部门予以警告，没收违法所得，没收主要用于避开、破坏技术措施的装置或者部件；情节严重的，可以没收主要用于提供网络服务的计算机等设备；非法经营额5万元以上的，可处非法经营额1倍以上5倍以下的罚款；没有非法经营额或者非法经营额5万元以下的，根据情节轻重，可处25万元以下的罚款；构成犯罪的，依法追究刑事责任：

（一）故意制造、进口或者向他人提供主要用于避开、破坏技术措施的装置或者部件，或者故意为他人避开或者破坏技术措施提供技术服务的；

（二）通过信息网络提供他人的作品、

表演、录音录像制品,获得经济利益的;

(三)为扶助贫困通过信息网络向农村地区提供作品、表演、录音录像制品,未在提供前公告作品、表演、录音录像制品的名称和作者、表演者、录音录像制作者的姓名(名称)以及报酬标准的。

第二十条 网络服务提供者根据服务对象的指令提供网络自动接入服务,或者对服务对象提供的作品、表演、录音录像制品提供自动传输服务,并具备下列条件的,不承担赔偿责任:

(一)未选择并且未改变所传输的作品、表演、录音录像制品;

(二)向指定的服务对象提供该作品、表演、录音录像制品,并防止指定的服务对象以外的其他人获得。

第二十一条 网络服务提供者为提高网络传输效率,自动存储从其他网络服务提供者获得的作品、表演、录音录像制品,根据技术安排自动向服务对象提供,并具备下列条件的,不承担赔偿责任:

(一)未改变自动存储的作品、表演、录音录像制品;

(二)不影响提供作品、表演、录音录像制品的原网络服务提供者掌握服务对象获取该作品、表演、录音录像制品的情况;

(三)在原网络服务提供者修改、删除或者屏蔽该作品、表演、录音录像制品时,根据技术安排自动予以修改、删除或者屏蔽。

第二十二条 网络服务提供者为服务对象提供信息存储空间,供服务对象通过信息网络向公众提供作品、表演、录音录像制品,并具备下列条件的,不承担赔偿责任:

(一)明确标示该信息存储空间是为服务对象所提供,并公开网络服务提供者的名称、联系人、网络地址;

(二)未改变服务对象所提供的作品、表演、录音录像制品;

(三)不知道也没有合理的理由应当知道服务对象提供的作品、表演、录音录像制品侵权;

(四)未从服务对象提供作品、表演、录音录像制品中直接获得经济利益;

(五)在接到权利人的通知书后,根据本条例规定删除权利人认为侵权的作品、表演、录音录像制品。

第二十三条 网络服务提供者为服务对象提供搜索或者链接服务,在接到权利人的通知书后,根据本条例规定断开与侵权的作品、表演、录音录像制品的链接的,不承担赔偿责任;但是,明知或者应知所链接的作品、表演、录音录像制品侵权的,应当承担共同侵权责任。

第二十四条 因权利人的通知导致网络服务提供者错误删除作品、表演、录音录像制品,或者错误断开与作品、表演、录音录像制品的链接,给服务对象造成损失的,权利人应当承担赔偿责任。

第二十五条 网络服务提供者无正当理由拒绝提供或者拖延提供涉嫌侵权的服务对象的姓名(名称)、联系方式、网络地址等资料的,由著作权行政管理部门予以警告;情节严重的,没收主要用于提供网络服务的计算机等设备。

第二十六条 本条例下列用语的含义:

信息网络传播权，是指以有线或者无线方式向公众提供作品、表演或者录音录像制品，使公众可以在其个人选定的时间和地点获得作品、表演或者录音录像制品的权利。

技术措施，是指用于防止、限制未经权利人许可浏览、欣赏作品、表演、录音录像制品的或者通过信息网络向公众提供作品、表演、录音录像制品的有效技术、装置或者部件。

权利管理电子信息，是指说明作品及其作者、表演及其表演者、录音录像制品及其制作者的信息，作品、表演、录音录像制品权利人的信息和使用条件的信息，以及表示上述信息的数字或者代码。

第二十七条 本条例自2006年7月1日起施行。

计算机软件保护条例

1. 2001年12月20日国务院令第339号公布
2. 根据2011年1月8日《国务院关于废止和修改部分行政法规的决定》第一次修订
3. 根据2013年1月30日《国务院关于修改〈计算机软件保护条例〉的决定》第二次修订

第一章 总 则

第一条 为了保护计算机软件著作权人的权益，调整计算机软件在开发、传播和使用中发生的利益关系，鼓励计算机软件的开发与应用，促进软件产业和国民经济信息化的发展，根据《中华人民共和国著作权法》，制定本条例。

第二条 本条例所称计算机软件（以下简称软件），是指计算机程序及其有关文档。

第三条 本条例下列用语的含义：

（一）计算机程序，是指为了得到某种结果而可以由计算机等具有信息处理能力的装置执行的代码化指令序列，或者可以被自动转换成代码化指令序列的符号化指令序列或者符号化语句序列。同一计算机程序的源程序和目标程序为同一作品。

（二）文档，是指用来描述程序的内容、组成、设计、功能规格、开发情况、测试结果及使用方法的文字资料和图表等，如程序设计说明书、流程图、用户手册等。

（三）软件开发者，是指实际组织开发、直接进行开发，并对开发完成的软件承担责任的法人或者其他组织；或者依靠自己具有的条件独立完成软件开发，并对软件承担责任的自然人。

（四）软件著作权人，是指依照本条例的规定，对软件享有著作权的自然人、法人或者其他组织。

第四条 受本条例保护的软件必须由开发者独立开发，并已固定在某种有形物体上。

第五条 中国公民、法人或者其他

组织对其所开发的软件，不论是否发表，依照本条例享有著作权。

外国人、无国籍人的软件首先在中国境内发行的，依照本条例享有著作权。

外国人、无国籍人的软件，依照其开发者所属国或者经常居住地国同中国签订的协议或者依照中国参加的国际条约享有的著作权，受本条例保护。

第六条　本条例对软件著作权的保护不延及开发软件所用的思想、处理过程、操作方法或者数学概念等。

第七条　软件著作权人可以向国务院著作权行政管理部门认定的软件登记机构办理登记。软件登记机构发放的登记证明文件是登记事项的初步证明。

办理软件登记应当缴纳费用。软件登记的收费标准由国务院著作权行政管理部门会同国务院价格主管部门规定。

第二章　软件著作权

第八条　软件著作权人享有下列各项权利：

（一）发表权，即决定软件是否公之于众的权利；

（二）署名权，即表明开发者身份，在软件上署名的权利；

（三）修改权，即对软件进行增补、删节，或者改变指令、语句顺序的权利；

（四）复制权，即将软件制作一份或者多份的权利；

（五）发行权，即以出售或者赠与方式向公众提供软件的原件或者复制件的权利；

（六）出租权，即有偿许可他人临时使用软件的权利，但是软件不是出租的主要标的的除外；

（七）信息网络传播权，即以有线或者无线方式向公众提供软件，使公众可以在其个人选定的时间和地点获得软件的权利；

（八）翻译权，即将原软件从一种自然语言文字转换成另一种自然语言文字的权利；

（九）应当由软件著作权人享有的其他权利。

软件著作权人可以许可他人行使其软件著作权，并有权获得报酬。

软件著作权人可以全部或者部分转让其软件著作权，并有权获得报酬。

第九条　软件著作权属于软件开发者，本条例另有规定的除外。

如无相反证明，在软件上署名的自然人、法人或者其他组织为开发者。

第十条　由两个以上的自然人、法人或者其他组织合作开发的软件，其著作权的归属由合作开发者签订书面合同约定。无书面合同或者合同未作明确约定，合作开发的软件可以分割使用的，开发者对各自开发的部分可以单独享有著作权；但是，行使著作权时，不得扩展到合作开发的软件整体的著作权。合作开发的软件不能分割使用的，其著作权由各合作开发者共同享有，通过协商一致行使；不能协商一致，又无正当理由的，任何一方不得阻止他方行使除转让权以外的其他权利，但是所得收益应当合理分配给所有合作开发者。

第十一条　接受他人委托开发的软件，其著作权的归属由委托人与受托人签订书面合同约定；无书面合同或者合同未作明确约定的，其著作权由受托人享有。

第十二条　由国家机关下达任务开发的软件，著作权的归属与行使由项目任务书或者合同规定；项目任务书或者合同中未作明确规定的，软件著作权由接受任务的法人或者其他组织享有。

第十三条　自然人在法人或者其他组织中任职期间所开发的软件有下列情形之一的，该软件著作权由该法人或者其他组织享有，该法人或者其他组织可以对开发软件的自然人进行奖励：

（一）针对本职工作中明确指定的开发目标所开发的软件；

（二）开发的软件是从事本职工作活动所预见的结果或者自然的结果；

（三）主要使用了法人或者其他组织的资金、专用设备、未公开的专门信息等物质技术条件所开发并由法人或者其他组织承担责任的软件。

第十四条　软件著作权自软件开发完成之日起产生。

自然人的软件著作权，保护期为自然人终生及其死亡后50年，截止于自然人死亡后第50年的12月31日；软件是合作开发的，截止于最后死亡的自然人死亡后第50年的12月31日。

法人或者其他组织的软件著作权，保护期为50年，截止于软件首次发表后第50年的12月31日，但软件自开发完成之日起50年内未发表的，本条例不再保护。

第十五条　软件著作权属于自然人的，该自然人死亡后，在软件著作权的保护期内，软件著作权的继承人可以依照《中华人民共和国继承法》的有关规定，继承本条例第八条规定的除署名权以外的其他权利。

软件著作权属于法人或者其他组织的，法人或者其他组织变更、终止后，其著作权在本条例规定的保护期内由承受其权利义务的法人或者其他组织享有；没有承受其权利义务的法人或者其他组织的，由国家享有。

第十六条　软件的合法复制品所有人享有下列权利：

（一）根据使用的需要把该软件装入计算机等具有信息处理能力的装置内；

（二）为了防止复制品损坏而制作备份复制品。这些备份复制品不得通过任何方式提供给他人使用，并在所有人丧失该合法复制品的所有权时，负责将备份复制品销毁；

（三）为了把该软件用于实际的计算机应用环境或者改进其功能、性能而进行必要的修改；但是，除合同另有约定外，未经该软件著作权人许可，不得向任何第三方提供修改后的软件。

第十七条 为了学习和研究软件内含的设计思想和原理,通过安装、显示、传输或者存储软件等方式使用软件的,可以不经软件著作权人许可,不向其支付报酬。

第三章 软件著作权的许可使用和转让

第十八条 许可他人行使软件著作权的,应当订立许可使用合同。

许可使用合同中软件著作权人未明确许可的权利,被许可人不得行使。

第十九条 许可他人专有行使软件著作权的,当事人应当订立书面合同。

没有订立书面合同或者合同中未明确约定为专有许可的,被许可行使的权利应当视为非专有权利。

第二十条 转让软件著作权的,当事人应当订立书面合同。

第二十一条 订立许可他人专有行使软件著作权的许可合同,或者订立转让软件著作权合同,可以向国务院著作权行政管理部门认定的软件登记机构登记。

第二十二条 中国公民、法人或者其他组织向外国人许可或者转让软件著作权的,应当遵守《中华人民共和国技术进出口管理条例》的有关规定。

第四章 法律责任

第二十三条 除《中华人民共和国著作权法》或者本条例另有规定外,有下列侵权行为的,应当根据情况,承担停止侵害、消除影响、赔礼道歉、赔偿损失等民事责任:

(一)未经软件著作权人许可,发表或者登记其软件的;

(二)将他人软件作为自己的软件发表或者登记的;

(三)未经合作者许可,将与他人合作开发的软件作为自己单独完成的软件发表或者登记的;

(四)在他人软件上署名或者更改他人软件上的署名的;

(五)未经软件著作权人许可,修改、翻译其软件的;

(六)其他侵犯软件著作权的行为。

第二十四条 除《中华人民共和国著作权法》、本条例或者其他法律、行政法规另有规定外,未经软件著作权人许可,有下列侵权行为的,应当根据情况,承担停止侵害、消除影响、赔礼道歉、赔偿损失等民事责任;同时损害社会公共利益的,由著作权行政管理部门责令停止侵权行为,没收违法所得,没收、销毁侵权复制品,可以并处罚款;情节严重的,著作权行政管理部门并可以没收主要用于制作侵权复制品的材料、工具、设备等;触犯刑律的,依照刑法关于侵犯著作权罪、销售侵权复制品罪的规定,依法追究刑事责任:

(一)复制或者部分复制著作权人的软件的;

(二)向公众发行、出租、通过信息网络传播著作权人的软件的;

(三)故意避开或者破坏著作权人

为保护其软件著作权而采取的技术措施的；

（四）故意删除或者改变软件权利管理电子信息的；

（五）转让或者许可他人行使著作权人的软件著作权的。

有前款第一项或者第二项行为的，可以并处每件100元或者货值金额1倍以上5倍以下的罚款；有前款第三项、第四项或者第五项行为的，可以并处20万元以下的罚款。

第二十五条　侵犯软件著作权的赔偿数额，依照《中华人民共和国著作权法》第四十九条的规定确定。

第二十六条　软件著作权人有证据证明他人正在实施或者即将实施侵犯其权利的行为，如不及时制止，将会使其合法权益受到难以弥补的损害的，可以依照《中华人民共和国著作权法》第五十条的规定，在提起诉讼前向人民法院申请采取责令停止有关行为和财产保全的措施。

第二十七条　为了制止侵权行为，在证据可能灭失或者以后难以取得的情况下，软件著作权人可以依照《中华人民共和国著作权法》第五十一条的规定，在提起诉讼前向人民法院申请保全证据。

第二十八条　软件复制品的出版者、制作者不能证明其出版、制作有合法授权的，或者软件复制品的发行者、出租者不能证明其发行、出租的复制品有合法来源的，应当承担法律责任。

第二十九条　软件开发者开发的软件，由于可供选用的表达方式有限而与已经存在的软件相似的，不构成对已经存在的软件的著作权的侵犯。

第三十条　软件的复制品持有人不知道也没有合理理由应当知道该软件是侵权复制品的，不承担赔偿责任；但是，应当停止使用、销毁该侵权复制品。如果停止使用并销毁该侵权复制品将给复制品使用人造成重大损失的，复制品使用人可以在向软件著作权人支付合理费用后继续使用。

第三十一条　软件著作权侵权纠纷可以调解。

软件著作权合同纠纷可以依据合同中的仲裁条款或者事后达成的书面仲裁协议，向仲裁机构申请仲裁。

当事人没有在合同中订立仲裁条款，事后又没有书面仲裁协议的，可以直接向人民法院提起诉讼。

第五章　附　　则

第三十二条　本条例施行前发生的侵权行为，依照侵权行为发生时的国家有关规定处理。

第三十三条　本条例自2002年1月1日起施行。1991年6月4日国务院发布的《计算机软件保护条例》同时废止。

电信和互联网用户个人信息保护规定

1. 2013年7月16日工业和信息化部令第24号公布
2. 自2013年9月1日起施行

第一章 总 则

第一条 为了保护电信和互联网用户的合法权益，维护网络信息安全，根据《全国人民代表大会常务委员会关于加强网络信息保护的决定》、《中华人民共和国电信条例》和《互联网信息服务管理办法》等法律、行政法规，制定本规定。

第二条 在中华人民共和国境内提供电信服务和互联网信息服务过程中收集、使用用户个人信息的活动，适用本规定。

第三条 工业和信息化部和各省、自治区、直辖市通信管理局（以下统称电信管理机构）依法对电信和互联网用户个人信息保护工作实施监督管理。

第四条 本规定所称用户个人信息，是指电信业务经营者和互联网信息服务提供者在提供服务的过程中收集的用户姓名、出生日期、身份证件号码、住址、电话号码、账号和密码等能够单独或者与其他信息结合识别用户的信息以及用户使用服务的时间、地点等信息。

第五条 电信业务经营者、互联网信息服务提供者在提供服务的过程中收集、使用用户个人信息，应当遵循合法、正当、必要的原则。

第六条 电信业务经营者、互联网信息服务提供者对其在提供服务过程中收集、使用的用户个人信息的安全负责。

第七条 国家鼓励电信和互联网行业开展用户个人信息保护自律工作。

第二章 信息收集和使用规范

第八条 电信业务经营者、互联网信息服务提供者应当制定用户个人信息收集、使用规则，并在其经营或者服务场所、网站等予以公布。

第九条 未经用户同意，电信业务经营者、互联网信息服务提供者不得收集、使用用户个人信息。

电信业务经营者、互联网信息服务提供者收集、使用用户个人信息的，应当明确告知用户收集、使用信息的目的、方式和范围，查询、更正信息的渠道以及拒绝提供信息的后果等事项。

电信业务经营者、互联网信息服务提供者不得收集其提供服务所必需以外的用户个人信息或者将信息用于提供服务之外的目的，不得以欺骗、误导或者强迫等方式或者违反法律、行政法规以及双方的约定收集、使用信息。

电信业务经营者、互联网信息服务提供者在用户终止使用电信服务或者互联网信息服务后，应当停止对用户个人信息的收集和使用，并为用户提供注销号码或者账号的服务。

法律、行政法规对本条第一款至第四款规定的情形另有规定的，从其规定。

第十条　电信业务经营者、互联网信息服务提供者及其工作人员对在提供服务过程中收集、使用的用户个人信息应当严格保密，不得泄露、篡改或者毁损，不得出售或者非法向他人提供。

第十一条　电信业务经营者、互联网信息服务提供者委托他人代理市场销售和技术服务等直接面向用户的服务性工作，涉及收集、使用用户个人信息的，应当对代理人的用户个人信息保护工作进行监督和管理，不得委托不符合本规定有关用户个人信息保护要求的代理人代办相关服务。

第十二条　电信业务经营者、互联网信息服务提供者应当建立用户投诉处理机制，公布有效的联系方式，接受与用户个人信息保护有关的投诉，并自接到投诉之日起十五日内答复投诉人。

第三章　安全保障措施

第十三条　电信业务经营者、互联网信息服务提供者应当采取以下措施防止用户个人信息泄露、毁损、篡改或者丢失：

（一）确定各部门、岗位和分支机构的用户个人信息安全管理责任；

（二）建立用户个人信息收集、使用及其相关活动的工作流程和安全管理制度；

（三）对工作人员及代理人实行权限管理，对批量导出、复制、销毁信息实行审查，并采取防泄密措施；

（四）妥善保管记录用户个人信息的纸介质、光介质、电磁介质等载体，并采取相应的安全储存措施；

（五）对储存用户个人信息的信息系统实行接入审查，并采取防入侵、防病毒等措施；

（六）记录对用户个人信息进行操作的人员、时间、地点、事项等信息；

（七）按照电信管理机构的规定开展通信网络安全防护工作；

（八）电信管理机构规定的其他必要措施。

第十四条　电信业务经营者、互联网信息服务提供者保管的用户个人信息发生或者可能发生泄露、毁损、丢失的，应当立即采取补救措施；造成或者可能造成严重后果的，应当立即向准予其许可或者备案的电信管理机构报告，配合相关部门进行的调查处理。

电信管理机构应当对报告或者发现的可能违反本规定的行为的影响进行评估；影响特别重大的，相关省、自治区、直辖市通信管理局应当向工业和信息化部报告。电信管理机构在依据本规定作出处理决定前，可以要求电信业务经营者和互联网信息服务提供者暂停有关行为，电信业务经营者和互联网信息服务提供者应当执行。

第十五条　电信业务经营者、互联网信息服务提供者应当对其工作人员进行用户个人信息保护相关知识、技能和安全责任培训。

第十六条 电信业务经营者、互联网信息服务提供者应当对用户个人信息保护情况每年至少进行一次自查，记录自查情况，及时消除自查中发现的安全隐患。

第四章 监督检查

第十七条 电信管理机构应当对电信业务经营者、互联网信息服务提供者保护用户个人信息的情况实施监督检查。

电信管理机构实施监督检查时，可以要求电信业务经营者、互联网信息服务提供者提供相关材料，进入其生产经营场所调查情况，电信业务经营者、互联网信息服务提供者应当予以配合。

电信管理机构实施监督检查，应当记录监督检查的情况，不得妨碍电信业务经营者、互联网信息服务提供者正常的经营或者服务活动，不得收取任何费用。

第十八条 电信管理机构及其工作人员对在履行职责中知悉的用户个人信息应当予以保密，不得泄露、篡改或者毁损，不得出售或者非法向他人提供。

第十九条 电信管理机构实施电信业务经营许可及经营许可证年检时，应当对用户个人信息保护情况进行审查。

第二十条 电信管理机构应当将电信业务经营者、互联网信息服务提供者违反本规定的行为记入其社会信用档案并予以公布。

第二十一条 鼓励电信和互联网行业协会依法制定有关用户个人信息保护的自律性管理制度，引导会员加强自律管理，提高用户个人信息保护水平。

第五章 法律责任

第二十二条 电信业务经营者、互联网信息服务提供者违反本规定第八条、第十二条规定的，由电信管理机构依据职权责令限期改正，予以警告，可以并处一万元以下的罚款。

第二十三条 电信业务经营者、互联网信息服务提供者违反本规定第九条至第十一条、第十三条至第十六条、第十七条第二款规定的，由电信管理机构依据职权责令限期改正，予以警告，可以并处一万元以上三万元以下的罚款，向社会公告；构成犯罪的，依法追究刑事责任。

第二十四条 电信管理机构工作人员在对用户个人信息保护工作实施监督管理的过程中玩忽职守、滥用职权、徇私舞弊的，依法给予处理；构成犯罪的，依法追究刑事责任。

第六章 附则

第二十五条 本规定自 2013 年 9 月 1 日起施行。

儿童个人信息网络保护规定

1. 2019年8月22日国家互联网信息办公室令第4号公布
2. 自2019年10月1日起施行

第一条 为了保护儿童个人信息安全,促进儿童健康成长,根据《中华人民共和国网络安全法》《中华人民共和国未成年人保护法》等法律法规,制定本规定。

第二条 本规定所称儿童,是指不满十四周岁的未成年人。

第三条 在中华人民共和国境内通过网络从事收集、存储、使用、转移、披露儿童个人信息等活动,适用本规定。

第四条 任何组织和个人不得制作、发布、传播侵害儿童个人信息安全的信息。

第五条 儿童监护人应当正确履行监护职责,教育引导儿童增强个人信息保护意识和能力,保护儿童个人信息安全。

第六条 鼓励互联网行业组织指导推动网络运营者制定儿童个人信息保护的行业规范、行为准则等,加强行业自律,履行社会责任。

第七条 网络运营者收集、存储、使用、转移、披露儿童个人信息的,应当遵循正当必要、知情同意、目的明确、安全保障、依法利用的原则。

第八条 网络运营者应当设置专门的儿童个人信息保护规则和用户协议,并指定专人负责儿童个人信息保护。

第九条 网络运营者收集、使用、转移、披露儿童个人信息的,应当以显著、清晰的方式告知儿童监护人,并应当征得儿童监护人的同意。

第十条 网络运营者征得同意时,应当同时提供拒绝选项,并明确告知以下事项:

(一)收集、存储、使用、转移、披露儿童个人信息的目的、方式和范围;

(二)儿童个人信息存储的地点、期限和到期后的处理方式;

(三)儿童个人信息的安全保障措施;

(四)拒绝的后果;

(五)投诉、举报的渠道和方式;

(六)更正、删除儿童个人信息的途径和方法;

(七)其他应当告知的事项。

前款规定的告知事项发生实质性变化的,应当再次征得儿童监护人的同意。

第十一条 网络运营者不得收集与其提供的服务无关的儿童个人信息,不得违反法律、行政法规的规定和双方的约定收集儿童个人信息。

第十二条 网络运营者存储儿童个人信息,不得超过实现其收集、使用目的所必需的期限。

第十三条 网络运营者应当采取加密等措施存储儿童个人信息,确保信息安全。

第十四条 网络运营者使用儿童个人信息，不得违反法律、行政法规的规定和双方约定的目的、范围。因业务需要，确需超出约定的目的、范围使用的，应当再次征得儿童监护人的同意。

第十五条 网络运营者对其工作人员应当以最小授权为原则，严格设定信息访问权限，控制儿童个人信息知悉范围。工作人员访问儿童个人信息的，应当经过儿童个人信息保护负责人或者其授权的管理人员审批，记录访问情况，并采取技术措施，避免违法复制、下载儿童个人信息。

第十六条 网络运营者委托第三方处理儿童个人信息的，应当对受委托方及委托行为等进行安全评估，签署委托协议，明确双方责任、处理事项、处理期限、处理性质和目的等，委托行为不得超出授权范围。

前款规定的受委托方，应当履行以下义务：

（一）按照法律、行政法规的规定和网络运营者的要求处理儿童个人信息；

（二）协助网络运营者回应儿童监护人提出的申请；

（三）采取措施保障信息安全，并在发生儿童个人信息泄露安全事件时，及时向网络运营者反馈；

（四）委托关系解除时及时删除儿童个人信息；

（五）不得转委托；

（六）其他依法应当履行的儿童个人信息保护义务。

第十七条 网络运营者向第三方转移儿童个人信息的，应当自行或者委托第三方机构进行安全评估。

第十八条 网络运营者不得披露儿童个人信息，但法律、行政法规规定应当披露或者根据与儿童监护人的约定可以披露的除外。

第十九条 儿童或者其监护人发现网络运营者收集、存储、使用、披露的儿童个人信息有错误的，有权要求网络运营者予以更正。网络运营者应当及时采取措施予以更正。

第二十条 儿童或者其监护人要求网络运营者删除其收集、存储、使用、披露的儿童个人信息的，网络运营者应当及时采取措施予以删除，包括但不限于以下情形：

（一）网络运营者违反法律、行政法规的规定或者双方的约定收集、存储、使用、转移、披露儿童个人信息的；

（二）超出目的范围或者必要期限收集、存储、使用、转移、披露儿童个人信息的；

（三）儿童监护人撤回同意的；

（四）儿童或者其监护人通过注销等方式终止使用产品或者服务的。

第二十一条 网络运营者发现儿童个人信息发生或者可能发生泄露、毁损、丢失的，应当立即启动应急预案，采取补救措施；造成或者可能造成严重后果的，应当立即向有关主管部门报告，并将事件相关情况以邮件、信函、电话、推送通知等方式告知受影响的儿童及其监护人，难以逐一告知的，应当采取合理、有效的方式发布相关警示信息。

第二十二条　网络运营者应当对网信部门和其他有关部门依法开展的监督检查予以配合。

第二十三条　网络运营者停止运营产品或者服务的，应当立即停止收集儿童个人信息的活动，删除其持有的儿童个人信息，并将停止运营的通知及时告知儿童监护人。

第二十四条　任何组织和个人发现有违反本规定行为的，可以向网信部门和其他有关部门举报。

网信部门和其他有关部门收到相关举报的，应当依据职责及时进行处理。

第二十五条　网络运营者落实儿童个人信息安全管理责任不到位，存在较大安全风险或者发生安全事件的，由网信部门依据职责进行约谈，网络运营者应当及时采取措施进行整改，消除隐患。

第二十六条　违反本规定的，由网信部门和其他有关部门依据职责，根据《中华人民共和国网络安全法》《互联网信息服务管理办法》等相关法律法规规定处理；构成犯罪的，依法追究刑事责任。

第二十七条　违反本规定被追究法律责任的，依照有关法律、行政法规的规定记入信用档案，并予以公示。

第二十八条　通过计算机信息系统自动留存处理信息且无法识别所留存处理的信息属于儿童个人信息的，依照其他有关规定执行。

第二十九条　本规定自2019年10月1日起施行。

最高人民法院关于审理涉及计算机网络域名民事纠纷案件适用法律若干问题的解释

1．2001年6月26日最高人民法院审判委员会第1182次会议通过、2001年7月17日公布、自2001年7月24日起施行（法释〔2001〕24号）
2．根据2020年12月23日最高人民法院审判委员会第1823次会议通过、2020年12月29日公布的《最高人民法院关于修改〈最高人民法院关于审理侵犯专利权纠纷案件应用法律若干问题的解释（二）〉等十八件知识产权类司法解释的决定》（法释〔2020〕19号）修正

为了正确审理涉及计算机网络域名注册、使用等行为的民事纠纷案件（以下简称域名纠纷案件），根据《中华人民共和国民法典》《中华人民共和国反不正当竞争法》和《中华人民共和国民事诉讼法》（以下简称民事诉讼法）等法律的规定，作如下解释：

第一条　对于涉及计算机网络域名注册、使用等行为的民事纠纷，当事人向人民法院提起诉讼，经审查符合民事诉讼法第一百一十九条规定的，人民法院

应当受理。

第二条 涉及域名的侵权纠纷案件，由侵权行为地或者被告住所地的中级人民法院管辖。对难以确定侵权行为地和被告住所地的，原告发现该域名的计算机终端等设备所在地可以视为侵权行为地。

涉外域名纠纷案件包括当事人一方或者双方是外国人、无国籍人、外国企业或组织、国际组织，或者域名注册地在外国的域名纠纷案件。在中华人民共和国领域内发生的涉外域名纠纷案件，依照民事诉讼法第四编的规定确定管辖。

第三条 域名纠纷案件的案由，根据双方当事人争议的法律关系的性质确定，并在其前冠以计算机网络域名；争议的法律关系的性质难以确定的，可以通称为计算机网络域名纠纷案件。

第四条 人民法院审理域名纠纷案件，对符合以下各项条件的，应当认定被告注册、使用域名等行为构成侵权或者不正当竞争：

（一）原告请求保护的民事权益合法有效；

（二）被告域名或其主要部分构成对原告驰名商标的复制、模仿、翻译或音译；或者与原告的注册商标、域名等相同或近似，足以造成相关公众的误认；

（三）被告对该域名或其主要部分不享有权益，也无注册、使用该域名的正当理由；

（四）被告对该域名的注册、使用具有恶意。

第五条 被告的行为被证明具有下列情形之一的，人民法院应当认定其具有恶意：

（一）为商业目的将他人驰名商标注册为域名的；

（二）为商业目的注册、使用与原告的注册商标、域名等相同或近似的域名，故意造成与原告提供的产品、服务或者原告网站的混淆，误导网络用户访问其网站或其他在线站点的；

（三）曾要约高价出售、出租或者以其他方式转让该域名获取不正当利益的；

（四）注册域名后自己并不使用也未准备使用，而有意阻止权利人注册该域名的；

（五）具有其他恶意情形的。

被告举证证明在纠纷发生前其所持有的域名已经获得一定的知名度，且能与原告的注册商标、域名等相区别，或者具有其他情形足以证明其不具有恶意的，人民法院可以不认定被告具有恶意。

第六条 人民法院审理域名纠纷案件，根据当事人的请求以及案件的具体情况，可以对涉及的注册商标是否驰名依法作出认定。

第七条 人民法院认定域名注册、使用等行为构成侵权或者不正当竞争的，可以判令被告停止侵权、注销域名，或者依原告的请求判令由原告注册使用该域名；给权利人造成实际损害的，可以判令被告赔偿损失。

侵权人故意侵权且情节严重，原告有权向人民法院请求惩罚性赔偿。

最高人民法院关于审理侵害信息网络传播权民事纠纷案件适用法律若干问题的规定

1. 2012年11月26日最高人民法院审判委员会第1561次会议通过、2012年12月17日公布、自2013年1月1日起施行（法释〔2012〕20号）
2. 根据2020年12月23日最高人民法院审判委员会第1823次会议通过、2020年12月29日公布的《最高人民法院关于修改〈最高人民法院关于审理侵犯专利权纠纷案件应用法律若干问题的解释（二）〉等十八件知识产权类司法解释的决定》（法释〔2020〕19号）修正

为正确审理侵害信息网络传播权民事纠纷案件，依法保护信息网络传播权，促进信息网络产业健康发展，维护公共利益，根据《中华人民共和国民法典》《中华人民共和国著作权法》《中华人民共和国民事诉讼法》等有关法律规定，结合审判实际，制定本规定。

第一条　人民法院审理侵害信息网络传播权民事纠纷案件，在依法行使裁量权时，应当兼顾权利人、网络服务提供者和社会公众的利益。

第二条　本规定所称信息网络，包括以计算机、电视机、固定电话机、移动电话机等电子设备为终端的计算机互联网、广播电视网、固定通信网、移动通信网等信息网络，以及向公众开放的局域网络。

第三条　网络用户、网络服务提供者未经许可，通过信息网络提供权利人享有信息网络传播权的作品、表演、录音录像制品，除法律、行政法规另有规定外，人民法院应当认定其构成侵害信息网络传播权行为。

通过上传到网络服务器、设置共享文件或者利用文件分享软件等方式，将作品、表演、录音录像制品置于信息网络中，使公众能够在个人选定的时间和地点以下载、浏览或者其他方式获得的，人民法院应当认定其实施了前款规定的提供行为。

第四条　有证据证明网络服务提供者与他人以分工合作等方式共同提供作品、表演、录音录像制品，构成共同侵权行为的，人民法院应当判令其承担连带责任。网络服务提供者能够证明其仅提供自动接入、自动传输、信息存储空间、搜索、链接、文件分享技术等网络服务，主张其不构成共同侵权行为的，人民法院应予支持。

第五条　网络服务提供者以提供网页快照、缩略图等方式实质替代其他网络服务提供者向公众提供相关作品的，人民法院应当认定其构成提供

行为。

前款规定的提供行为不影响相关作品的正常使用，且未不合理损害权利人对该作品的合法权益，网络服务提供者主张其未侵害信息网络传播权的，人民法院应予支持。

第六条 原告有初步证据证明网络服务提供者提供了相关作品、表演、录音录像制品，但网络服务提供者能够证明其仅提供网络服务，且无过错的，人民法院不应认定为构成侵权。

第七条 网络服务提供者在提供网络服务时教唆或者帮助网络用户实施侵害信息网络传播权行为的，人民法院应当判令其承担侵权责任。

网络服务提供者以言语、推介技术支持、奖励积分等方式诱导、鼓励网络用户实施侵害信息网络传播权行为的，人民法院应当认定其构成教唆侵权行为。

网络服务提供者明知或者应知网络用户利用网络服务侵害信息网络传播权，未采取删除、屏蔽、断开链接等必要措施，或者提供技术支持等帮助行为的，人民法院应当认定其构成帮助侵权行为。

第八条 人民法院应当根据网络服务提供者的过错，确定其是否承担教唆、帮助侵权责任。网络服务提供者的过错包括对于网络用户侵害信息网络传播权行为的明知或者应知。

网络服务提供者未对网络用户侵害信息网络传播权的行为主动进行审查的，人民法院不应据此认定其具有过错。

网络服务提供者能够证明已采取合理、有效的技术措施，仍难以发现网络用户侵害信息网络传播权行为的，人民法院应当认定其不具有过错。

第九条 人民法院应当根据网络用户侵害信息网络传播权的具体事实是否明显，综合考虑以下因素，认定网络服务提供者是否构成应知：

（一）基于网络服务提供者提供服务的性质、方式及其引发侵权的可能性大小，应当具备的管理信息的能力；

（二）传播的作品、表演、录音录像制品的类型、知名度及侵权信息的明显程度；

（三）网络服务提供者是否主动对作品、表演、录音录像制品进行了选择、编辑、修改、推荐等；

（四）网络服务提供者是否积极采取了预防侵权的合理措施；

（五）网络服务提供者是否设置便捷程序接收侵权通知并及时对侵权通知作出合理的反应；

（六）网络服务提供者是否针对同一网络用户的重复侵权行为采取了相应的合理措施；

（七）其他相关因素。

第十条 网络服务提供者在提供网络服务时，对热播影视作品等以设置榜单、目录、索引、描述性段落、内容简介等方式进行推荐，且公众可以在其网页上直接以下载、浏览或者其他方式获得的，人民法院可以认定其应知网络用户侵害信息网络传播权。

第十一条 网络服务提供者从网络用户提供的作品、表演、录音录像制品中直接获得经济利益的,人民法院应当认定其对该网络用户侵害信息网络传播权的行为负有较高的注意义务。

网络服务提供者针对特定作品、表演、录音录像制品投放广告获取收益,或者获取与其传播的作品、表演、录音录像制品存在其他特定联系的经济利益,应当认定为前款规定的直接获得经济利益。网络服务提供者因提供网络服务而收取一般性广告费、服务费等,不属于本款规定的情形。

第十二条 有下列情形之一的,人民法院可以根据案件具体情况,认定提供信息存储空间服务的网络服务提供者应知网络用户侵害信息网络传播权:

(一)将热播影视作品等置于首页或者其他主要页面等能够为网络服务提供者明显感知的位置的;

(二)对热播影视作品等的主题、内容主动进行选择、编辑、整理、推荐,或者为其设立专门的排行榜的;

(三)其他可以明显感知相关作品、表演、录音录像制品为未经许可提供,仍未采取合理措施的情形。

第十三条 网络服务提供者接到权利人以书信、传真、电子邮件等方式提交的通知及构成侵权的初步证据,未及时根据初步证据和服务类型采取必要措施的,人民法院应当认定其明知相关侵害信息网络传播权行为。

第十四条 人民法院认定网络服务提供者转送通知、采取必要措施是否及时,应当根据权利人提交通知的形式,通知的准确程度,采取措施的难易程度,网络服务的性质,所涉作品、表演、录音录像制品的类型、知名度、数量等因素综合判断。

第十五条 侵害信息网络传播权民事纠纷案件由侵权行为地或者被告住所地人民法院管辖。侵权行为地包括实施被诉侵权行为的网络服务器、计算机终端等设备所在地。侵权行为地和被告住所地均难以确定或者在境外的,原告发现侵权内容的计算机终端等设备所在地可以视为侵权行为地。

第十六条 本规定施行之日起,《最高人民法院关于审理涉及计算机网络著作权纠纷案件适用法律若干问题的解释》(法释〔2006〕11号)同时废止。

本规定施行之后尚未终审的侵害信息网络传播权民事纠纷案件,适用本规定。本规定施行前已经终审,当事人申请再审或者按照审判监督程序决定再审的,不适用本规定。

最高人民法院关于审理利用信息网络侵害人身权益民事纠纷案件适用法律若干问题的规定

1．2014年6月23日最高人民法院审判委员会第1621次会议通过、2014年8月21日公布、自2014年10月10日起施行(法释〔2014〕11号)
2．根据2020年12月23日最高人民法院审判委员会第1823次会议通过、2020年12月29日公布的《最高人民法院关于修改〈最高人民法院关于在民事审判工作中适用《中华人民共和国工会法》若干问题的解释〉等二十七件民事类司法解释的决定》(法释〔2020〕17号)修正

为正确审理利用信息网络侵害人身权益民事纠纷案件,根据《中华人民共和国民法典》《全国人民代表大会常务委员会关于加强网络信息保护的决定》《中华人民共和国民事诉讼法》等法律的规定,结合审判实践,制定本规定。

第一条 本规定所称的利用信息网络侵害人身权益民事纠纷案件,是指利用信息网络侵害他人姓名权、名称权、名誉权、荣誉权、肖像权、隐私权等人身权益引起的纠纷案件。

第二条 原告依据民法典第一千一百九十五条、第一千一百九十七条的规定起诉网络用户或者网络服务提供者的,人民法院应予受理。

原告仅起诉网络用户,网络用户请求追加涉嫌侵权的网络服务提供者为共同被告或者第三人的,人民法院应予准许。

原告仅起诉网络服务提供者,网络服务提供者请求追加可以确定的网络用户为共同被告或者第三人的,人民法院应予准许。

第三条 原告起诉网络服务提供者,网络服务提供者以涉嫌侵权的信息系网络用户发布为由抗辩的,人民法院可以根据原告的请求及案件的具体情况,责令网络服务提供者向人民法院提供能够确定涉嫌侵权的网络用户的姓名(名称)、联系方式、网络地址等信息。

网络服务提供者无正当理由拒不提供的,人民法院可以依据民事诉讼法第一百一十四条的规定对网络服务提供者采取处罚等措施。

原告根据网络服务提供者提供的信息请求追加网络用户为被告的,人民法院应予准许。

第四条 人民法院适用民法典第一千一百九十五条第二款的规定,认定网络服务提供者采取的删除、屏蔽、断开链接等必要措施是否及时,应当根据网络服务的类型和性质、有效通知的形式和准确程度、网络信息侵害权益的类型和程度等因素综合判断。

第五条 其发布的信息被采取删除、屏蔽、断开链接等措施的网络用户,

主张网络服务提供者承担违约责任或者侵权责任，网络服务提供者以收到民法典第一千一百九十五条第一款规定的有效通知为由抗辩的，人民法院应予支持。

第六条　人民法院依据民法典第一千一百九十七条认定网络服务提供者是否“知道或者应当知道”，应当综合考虑下列因素：

（一）网络服务提供者是否以人工或者自动方式对侵权网络信息以推荐、排名、选择、编辑、整理、修改等方式作出处理；

（二）网络服务提供者应当具备的管理信息的能力，以及所提供服务的性质、方式及其引发侵权的可能性大小；

（三）该网络信息侵害人身权益的类型及明显程度；

（四）该网络信息的社会影响程度或者一定时间内的浏览量；

（五）网络服务提供者采取预防侵权措施的技术可能性及其是否采取了相应的合理措施；

（六）网络服务提供者是否针对同一网络用户的重复侵权行为或者同一侵权信息采取了相应的合理措施；

（七）与本案相关的其他因素。

第七条　人民法院认定网络用户或者网络服务提供者转载网络信息行为的过错及其程度，应当综合以下因素：

（一）转载主体所承担的与其性质、影响范围相适应的注意义务；

（二）所转载信息侵害他人人身权益的明显程度；

（三）对所转载信息是否作出实质性修改，是否添加或者修改文章标题，导致其与内容严重不符以及误导公众的可能性。

第八条　网络用户或者网络服务提供者采取诽谤、诋毁等手段，损害公众对经营主体的信赖，降低其产品或者服务的社会评价，经营主体请求网络用户或者网络服务提供者承担侵权责任的，人民法院应依法予以支持。

第九条　网络用户或者网络服务提供者，根据国家机关依职权制作的文书和公开实施的职权行为等信息来源所发布的信息，有下列情形之一，侵害他人人身权益，被侵权人请求侵权人承担侵权责任的，人民法院应予支持：

（一）网络用户或者网络服务提供者发布的信息与前述信息来源内容不符；

（二）网络用户或者网络服务提供者以添加侮辱性内容、诽谤性信息、不当标题或者通过增删信息、调整结构、改变顺序等方式致人误解；

（三）前述信息来源已被公开更正，但网络用户拒绝更正或者网络服务提供者不予更正；

（四）前述信息来源已被公开更正，网络用户或者网络服务提供者仍然发布更正之前的信息。

第十条　被侵权人与构成侵权的网络用户或者网络服务提供者达成一方支付报酬，另一方提供删除、屏蔽、断开链接等服务的协议,人民法院应认定为无效。

擅自篡改、删除、屏蔽特定网络信息或者以断开链接的方式阻止他人获取网络信息,发布该信息的网络用户或者网络服务提供者请求侵权人承担侵权责任的,人民法院应予支持。接受他人委托实施该行为的,委托人与受托人承担连带责任。

第十一条 网络用户或者网络服务提供者侵害他人人身权益,造成财产损失或者严重精神损害,被侵权人依据民法典第一千一百八十二条和第一千一百八十三条的规定,请求其承担赔偿责任的,人民法院应予支持。

第十二条 被侵权人为制止侵权行为所支付的合理开支,可以认定为民法典第一千一百八十二条规定的财产损失。合理开支包括被侵权人或者委托代理人对侵权行为进行调查、取证的合理费用。人民法院根据当事人的请求和具体案情,可以将符合国家有关部门规定的律师费用计算在赔偿范围内。

被侵权人因人身权益受侵害造成的财产损失以及侵权人因此获得的利益难以确定的,人民法院可以根据具体案情在 50 万元以下的范围内确定赔偿数额。

第十三条 本规定施行后人民法院正在审理的一审、二审案件适用本规定。

本规定施行前已经终审,本规定施行后当事人申请再审或者按照审判监督程序决定再审的案件,不适用本规定。

最高人民法院关于审理涉电子商务平台知识产权民事案件的指导意见

1. 法发〔2020〕32 号
2. 2020 年 9 月 10 日发布

为公正审理涉电子商务平台知识产权民事案件,依法保护电子商务领域各方主体的合法权益,促进电子商务平台经营活动规范、有序、健康发展,结合知识产权审判实际,制定本指导意见。

一、人民法院审理涉电子商务平台知识产权纠纷案件,应当坚持严格保护知识产权的原则,依法惩治通过电子商务平台提供假冒、盗版等侵权商品或者服务的行为,积极引导当事人遵循诚实信用原则,依法正当行使权利,并妥善处理好知识产权权利人、电子商务平台经营者、平台内经营者等各方主体之间的关系。

二、人民法院审理涉电子商务平台知识产权纠纷案件,应当依照《中华人民共和国电子商务法》(以下简称电子商务法)第九条的规定,认定有关当事人是否属于电子商务平台经营者或者平台内经营者。

人民法院认定电子商务平台经营者的行为是否属于开展自营业务,可以考量下列因素:商品销售页面上标注的

“自营”信息;商品实物上标注的销售主体信息;发票等交易单据上标注的销售主体信息等。

三、电子商务平台经营者知道或者应当知道平台内经营者侵害知识产权的,应当根据权利的性质、侵权的具体情形和技术条件,以及构成侵权的初步证据、服务类型,及时采取必要措施。采取的必要措施应当遵循合理审慎的原则,包括但不限于删除、屏蔽、断开链接等下架措施。平台内经营者多次、故意侵害知识产权的,电子商务平台经营者有权采取终止交易和服务的措施。

四、依据电子商务法第四十一条、第四十二条、第四十三条的规定,电子商务平台经营者可以根据知识产权权利类型、商品或者服务的特点等,制定平台内通知与声明机制的具体执行措施。但是,有关措施不能对当事人依法维护权利的行为设置不合理的条件或者障碍。

五、知识产权权利人依据电子商务法第四十二条的规定,向电子商务平台经营者发出的通知一般包括:知识产权权利证明及权利人的真实身份信息;能够实现准确定位的被诉侵权商品或者服务信息;构成侵权的初步证据;通知真实性的书面保证等。通知应当采取书面形式。

通知涉及专利权的,电子商务平台经营者可以要求知识产权权利人提交技术特征或者设计特征对比的说明、实用新型或者外观设计专利权评价报告等材料。

六、人民法院认定通知人是否具有电子商务法第四十二条第三款所称的“恶意”,可以考量下列因素:提交伪造、变造的权利证明;提交虚假侵权对比的鉴定意见、专家意见;明知权利状态不稳定仍发出通知;明知通知错误仍不及时撤回或者更正;反复提交错误通知等。

电子商务平台经营者、平台内经营者以错误通知、恶意发出错误通知造成其损害为由,向人民法院提起诉讼的,可以与涉电子商务平台知识产权纠纷案件一并审理。

七、平台内经营者依据电子商务法第四十三条的规定,向电子商务平台经营者提交的不存在侵权行为的声明一般包括:平台内经营者的真实身份信息;能够实现准确定位、要求终止必要措施的商品或者服务信息;权属证明、授权证明等不存在侵权行为的初步证据;声明真实性的书面保证等。声明应当采取书面形式。

声明涉及专利权的,电子商务平台经营者可以要求平台内经营者提交技术特征或者设计特征对比的说明等材料。

八、人民法院认定平台内经营者发出声明是否具有恶意,可以考量下列因素:提供伪造或者无效的权利证明、授权证明;声明包含虚假信息或者具有明显误导性;通知已经附有认定侵权的生效裁判或者行政处理决定,仍发出声明;明知声明内容错误,仍不及时撤回或者更正等。

九、因情况紧急,电子商务平台经营

者不立即采取商品下架等措施将会使其合法利益受到难以弥补的损害的，知识产权权利人可以依据《中华人民共和国民事诉讼法》第一百条、第一百零一条的规定，向人民法院申请采取保全措施。

因情况紧急，电子商务平台经营者不立即恢复商品链接、通知人不立即撤回通知或者停止发送通知等行为将会使其合法利益受到难以弥补的损害的，平台内经营者可以依据前款所述法律规定，向人民法院申请采取保全措施。

知识产权权利人、平台内经营者的申请符合法律规定的，人民法院应当依法予以支持。

十、人民法院判断电子商务平台经营者是否采取了合理的措施，可以考量下列因素：构成侵权的初步证据；侵权成立的可能性；侵权行为的影响范围；侵权行为的具体情节，包括是否存在恶意侵权、重复侵权情形；防止损害扩大的有效性；对平台内经营者利益可能的影响；电子商务平台的服务类型和技术条件等。

平台内经营者有证据证明通知所涉专利权已经被国家知识产权局宣告无效，电子商务平台经营者据此暂缓采取必要措施，知识产权权利人请求认定电子商务平台经营者未及时采取必要措施的，人民法院不予支持。

十一、电子商务平台经营者存在下列情形之一的，人民法院可以认定其“应当知道”侵权行为的存在：

（一）未履行制定知识产权保护规则、审核平台内经营者经营资质等法定义务；

（二）未审核平台内店铺类型标注为“旗舰店”“品牌店”等字样的经营者的权利证明；

（三）未采取有效技术手段，过滤和拦截包含“高仿”“假货”等字样的侵权商品链接、被投诉成立后再次上架的侵权商品链接；

（四）其他未履行合理审查和注意义务的情形。

最高人民法院关于涉网络知识产权侵权纠纷几个法律适用问题的批复

1. 2020 年 9 月 12 日最高人民法院公告公布
2. 法释〔2020〕9 号
3. 自 2020 年 9 月 14 日起施行

各省、自治区、直辖市高级人民法院，解放军军事法院，新疆维吾尔自治区高级人民法院生产建设兵团分院：

近来，有关方面就涉网络知识产权侵权纠纷法律适用的一些问题提出建议，部分高级人民法院也向本院提出了请示。经研究，批复如下。

一、知识产权权利人主张其权利受到侵害并提出保全申请，要求网络服务提供者、电子商务平台经营者迅速采取删除、屏蔽、断开链接等下架措施的，人民法院应当依法审查并作出裁定。

二、网络服务提供者、电子商务平台经营者收到知识产权权利人依法发出的通知后，应当及时将权利人的通知转送相关网络用户、平台内经营者，并根据构成侵权的初步证据和服务类型采取必要措施；未依法采取必要措施，权利人主张网络服务提供者、电子商务平台经营者对损害的扩大部分与网络用户、平台内经营者承担连带责任的，人民法院可以依法予以支持。

三、在依法转送的不存在侵权行为的声明到达知识产权权利人后的合理期限内，网络服务提供者、电子商务平台经营者未收到权利人已经投诉或者提起诉讼通知的，应当及时终止所采取的删除、屏蔽、断开链接等下架措施。因办理公证、认证手续等权利人无法控制的特殊情况导致的延迟，不计入上述期限，但该期限最长不超过20个工作日。

四、因恶意提交声明导致电子商务平台经营者终止必要措施并造成知识产权权利人损害，权利人依照有关法律规定请求相应惩罚性赔偿的，人民法院可以依法予以支持。

五、知识产权权利人发出的通知内容与客观事实不符，但其在诉讼中主张该通知系善意提交并请求免责，且能够举证证明的，人民法院依法审查属实后应当予以支持。

六、本批复作出时尚未终审的案件，适用本批复；本批复作出时已经终审，当事人申请再审或者按照审判监督程序决定再审的案件，不适用本批复。

最高人民法院关于依法加大知识产权侵权行为惩治力度的意见

1．2020年9月14日发布
2．法发〔2020〕33号

为公正审理案件，依法加大对知识产权侵权行为的惩治力度，有效阻遏侵权行为，营造良好的法治化营商环境，结合知识产权审判实际，制定如下意见。

一、加强适用保全措施

1. 对于侵害或者即将侵害涉及核心技术、知名品牌、热播节目等知识产权以及在展会上侵害或者即将侵害知识产权等将会造成难以弥补的损害的行为，权利人申请行为保全的，人民法院应当依法及时审查并作出裁定。

2. 权利人在知识产权侵权诉讼中既申请停止侵权的先行判决，又申请行为保全的，人民法院应当依法一并及时审查。

3. 权利人有初步证据证明存在侵害知识产权行为且证据可能灭失或者以后难以取得的情形，申请证据保全的，人民法院应当依法及时审查并作出裁定。涉及较强专业技术问题的证据保全，可以由技术调查官参与。

4. 对于已经被采取保全措施的被诉侵权产品或者其他证据，被诉侵权人擅自毁损、转移等，致使侵权事实无法查明的，人民法院可以推定权利人就该证据所涉证明事项的主张成立。属于法律规定的妨害诉讼情形的，依法采取强制措施。

二、依法判决停止侵权

5. 对于侵权事实已经清楚、能够认定侵权成立的，人民法院可以依法先行判决停止侵权。

6. 对于假冒、盗版商品及主要用于生产或者制造假冒、盗版商品的材料和工具，权利人在民事诉讼中举证证明存在上述物品并请求迅速销毁的，除特殊情况外，人民法院应予支持。在特殊情况下，人民法院可以责令在商业渠道之外处置主要用于生产或者制造假冒、盗版商品的材料和工具，尽可能减少进一步侵权的风险；侵权人请求补偿的，人民法院不予支持。

三、依法加大赔偿力度

7. 人民法院应当充分运用举证妨碍、调查取证、证据保全、专业评估、经济分析等制度和方法，引导当事人积极、全面、正确、诚实举证，提高损害赔偿数额计算的科学性和合理性，充分弥补权利人损失。

8. 人民法院应当积极运用当事人提供的来源于工商税务部门、第三方商业平台、侵权人网站、宣传资料或者依法披露文件的相关数据以及行业平均利润率等，依法确定侵权获利情况。

9. 权利人依法请求根据侵权获利确定赔偿数额且已举证的，人民法院可以责令侵权人提供其掌握的侵权获利证据；侵权人无正当理由拒不提供或者未按要求提供的，人民法院可以根据权利人的主张和在案证据判定赔偿数额。

10. 对于故意侵害他人知识产权，情节严重的，依法支持权利人的惩罚性赔偿请求，充分发挥惩罚性赔偿对于故意侵权行为的威慑作用。

11. 人民法院应当依法合理确定法定赔偿数额。侵权行为造成权利人重大损失或者侵权人获利巨大的，为充分弥补权利人损失，有效阻遏侵权行为，人民法院可以根据权利人的请求，以接近或者达到最高限额确定法定赔偿数额。

人民法院在从高确定法定赔偿数额时应当考虑的因素包括：侵权人是否存在侵权故意，是否主要以侵权为业，是否存在重复侵权，侵权行为是否持续时间长，是否涉及区域广，是否可能危害人身安全、破坏环境资源或者损害公共利益等。

12. 权利人在二审程序中请求将新增的为制止侵权行为所支付的合理开支纳入赔偿数额的，人民法院可以一并审查。

13. 人民法院应当综合考虑案情复杂程度、工作专业性和强度、行业惯例、当地政府指导价等因素，根据权利人提供的证据，合理确定权利人请求赔偿的律师费用。

四、加大刑事打击力度

14. 通过网络销售实施侵犯知识产权犯罪的非法经营数额、违法所得数额，应当综合考虑网络销售电子数据、银行账户往来记录、送货单、物流公司电脑系统记录、证人证言、被告人供述等证据认定。

15. 对于主要以侵犯知识产权为业、在特定期间假冒抢险救灾、防疫物资等商品的注册商标以及因侵犯知识产权受到行政处罚后再次侵犯知识产权构成犯罪的情形，依法从重处罚，一般不适用缓刑。

16. 依法严格追缴违法所得，加强罚金刑的适用，剥夺犯罪分子再次侵犯知识产权的能力和条件。

三、网络管理

中华人民共和国
消费者权益保护法(节录)

1．1993年10月31日第八届全国人民代表大会常务委员会第四次会议通过
2．根据2009年8月27日第十一届全国人民代表大会常务委员会第十次会议《关于修改部分法律的决定》第一次修正
3．根据2013年10月25日第十二届全国人民代表大会常务委员会第五次会议《关于修改〈中华人民共和国消费者权益保护法〉的决定》第二次修正

第二十五条 经营者采用网络、电视、电话、邮购等方式销售商品，消费者有权自收到商品之日起七日内退货，且无需说明理由，但下列商品除外：

(一)消费者定作的；

(二)鲜活易腐的；

(三)在线下载或者消费者拆封的音像制品、计算机软件等数字化商品；

(四)交付的报纸、期刊。

除前款所列商品外，其他根据商品性质并经消费者在购买时确认不宜退货的商品，不适用无理由退货。

消费者退货的商品应当完好。经营者应当自收到退回商品之日起七日内返还消费者支付的商品价款。退回商品的运费由消费者承担；经营者和消费者另有约定的，按照约定。

第二十八条 采用网络、电视、电话、邮购等方式提供商品或者服务的经营者，以及提供证券、保险、银行等金融服务的经营者，应当向消费者提供经营地址、联系方式、商品或者服务的数量和质量、价款或者费用、履行期限和方式、安全注意事项和风险警示、售后服务、民事责任等信息。

第四十四条 消费者通过网络交易平台购买商品或者接受服务，其合法权益受到损害的，可以向销售者或者服务者要求赔偿。网络交易平台提供者不能提供销售者或者服务者的真实名称、地址和有效联系方式的，消费者也可以向网络交易平台提供者要求赔偿；网络交易平台提供者作出更有利于消费者的承诺的，应当履行承诺。网络交易平台提供者赔偿后，有权向销售者或者服务者追偿。

网络交易平台提供者明知或者应知销售者或者服务者利用其平台侵害消费者合法权益，未采取必要措施的，依法与该销售者或者服务者承担连带责任。

中华人民共和国电子签名法

1．2004 年 8 月 28 日第十届全国人民代表大会常务委员会第十一次会议通过
2．根据 2015 年 4 月 24 日第十二届全国人民代表大会常务委员会第十四次会议《关于修改〈中华人民共和国电力法〉等六部法律的决定》第一次修正
3．根据 2019 年 4 月 23 日第十三届全国人民代表大会常务委员会第十次会议《关于修改〈中华人民共和国建筑法〉等八部法律的决定》第二次修正

目　　录

第一章　总　　则

第一条　为了规范电子签名行为，确立电子签名的法律效力，维护有关各方的合法权益，制定本法。

第二条　本法所称电子签名，是指数据电文中以电子形式所含、所附用于识别签名人身份并表明签名人认可其中内容的数据。

本法所称数据电文，是指以电子、光学、磁或者类似手段生成、发送、接收或者储存的信息。

第三条　民事活动中的合同或者其他文件、单证等文书，当事人可以约定使用或者不使用电子签名、数据电文。

当事人约定使用电子签名、数据电文的文书，不得仅因为其采用电子签名、数据电文的形式而否定其法律效力。

前款规定不适用下列文书：

（一）涉及婚姻、收养、继承等人身关系的；

（二）涉及停止供水、供热、供气等公用事业服务的；

（三）法律、行政法规规定的不适用电子文书的其他情形。

第二章　数据电文

第四条　能够有形地表现所载内容，并可以随时调取查用的数据电文，视为符合法律、法规要求的书面形式。

第五条　符合下列条件的数据电文，视为满足法律、法规规定的原件形式要求：

（一）能够有效地表现所载内容并可供随时调取查用；

（二）能够可靠地保证自最终形成时起，内容保持完整、未被更改。但是，在数据电文上增加背书以及数据交换、储存和显示过程中发生的形式变化不影响数据电文的完整性。

第六条　符合下列条件的数据电文，视为满足法律、法规规定的文件保存

要求：

（一）能够有效地表现所载内容并可供随时调取查用；

（二）数据电文的格式与其生成、发送或者接收时的格式相同，或者格式不相同但是能够准确表现原来生成、发送或者接收的内容；

（三）能够识别数据电文的发件人、收件人以及发送、接收的时间。

第七条 数据电文不得仅因为其是以电子、光学、磁或者类似手段生成、发送、接收或者储存的而被拒绝作为证据使用。

第八条 审查数据电文作为证据的真实性，应当考虑以下因素：

（一）生成、储存或者传递数据电文方法的可靠性；

（二）保持内容完整性方法的可靠性；

（三）用以鉴别发件人方法的可靠性；

（四）其他相关因素。

第九条 数据电文有下列情形之一的，视为发件人发送：

（一）经发件人授权发送的；

（二）发件人的信息系统自动发送的；

（三）收件人按照发件人认可的方法对数据电文进行验证后结果相符的。

当事人对前款规定的事项另有约定的，从其约定。

第十条 法律、行政法规规定或者当事人约定数据电文需要确认收讫的，应当确认收讫。发件人收到收件人的收讫确认时，数据电文视为已经收到。

第十一条 数据电文进入发件人控制之外的某个信息系统的时间，视为该数据电文的发送时间。

收件人指定特定系统接收数据电文的，数据电文进入该特定系统的时间，视为该数据电文的接收时间；未指定特定系统的，数据电文进入收件人的任何系统的首次时间，视为该数据电文的接收时间。

当事人对数据电文的发送时间、接收时间另有约定的，从其约定。

第十二条 发件人的主营业地为数据电文的发送地点，收件人的主营业地为数据电文的接收地点。没有主营业地的，其经常居住地为发送或者接收地点。

当事人对数据电文的发送地点、接收地点另有约定的，从其约定。

第三章 电子签名与认证

第十三条 电子签名同时符合下列条件的，视为可靠的电子签名：

（一）电子签名制作数据用于电子签名时，属于电子签名人专有；

（二）签署时电子签名制作数据仅由电子签名人控制；

（三）签署后对电子签名的任何改动能够被发现；

（四）签署后对数据电文内容和形式的任何改动能够被发现。

当事人也可以选择使用符合其约定的可靠条件的电子签名。

第十四条　可靠的电子签名与手写签名或者盖章具有同等的法律效力。

第十五条　电子签名人应当妥善保管电子签名制作数据。电子签名人知悉电子签名制作数据已经失密或者可能已经失密时,应当及时告知有关各方,并终止使用该电子签名制作数据。

第十六条　电子签名需要第三方认证的,由依法设立的电子认证服务提供者提供认证服务。

第十七条　提供电子认证服务,应当具备下列条件:

(一)取得企业法人资格;

(二)具有与提供电子认证服务相适应的专业技术人员和管理人员;

(三)具有与提供电子认证服务相适应的资金和经营场所;

(四)具有符合国家安全标准的技术和设备;

(五)具有国家密码管理机构同意使用密码的证明文件;

(六)法律、行政法规规定的其他条件。

第十八条　从事电子认证服务,应当向国务院信息产业主管部门提出申请,并提交符合本法第十七条规定条件的相关材料。国务院信息产业主管部门接到申请后经依法审查,征求国务院商务主管部门等有关部门的意见后,自接到申请之日起四十五日内作出许可或者不予许可的决定。予以许可的,颁发电子认证许可证书;不予许可的,应当书面通知申请人并告知理由。

取得认证资格的电子认证服务提供者,应当按照国务院信息产业主管部门的规定在互联网上公布其名称、许可证号等信息。

第十九条　电子认证服务提供者应当制定、公布符合国家有关规定的电子认证业务规则,并向国务院信息产业主管部门备案。

电子认证业务规则应当包括责任范围、作业操作规范、信息安全保障措施等事项。

第二十条　电子签名人向电子认证服务提供者申请电子签名认证证书,应当提供真实、完整和准确的信息。

电子认证服务提供者收到电子签名认证证书申请后,应当对申请人的身份进行查验,并对有关材料进行审查。

第二十一条　电子认证服务提供者签发的电子签名认证证书应当准确无误,并应当载明下列内容:

(一)电子认证服务提供者名称;

(二)证书持有人名称;

(三)证书序列号;

(四)证书有效期;

(五)证书持有人的电子签名验证数据;

(六)电子认证服务提供者的电子签名;

(七)国务院信息产业主管部门规定的其他内容。

第二十二条　电子认证服务提供者应当保证电子签名认证证书内容在有效期内完整、准确,并保证电子签名依赖方能够证实或者了解电子签名认证证书所载内容及其他有关事项。

第二十三条 电子认证服务提供者拟暂停或者终止电子认证服务的，应当在暂停或者终止服务九十日前，就业务承接及其他有关事项通知有关各方。

电子认证服务提供者拟暂停或者终止电子认证服务的，应当在暂停或者终止服务六十日前向国务院信息产业主管部门报告，并与其他电子认证服务提供者就业务承接进行协商，作出妥善安排。

电子认证服务提供者未能就业务承接事项与其他电子认证服务提供者达成协议的，应当申请国务院信息产业主管部门安排其他电子认证服务提供者承接其业务。

电子认证服务提供者被依法吊销电子认证许可证书的，其业务承接事项的处理按照国务院信息产业主管部门的规定执行。

第二十四条 电子认证服务提供者应当妥善保存与认证相关的信息，信息保存期限至少为电子签名认证证书失效后五年。

第二十五条 国务院信息产业主管部门依照本法制定电子认证服务业的具体管理办法，对电子认证服务提供者依法实施监督管理。

第二十六条 经国务院信息产业主管部门根据有关协议或者对等原则核准后，中华人民共和国境外的电子认证服务提供者在境外签发的电子签名认证证书与依照本法设立的电子认证服务提供者签发的电子签名认证证书具有同等的法律效力。

第四章 法律责任

第二十七条 电子签名人知悉电子签名制作数据已经失密或者可能已经失密未及时告知有关各方、并终止使用电子签名制作数据，未向电子认证服务提供者提供真实、完整和准确的信息，或者有其他过错，给电子签名依赖方、电子认证服务提供者造成损失的，承担赔偿责任。

第二十八条 电子签名人或者电子签名依赖方因依据电子认证服务提供者提供的电子签名认证服务从事民事活动遭受损失，电子认证服务提供者不能证明自己无过错的，承担赔偿责任。

第二十九条 未经许可提供电子认证服务的，由国务院信息产业主管部门责令停止违法行为；有违法所得的，没收违法所得；违法所得三十万元以上的，处违法所得一倍以上三倍以下的罚款；没有违法所得或者违法所得不足三十万元的，处十万元以上三十万元以下的罚款。

第三十条 电子认证服务提供者暂停或者终止电子认证服务，未在暂停或者终止服务六十日前向国务院信息产业主管部门报告的，由国务院信息产业主管部门对其直接负责的主管人员处一万元以上五万元以下的罚款。

第三十一条 电子认证服务提供者不遵守认证业务规则、未妥善保存与认证相关的信息，或者有其他违法行为的，由国务院信息产业主管部门责令限期改正；逾期未改正的，吊销电子认证许可证书，其直接负责的主管人员和其他直接责任人员十年内不得从事电子认证服务。吊销电子认证许可证书的，应当予以公告并通知工商行政管理部门。

第三十二条　伪造、冒用、盗用他人的电子签名，构成犯罪的，依法追究刑事责任；给他人造成损失的，依法承担民事责任。

第三十三条　依照本法负责电子认证服务业监督管理工作的部门的工作人员，不依法履行行政许可、监督管理职责的，依法给予行政处分；构成犯罪的，依法追究刑事责任。

第五章　附　　则

第三十四条　本法中下列用语的含义：

（一）电子签名人，是指持有电子签名制作数据并以本人身份或者以其所代表的人的名义实施电子签名的人；

（二）电子签名依赖方，是指基于对电子签名认证证书或者电子签名的信赖从事有关活动的人；

（三）电子签名认证证书，是指可证实电子签名人与电子签名制作数据有联系的数据电文或者其他电子记录；

（四）电子签名制作数据，是指在电子签名过程中使用的，将电子签名与电子签名人可靠地联系起来的字符、编码等数据；

（五）电子签名验证数据，是指用于验证电子签名的数据，包括代码、口令、算法或者公钥等。

第三十五条　国务院或者国务院规定的部门可以依据本法制定政务活动和其他社会活动中使用电子签名、数据电文的具体办法。

第三十六条　本法自2005年4月1日起施行。

中华人民共和国
未成年人保护法（节录）

1. 1991年9月4日第七届全国人民代表大会常务委员会第二十一次会议通过
2. 2006年12月29日第十届全国人民代表大会常务委员会第二十五次会议第一次修订
3. 根据2012年10月26日第十一届全国人民代表大会常务委员会第二十九次会议《关于修改〈中华人民共和国未成年人保护法〉的决定》修正
4. 2020年10月17日第十三届全国人民代表大会常务委员会第二十二次会议第二次修订

第二章　家庭保护

第十七条　未成年人的父母或者其他监护人不得实施下列行为：

（一）虐待、遗弃、非法送养未成年人或者对未成年人实施家庭暴力；

（二）放任、教唆或者利用未成年人实施违法犯罪行为；

（三）放任、唆使未成年人参与邪教、迷信活动或者接受恐怖主义、分裂主义、极端主义等侵害；

（四）放任、唆使未成年人吸烟（含电子烟，下同）、饮酒、赌博、流浪乞讨或者欺凌他人；

（五）放任或者迫使应当接受义务教育的未成年人失学、辍学；

（六）放任未成年人沉迷网络，接触危害或者可能影响其身心健康的图书、报刊、电影、广播电视节目、音像制品、电子出版物和网络信息等；

（七）放任未成年人进入营业性娱乐场所、酒吧、互联网上网服务营业场所等不适宜未成年人活动的场所；

（八）允许或者迫使未成年人从事国家规定以外的劳动；

（九）允许、迫使未成年人结婚或者为未成年人订立婚约；

（十）违法处分、侵吞未成年人的财产或者利用未成年人牟取不正当利益；

（十一）其他侵犯未成年人身心健康、财产权益或者不依法履行未成年人保护义务的行为。

第四章　社会保护

第四十四条　爱国主义教育基地、图书馆、青少年宫、儿童活动中心、儿童之家应当对未成年人免费开放；博物馆、纪念馆、科技馆、展览馆、美术馆、文化馆、社区公益性互联网上网服务场所以及影剧院、体育场馆、动物园、植物园、公园等场所，应当按照有关规定对未成年人免费或者优惠开放。

国家鼓励爱国主义教育基地、博物馆、科技馆、美术馆等公共场馆开设未成年人专场，为未成年人提供有针对性的服务。

国家鼓励国家机关、企业事业单位、部队等开发自身教育资源，设立未成年人开放日，为未成年人主题教育、社会实践、职业体验等提供支持。

国家鼓励科研机构和科技类社会组织对未成年人开展科学普及活动。

第四十八条　国家鼓励创作、出版、制作和传播有利于未成年人健康成长的图书、报刊、电影、广播电视节目、舞台艺术作品、音像制品、电子出版物和网络信息等。

第五十条　禁止制作、复制、出版、发布、传播含有宣扬淫秽、色情、暴力、邪教、迷信、赌博、引诱自杀、恐怖主义、分裂主义、极端主义等危害未成年人身心健康内容的图书、报刊、电影、广播电视节目、舞台艺术作品、音像制品、电子出版物和网络信息等。

第五十一条　任何组织或者个人出版、发布、传播的图书、报刊、电影、广播电视节目、舞台艺术作品、音像制品、电子出版物或者网络信息，包含可能影响未成年人身心健康内容的，应当以显著方式作出提示。

第五十二条　禁止制作、复制、发布、传播或者持有有关未成年人的淫秽色情物品和网络信息。

第五十八条　学校、幼儿园周边不得设置营业性娱乐场所、酒吧、互联网上网服务营业场所等不适宜未成年人活动的场所。营业性歌舞娱乐场所、酒吧、互联网上网服务营业场所等不适宜未成年人活动场所的经营者，不得允许未成年人进入；游艺娱乐场所设置的电子游戏设备，除国家法定节假日外，不得向未成年人提供。经营者应当在显著位置设置未成年人禁入、限入标志；对难以判明是否是未成年人的，应当要求其出示身份证件。

第六十一条　任何组织或者个人不得招用未满十六周岁未成年人，国家另有规定的除外。

营业性娱乐场所、酒吧、互联网上网服务营业场所等不适宜未成年人活动的场所不得招用已满十六周岁的未成年人。

招用已满十六周岁未成年人的单位和个人应当执行国家在工种、劳动时间、劳动强度和保护措施等方面的规定，不得安排其从事过重、有毒、有害等危害未成年人身心健康的劳动或者危险作业。

任何组织或者个人不得组织未成年人进行危害其身心健康的表演等活动。经未成年人的父母或者其他监护人同意，未成年人参与演出、节目制作等活动，活动组织方应当根据国家有关规定，保障未成年人合法权益。

第六十三条　任何组织或者个人不得隐匿、毁弃、非法删除未成年人的信件、日记、电子邮件或者其他网络通讯内容。

除下列情形外，任何组织或者个人不得开拆、查阅未成年人的信件、日记、电子邮件或者其他网络通讯内容：

（一）无民事行为能力未成年人的父母或者其他监护人代未成年人开拆、查阅；

（二）因国家安全或者追查刑事犯罪依法进行检查；

（三）紧急情况下为了保护未成年人本人的人身安全。

第五章　网络保护

第六十四条　国家、社会、学校和家庭应当加强未成年人网络素养宣传教育，培养和提高未成年人的网络素养，增强未成年人科学、文明、安全、合理使用网络的意识和能力，保障未成年人在网络空间的合法权益。

第六十五条　国家鼓励和支持有利于未成年人健康成长的网络内容的创作与传播，鼓励和支持专门以未成年人为服务对象、适合未成年人身心健康特点的网络技术、产品、服务的研发、生产和使用。

第六十六条　网信部门及其他有关部门应当加强对未成年人网络保护工作的监督检查，依法惩处利用网络从事危害未成年人身心健康的活动，为未成年人提供安全、健康的网络环境。

第六十七条　网信部门会同公安、文化和旅游、新闻出版、电影、广播电视等部门根据保护不同年龄阶段未成年人的需要，确定可能影响未成年人身心健康网络信息的种类、范围和判断标准。

第六十八条 新闻出版、教育、卫生健康、文化和旅游、网信等部门应当定期开展预防未成年人沉迷网络的宣传教育，监督网络产品和服务提供者履行预防未成年人沉迷网络的义务，指导家庭、学校、社会组织互相配合，采取科学、合理的方式对未成年人沉迷网络进行预防和干预。

任何组织或者个人不得以侵害未成年人身心健康的方式对未成年人沉迷网络进行干预。

第六十九条 学校、社区、图书馆、文化馆、青少年宫等场所为未成年人提供的互联网上网服务设施，应当安装未成年人网络保护软件或者采取其他安全保护技术措施。

智能终端产品的制造者、销售者应当在产品上安装未成年人网络保护软件，或者以显著方式告知用户未成年人网络保护软件的安装渠道和方法。

第七十条 学校应当合理使用网络开展教学活动。未经学校允许，未成年学生不得将手机等智能终端产品带入课堂，带入学校的应当统一管理。

学校发现未成年学生沉迷网络的，应当及时告知其父母或者其他监护人，共同对未成年学生进行教育和引导，帮助其恢复正常的学习生活。

第七十一条 未成年人的父母或者其他监护人应当提高网络素养，规范自身使用网络的行为，加强对未成年人使用网络行为的引导和监督。

未成年人的父母或者其他监护人应当通过在智能终端产品上安装未成年人网络保护软件、选择适合未成年人的服务模式和管理功能等方式，避免未成年人接触危害或者可能影响其身心健康的网络信息，合理安排未成年人使用网络的时间，有效预防未成年人沉迷网络。

第七十二条 信息处理者通过网络处理未成年人个人信息的，应当遵循合法、正当和必要的原则。处理不满十四周岁未成年人个人信息的，应当征得未成年人的父母或者其他监护人同意，但法律、行政法规另有规定的除外。

未成年人、父母或者其他监护人要求信息处理者更正、删除未成年人个人信息的，信息处理者应当及时采取措施予以更正、删除，但法律、行政法规另有规定的除外。

第七十三条 网络服务提供者发现未成年人通过网络发布私密信息的，应当及时提示，并采取必要的保护措施。

第七十四条 网络产品和服务提供者不得向未成年人提供诱导其沉迷的产品和服务。

网络游戏、网络直播、网络音视频、网络社交等网络服务提供者应当针对未成年人使用其服务设置相应的时间管理、权限管理、消费管理等功能。

以未成年人为服务对象的在线教育网络产品和服务，不得插入网络游戏链接，不得推送广告等与教学无关的信息。

第七十五条　网络游戏经依法审批后方可运营。

国家建立统一的未成年人网络游戏电子身份认证系统。网络游戏服务提供者应当要求未成年人以真实身份信息注册并登录网络游戏。

网络游戏服务提供者应当按照国家有关规定和标准，对游戏产品进行分类，作出适龄提示，并采取技术措施，不得让未成年人接触不适宜的游戏或者游戏功能。

网络游戏服务提供者不得在每日二十二时至次日八时向未成年人提供网络游戏服务。

第七十六条　网络直播服务提供者不得为未满十六周岁的未成年人提供网络直播发布者账号注册服务；为年满十六周岁的未成年人提供网络直播发布者账号注册服务时，应当对其身份信息进行认证，并征得其父母或者其他监护人同意。

第七十七条　任何组织或者个人不得通过网络以文字、图片、音视频等形式，对未成年人实施侮辱、诽谤、威胁或者恶意损害形象等网络欺凌行为。

遭受网络欺凌的未成年人及其父母或者其他监护人有权通知网络服务提供者采取删除、屏蔽、断开链接等措施。网络服务提供者接到通知后，应当及时采取必要的措施制止网络欺凌行为，防止信息扩散。

第七十八条　网络产品和服务提供者应当建立便捷、合理、有效的投诉和举报渠道，公开投诉、举报方式等信息，及时受理并处理涉及未成年人的投诉、举报。

第七十九条　任何组织或者个人发现网络产品、服务含有危害未成年人身心健康的信息，有权向网络产品和服务提供者或者网信、公安等部门投诉、举报。

第八十条　网络服务提供者发现用户发布、传播可能影响未成年人身心健康的信息且未作显著提示的，应当作出提示或者通知用户予以提示；未作出提示的，不得传输相关信息。

网络服务提供者发现用户发布、传播含有危害未成年人身心健康内容的信息的，应当立即停止传输相关信息，采取删除、屏蔽、断开链接等处置措施，保存有关记录，并向网信、公安等部门报告。

网络服务提供者发现用户利用其网络服务对未成年人实施违法犯罪行为的，应当立即停止向该用户提供网络服务，保存有关记录，并向公安机关报告。

第八章　法律责任

第一百二十七条　信息处理者违反本法第七十二条规定，或者网络产品和服务提供者违反本法第七十三条、第七十四条、第七十五条、第七十六条、第七十七条、第八十条规定的，由公安、网信、电信、新闻出版、广播电视、文化和旅游等有关部门按照职责分工责令改正，给予警告，没收违法所得，违法所得一百万元以上的,并处违法所得一倍以上十倍以下罚款,没有违法所得或者违法所得不足一百万元的,并处十万元以上一百万元以下罚款,对直接负责的主管人员和其他责任人员处一万元以上十万元以下罚款;拒不改正或者情节严重的,并可以责令暂停相关业务、停业整顿、关闭网站、吊销营业执照或者吊销相关许可证。

第九章 附 则

第一百三十条 本法中下列用语的含义:

(一)密切接触未成年人的单位,是指学校、幼儿园等教育机构;校外培训机构;未成年人救助保护机构、儿童福利机构等未成年人安置、救助机构;婴幼儿照护服务机构、早期教育服务机构;校外托管、临时看护机构;家政服务机构;为未成年人提供医疗服务的医疗机构;其他对未成年人负有教育、培训、监护、救助、看护、医疗等职责的企业事业单位、社会组织等。

(二)学校,是指普通中小学、特殊教育学校、中等职业学校、专门学校。

(三)学生欺凌,是指发生在学生之间,一方蓄意或者恶意通过肢体、语言及网络等手段实施欺压、侮辱,造成另一方人身伤害、财产损失或者精神损害的行为。

中华人民共和国计算机信息网络国际联网管理暂行规定

1. 1996 年 2 月 1 日国务院令第 195 号发布
2. 根据 1997 年 5 月 20 日《国务院关于修改〈中华人民共和国计算机信息网络国际联网管理暂行规定〉的决定》修正

第一条 为了加强对计算机信息网络国际联网的管理,保障国际计算机信息交流的健康发展,制定本规定。

第二条 中华人民共和国境内的计算机信息网络进行国际联网,应当依照本规定办理。

第三条 本规定下列用语的含义是:

(一)计算机信息网络国际联网(以下简称国际联网),是指中华人民共和国境内的计算机信息网络为实现信息的国际交流,同外国的计算机信息网络相联接。

(二)互联网络,是指直接进行国际联网的计算机信息网络;互联单位,是指负责互联网络运行的单位。

(三)接入网络,是指通过接入互联网络进行国际联网的计算机信息网络;接入单位,是指负责接入网络运行的单位。

第四条 国家对国际联网实行统筹规划、统一标准、分级管理、促进发展的原则。

第五条　国务院信息化工作领导小组(以下简称领导小组),负责协调、解决有关国际联网工作中的重大问题。

领导小组办公室按照本规定制定具体管理办法,明确国际出入口信道提供单位、互联单位、接入单位和用户的权利、义务和责任,并负责对国际联网工作的检查监督。

第六条　计算机信息网络直接进行国际联网,必须使用邮电部国家公用电信网提供的国际出入口信道。

任何单位和个人不得自行建立或者使用其他信道进行国际联网。

第七条　已经建立的互联网络,根据国务院有关规定调整后,分别由邮电部、电子工业部、国家教育委员会和中国科学院管理。

新建互联网络,必须报经国务院批准。

第八条　接入网络必须通过互联网络进行国际联网。

接入单位拟从事国际联网经营活动的,应当向有权受理从事国际联网经营活动申请的互联单位主管部门或者主管单位申请领取国际联网经营许可证;未取得国际联网经营许可证的,不得从事国际联网经营业务。

接入单位拟从事非经营活动的,应当报经有权受理从事非经营活动申请的互联单位主管部门或者主管单位审批;未经批准的,不得接入互联网络进行国际联网。

申请领取国际联网经营许可证或者办理审批手续时,应当提供其计算机信息网络的性质、应用范围和主机地址等资料。

国际联网经营许可证的格式,由领导小组统一制定。

第九条　从事国际联网经营活动的和从事非经营活动的接入单位都必须具备下列条件:

(一)是依法设立的企业法人或者事业法人;

(二)具有相应的计算机信息网络、装备以及相应的技术人员和管理人员;

(三)具有健全的安全保密管理制度和技术保护措施;

(四)符合法律和国务院规定的其他条件。

接入单位从事国际联网经营活动的,除必须具备本条前款规定条件外,还应当具备为用户提供长期服务的能力。

从事国际联网经营活动的接入单位的情况发生变化,不再符合本条第一款、第二款规定条件的,其国际联网经营许可证由发证机构予以吊销;从事非经营活动的接入单位的情况发生变化,不再符合本条第一款规定条件的,其国际联网资格由审批机构予以取消。

第十条　个人、法人和其他组织(以下统称用户)使用的计算机或者计算机信息网络,需要进行国际联网的,必须通过接入网络进行国际联网。

前款规定的计算机或者计算机信息网络,需要接入接入网络的,应当征得接入单位的同意,并办理登记手续。

第十一条　国际出入口信道提供单

位、互联单位和接入单位,应当建立相应的网络管理中心,依照法律和国家有关规定加强对本单位及其用户的管理,做好网络信息安全管理工作,确保为用户提供良好、安全的服务。

第十二条 互联单位与接入单位,应当负责本单位及其用户有关国际联网的技术培训和管理教育工作。

第十三条 从事国际联网业务的单位和个人,应当遵守国家有关法律、行政法规,严格执行安全保密制度,不得利用国际联网从事危害国家安全、泄露国家秘密等违法犯罪活动,不得制作、查阅、复制和传播妨碍社会治安的信息和淫秽色情等信息。

第十四条 违反本规定第六条、第八条和第十条的规定的,由公安机关责令停止联网,给予警告,可以并处15000元以下的罚款;有违法所得的,没收违法所得。

第十五条 违反本规定,同时触犯其他有关法律、行政法规的,依照有关法律、行政法规的规定予以处罚;构成犯罪的,依法追究刑事责任。

第十六条 与台湾、香港、澳门地区的计算机信息网络的联网,参照本规定执行。

第十七条 本规定自发布之日起施行。

互联网上网服务营业场所管理条例

1. 2002年9月29日国务院令第363号公布
2. 根据2011年1月8日国务院令第588号《关于废止和修改部分行政法规的决定》第一次修订
3. 根据2016年2月6日国务院令第666号《关于修改部分行政法规的决定》第二次修订
4. 根据2019年3月24日国务院令第710号《关于修改部分行政法规的决定》第三次修订

第一章 总 则

第一条 为了加强对互联网上网服务营业场所的管理,规范经营者的经营行为,维护公众和经营者的合法权益,保障互联网上网服务经营活动健康发展,促进社会主义精神文明建设,制定本条例。

第二条 本条例所称互联网上网服务营业场所,是指通过计算机等装置向公众提供互联网上网服务的网吧、电脑休闲室等营业性场所。

学校、图书馆等单位内部附设的为特定对象获取资料、信息提供上网服务的场所,应当遵守有关法律、法规,不适用本条例。

第三条 互联网上网服务营业场所经营单位应当遵守有关法律、法规的规定,加强行业自律,自觉接受政府有关部门依法实施的监督管理,为上网消费者提供良好的服务。

互联网上网服务营业场所的上网消费者,应当遵守有关法律、法规的规定,遵守社会公德,开展文明、健康的上网活动。

第四条 县级以上人民政府文化行政部门负责互联网上网服务营业场所经营单位的设立审批,并负责对依法设立的互联网上网服务营业场所经营单位经营活动的监督管理;公安机关负责对互联网上网服务营业场所经营单位的信息网络安全、治安及消防安全的监督管理;工商行政管理部门负责对互联网上网服务营业场所经营单位登记注册和营业执照的管理,并依法查处无照经营活动;电信管理等其他有关部门在各自职责范围内,依照本条例和有关法律、行政法规的规定,对互联网上网服务营业场所经营单位分别实施有关监督管理。

第五条 文化行政部门、公安机关、工商行政管理部门和其他有关部门及其工作人员不得从事或者变相从事互联网上网服务经营活动,也不得参与或者变相参与互联网上网服务营业场所经营单位的经营活动。

第六条 国家鼓励公民、法人和其他组织对互联网上网服务营业场所经营单位的经营活动进行监督,并对有突出贡献的给予奖励。

第二章 设 立

第七条 国家对互联网上网服务营业场所经营单位的经营活动实行许可制度。未经许可,任何组织和个人不得从事互联网上网服务经营活动。

第八条 互联网上网服务营业场所经营单位从事互联网上网服务经营活动,应当具备下列条件:

(一)有企业的名称、住所、组织机构和章程;

(二)有与其经营活动相适应的资金;

(三)有与其经营活动相适应并符合国家规定的消防安全条件的营业场所;

(四)有健全、完善的信息网络安全管理制度和安全技术措施;

(五)有固定的网络地址和与其经营活动相适应的计算机等装置及附属设备;

(六)有与其经营活动相适应并取得从业资格的安全管理人员、经营管理人员、专业技术人员;

(七)法律、行政法规和国务院有关部门规定的其他条件。

互联网上网服务营业场所的最低营业面积、计算机等装置及附属设备数量、单机面积的标准,由国务院文化行政部门规定。

审批从事互联网上网服务经营活动,除依照本条第一款、第二款规定的条件外,还应当符合国务院文化行政部门和省、自治区、直辖市人民政府文化行政部门规定的互联网上网服务营业场所经营单位的总量和布局要求。

第九条 中学、小学校园周围200米范围内和居民住宅楼(院)内不得设立互联网上网服务营业场所。

第十条 互联网上网服务营业场所经营单位申请从事互联网上网服务经营活动,应当向县级以上地方人民政府文化行政部门提出申请,并提交下列文件:

(一)企业营业执照和章程;

(二)法定代表人或者主要负责人的身份证明材料;

(三)资金信用证明;

(四)营业场所产权证明或者租赁意向书;

(五)依法需要提交的其他文件。

第十一条 文化行政部门应当自收到申请之日起20个工作日内作出决定;经审查,符合条件的,发给同意筹建的批准文件。

申请人完成筹建后,应当向同级公安机关申请信息网络安全审核。公安机关应当自收到申请之日起20个工作日内作出决定;经实地检查并审核合格的,发给批准文件。申请人还应当依照有关消防管理法律法规的规定办理审批手续。

申请人取得信息网络安全和消防安全批准文件后,向文化行政部门申请最终审核。文化行政部门应当自收到申请之日起15个工作日内依据本条例第八条的规定作出决定;经实地检查并审核合格的,发给《网络文化经营许可证》。

对申请人的申请,有关部门经审查不符合条件的,或者经审核不合格的,应当分别向申请人书面说明理由。

第十二条 互联网上网服务营业场所经营单位不得涂改、出租、出借或者以其他方式转让《网络文化经营许可证》。

第十三条 互联网上网服务营业场所经营单位变更营业场所地址或者对营业场所进行改建、扩建,变更计算机数量或者其他重要事项的,应当经原审核机关同意。

互联网上网服务营业场所经营单位变更名称、住所、法定代表人或者主要负责人、注册资本、网络地址或者终止经营活动的,应当依法到工商行政管理部门办理变更登记或者注销登记,并到文化行政部门、公安机关办理有关手续或者备案。

第三章 经 营

第十四条 互联网上网服务营业场所经营单位和上网消费者不得利用互联网上网服务营业场所制作、下载、复制、查阅、发布、传播或者以其他方式使用含有下列内容的信息:

(一)反对宪法确定的基本原则的;

(二)危害国家统一、主权和领土完整的;

(三)泄露国家秘密,危害国家安全或者损害国家荣誉和利益的;

(四)煽动民族仇恨、民族歧视,破坏民族团结,或者侵害民族风俗、习惯的;

（五）破坏国家宗教政策，宣扬邪教、迷信的；

（六）散布谣言，扰乱社会秩序，破坏社会稳定的；

（七）宣传淫秽、赌博、暴力或者教唆犯罪的；

（八）侮辱或者诽谤他人，侵害他人合法权益的；

（九）危害社会公德或者民族优秀文化传统的；

（十）含有法律、行政法规禁止的其他内容的。

第十五条　互联网上网服务营业场所经营单位和上网消费者不得进行下列危害信息网络安全的活动：

（一）故意制作或者传播计算机病毒以及其他破坏性程序的；

（二）非法侵入计算机信息系统或者破坏计算机信息系统功能、数据和应用程序的；

（三）进行法律、行政法规禁止的其他活动的。

第十六条　互联网上网服务营业场所经营单位应当通过依法取得经营许可证的互联网接入服务提供者接入互联网，不得采取其他方式接入互联网。

互联网上网服务营业场所经营单位提供上网消费者使用的计算机必须通过局域网的方式接入互联网，不得直接接入互联网。

第十七条　互联网上网服务营业场所经营单位不得经营非网络游戏。

第十八条　互联网上网服务营业场所经营单位和上网消费者不得利用网络游戏或者其他方式进行赌博或者变相赌博活动。

第十九条　互联网上网服务营业场所经营单位应当实施经营管理技术措施，建立场内巡查制度，发现上网消费者有本条例第十四条、第十五条、第十八条所列行为或者有其他违法行为的，应当立即予以制止并向文化行政部门、公安机关举报。

第二十条　互联网上网服务营业场所经营单位应当在营业场所的显著位置悬挂《网络文化经营许可证》和营业执照。

第二十一条　互联网上网服务营业场所经营单位不得接纳未成年人进入营业场所。

互联网上网服务营业场所经营单位应当在营业场所入口处的显著位置悬挂未成年人禁入标志。

第二十二条　互联网上网服务营业场所每日营业时间限于8时至24时。

第二十三条　互联网上网服务营业场所经营单位应当对上网消费者的身份证等有效证件进行核对、登记，并记录有关上网信息。登记内容和记录备份保存时间不得少于60日，并在文化行政部门、公安机关依法查询时予以提供。登记内容和记录备份在保存期内不得修改或者删除。

第二十四条　互联网上网服务营业场所经营单位应当依法履行信息网络安全、治安和消防安全职责，并遵守下列规定：

(一)禁止明火照明和吸烟并悬挂禁止吸烟标志；

(二)禁止带入和存放易燃、易爆物品；

(三)不得安装固定的封闭门窗栅栏；

(四)营业期间禁止封堵或者锁闭门窗、安全疏散通道和安全出口；

(五)不得擅自停止实施安全技术措施。

第四章 罚 则

第二十五条 文化行政部门、公安机关、工商行政管理部门或者其他有关部门及其工作人员，利用职务上的便利收受他人财物或者其他好处，违法批准不符合法定设立条件的互联网上网服务营业场所经营单位，或者不依法履行监督职责，或者发现违法行为不予依法查处，触犯刑律的，对直接负责的主管人员和其他直接责任人员依照刑法关于受贿罪、滥用职权罪、玩忽职守罪或者其他罪的规定，依法追究刑事责任；尚不够刑事处罚的，依法给予降级、撤职或者开除的行政处分。

第二十六条 文化行政部门、公安机关、工商行政管理部门或者其他有关部门的工作人员，从事或者变相从事互联网上网服务经营活动的，参与或者变相参与互联网上网服务营业场所经营单位的经营活动的，依法给予降级、撤职或者开除的行政处分。

文化行政部门、公安机关、工商行政管理部门或者其他有关部门有前款所列行为的，对直接负责的主管人员和其他直接责任人员依照前款规定依法给予行政处分。

第二十七条 违反本条例的规定，擅自从事互联网上网服务经营活动的，由文化行政部门或者由文化行政部门会同公安机关依法予以取缔，查封其从事违法经营活动的场所，扣押从事违法经营活动的专用工具、设备；触犯刑律的，依照刑法关于非法经营罪的规定，依法追究刑事责任；尚不够刑事处罚的，由文化行政部门没收违法所得及其从事违法经营活动的专用工具、设备；违法经营额1万元以上的，并处违法经营额5倍以上10倍以下的罚款；违法经营额不足1万元的，并处1万元以上5万元以下的罚款。

第二十八条 文化行政部门应当建立互联网上网服务营业场所经营单位的经营活动信用监管制度，建立健全信用约束机制，并及时公布行政处罚信息。

第二十九条 互联网上网服务营业场所经营单位违反本条例的规定，涂改、出租、出借或者以其他方式转让《网络文化经营许可证》，触犯刑律的，依照刑法关于伪造、变造、买卖国家机关公文、证件、印章罪的规定，依法追究刑事责任；尚不够刑事处罚的，由文化行政部门吊销《网络文化经营许可证》，没收违法所得；违法经营额5000元以上的，并处违法经营额2倍以上5倍以下的罚款；

违法经营额不足5000元的，并处5000元以上1万元以下的罚款。

第三十条　互联网上网服务营业场所经营单位违反本条例的规定，利用营业场所制作、下载、复制、查阅、发布、传播或者以其他方式使用含有本条例第十四条规定禁止含有的内容的信息，触犯刑律的，依法追究刑事责任；尚不够刑事处罚的，由公安机关给予警告，没收违法所得；违法经营额1万元以上的，并处违法经营额2倍以上5倍以下的罚款；违法经营额不足1万元的，并处1万元以上2万元以下的罚款；情节严重的，责令停业整顿，直至由文化行政部门吊销《网络文化经营许可证》。

上网消费者有前款违法行为，触犯刑律的，依法追究刑事责任；尚不够刑事处罚的，由公安机关依照治安管理处罚法的规定给予处罚。

第三十一条　互联网上网服务营业场所经营单位违反本条例的规定，有下列行为之一的，由文化行政部门给予警告，可以并处15000元以下的罚款；情节严重的，责令停业整顿，直至吊销《网络文化经营许可证》：

（一）在规定的营业时间以外营业的；

（二）接纳未成年人进入营业场所的；

（三）经营非网络游戏的；

（四）擅自停止实施经营管理技术措施的；

（五）未悬挂《网络文化经营许可证》或者未成年人禁入标志的。

第三十二条　互联网上网服务营业场所经营单位违反本条例的规定，有下列行为之一的，由文化行政部门、公安机关依据各自职权给予警告，可以并处15000元以下的罚款；情节严重的，责令停业整顿，直至由文化行政部门吊销《网络文化经营许可证》：

（一）向上网消费者提供的计算机未通过局域网的方式接入互联网的；

（二）未建立场内巡查制度，或者发现上网消费者的违法行为未予制止并向文化行政部门、公安机关举报的；

（三）未按规定核对、登记上网消费者的有效身份证件或者记录有关上网信息的；

（四）未按规定时间保存登记内容、记录备份，或者在保存期内修改、删除登记内容、记录备份的；

（五）变更名称、住所、法定代表人或者主要负责人、注册资本、网络地址或者终止经营活动，未向文化行政部门、公安机关办理有关手续或者备案的。

第三十三条　互联网上网服务营业场所经营单位违反本条例的规定，有下列行为之一的，由公安机关给予警告，可以并处15000元以下的罚款；情节严重的，责令停业整顿，直至由文化行政部门吊销《网络文化经营许可证》：

（一）利用明火照明或者发现吸烟不予制止，或者未悬挂禁止吸烟标志的；

（二）允许带入或者存放易燃、易爆物品的；

（三）在营业场所安装固定的封闭门窗栅栏的；

（四）营业期间封堵或者锁闭门窗、安全疏散通道或者安全出口的；

（五）擅自停止实施安全技术措施的。

第三十四条 违反国家有关信息网络安全、治安管理、消防管理、工商行政管理、电信管理等规定，触犯刑律的，依法追究刑事责任；尚不够刑事处罚的，由公安机关、工商行政管理部门、电信管理机构依法给予处罚；情节严重的，由原发证机关吊销许可证件。

第三十五条 互联网上网服务营业场所经营单位违反本条例的规定，被吊销《网络文化经营许可证》的，自被吊销《网络文化经营许可证》之日起5年内，其法定代表人或者主要负责人不得担任互联网上网服务营业场所经营单位的法定代表人或者主要负责人。

擅自设立的互联网上网服务营业场所经营单位被依法取缔的，自被取缔之日起5年内，其主要负责人不得担任互联网上网服务营业场所经营单位的法定代表人或者主要负责人。

第三十六条 依照本条例的规定实施罚款的行政处罚，应当依照有关法律、行政法规的规定，实行罚款决定与罚款收缴分离；收缴的罚款和违法所得必须全部上缴国库。

第五章 附 则

第三十七条 本条例自2002年11月15日起施行。2001年4月3日信息产业部、公安部、文化部、国家工商行政管理局发布的《互联网上网服务营业场所管理办法》同时废止。

国务院办公厅关于促进“互联网+医疗健康”发展的意见

1．2018年4月25日发布
2．国办发〔2018〕26号

各省、自治区、直辖市人民政府，国务院各部委、各直属机构：

为深入贯彻落实习近平新时代中国特色社会主义思想和党的十九大精神，推进实施健康中国战略，提升医疗卫生现代化管理水平，优化资源配置，创新服务模式，提高服务效率，降低服务成本，满足人民群众日益增长的医疗卫生健康需求，根据《“健康中国2030”规划纲要》和《国务院关于积极推进“互联网+”行动的指导意见》（国发〔2015〕40号），经国务院同意，现就促进“互联网+医疗健康”发展提出以下意见。

一、健全“互联网+医疗健康”服务体系

（一）发展“互联网+”医疗服务。

1．鼓励医疗机构应用互联网等信息技术拓展医疗服务空间和内容，构建覆盖诊前、诊中、诊后的线上线下一体化医疗服务模式。

允许依托医疗机构发展互联网医

院。医疗机构可以使用互联网医院作为第二名称，在实体医院基础上，运用互联网技术提供安全适宜的医疗服务，允许在线开展部分常见病、慢性病复诊。医师掌握患者病历资料后，允许在线开具部分常见病、慢性病处方。

支持医疗卫生机构、符合条件的第三方机构搭建互联网信息平台，开展远程医疗、健康咨询、健康管理服务，促进医院、医务人员、患者之间的有效沟通。（国家卫生健康委员会、国家发展改革委负责。排在第一位的部门为牵头部门，下同）

2. 医疗联合体要积极运用互联网技术，加快实现医疗资源上下贯通、信息互通共享、业务高效协同，便捷开展预约诊疗、双向转诊、远程医疗等服务，推进"基层检查、上级诊断"，推动构建有序的分级诊疗格局。

鼓励医疗联合体内上级医疗机构借助人工智能等技术手段，面向基层提供远程会诊、远程心电诊断、远程影像诊断等服务，促进医疗联合体内医疗机构间检查检验结果实时查阅、互认共享。推进远程医疗服务覆盖全国所有医疗联合体和县级医院，并逐步向社区卫生服务机构、乡镇卫生院和村卫生室延伸，提升基层医疗服务能力和效率。（国家卫生健康委员会、国家发展改革委、财政部、国家中医药局负责）

（二）创新"互联网+"公共卫生服务。

1. 推动居民电子健康档案在线查询和规范使用。以高血压、糖尿病等为重点，加强老年慢性病在线服务管理。以纳入国家免疫规划的儿童为重点服务对象，整合现有预防接种信息平台，优化预防接种服务。鼓励利用可穿戴设备获取生命体征数据，为孕产妇提供健康监测与管理。加强对严重精神障碍患者的信息管理、随访评估和分类干预。（国家卫生健康委员会负责）

2. 鼓励医疗卫生机构与互联网企业合作，加强区域医疗卫生信息资源整合，探索运用人群流动、气候变化等大数据技术分析手段，预测疾病流行趋势，加强对传染病等疾病的智能监测，提高重大疾病防控和突发公共卫生事件应对能力。（国家卫生健康委员会负责）

（三）优化"互联网+"家庭医生签约服务。

1. 加快家庭医生签约服务智能化信息平台建设与应用，加强上级医院对基层的技术支持，探索线上考核评价和激励机制，提高家庭医生团队服务能力，提升签约服务质量和效率，增强群众对家庭医生的信任度。（国家卫生健康委员会、国家发展改革委、财政部、国家中医药局负责）

2. 鼓励开展网上签约服务，为签约居民在线提供健康咨询、预约转诊、慢性病随访、健康管理、延伸处方等服务，推进家庭医生服务模式转变，改善群众签约服务感受。（国家卫生健康委员会负责）

（四）完善“互联网+”药品供应保障服务。

1. 对线上开具的常见病、慢性病处方，经药师审核后，医疗机构、药品经营企业可委托符合条件的第三方机构配送。探索医疗卫生机构处方信息与药品零售消费信息互联互通、实时共享，促进药品网络销售和医疗物流配送等规范发展。（国家卫生健康委员会、国家市场监督管理总局、国家药品监督管理局负责）

2. 依托全民健康信息平台，加强基于互联网的短缺药品多源信息采集和供应业务协同应用，提升基本药物目录、鼓励仿制的药品目录的遴选等能力。（国家卫生健康委员会、工业和信息化部、国家市场监督管理总局、国家药品监督管理局负责）

（五）推进“互联网+”医疗保障结算服务。

1. 加快医疗保障信息系统对接整合，实现医疗保障数据与相关部门数据联通共享，逐步拓展在线支付功能，推进“一站式”结算，为参保人员提供更加便利的服务。（国家医疗保障局、人力资源社会保障部、国家卫生健康委员会等负责）

2. 继续扩大联网定点医疗机构范围，逐步将更多基层医疗机构纳入异地就医直接结算。进一步做好外出务工人员和广大“双创”人员跨省异地住院费用直接结算。（国家医疗保障局负责）

3. 大力推行医保智能审核和实时监控，将临床路径、合理用药、支付政策等规则嵌入医院信息系统，严格医疗行为和费用监管。（国家医疗保障局负责）

（六）加强“互联网+”医学教育和科普服务。

1. 鼓励建立医疗健康教育培训云平台，提供多样化的医学在线课程和医学教育。构建网络化、数字化、个性化、终身化的医学教育培训体系，鼓励医疗工作者开展疑难杂症及重大疾病病例探讨交流，提升业务素质。（国家卫生健康委员会、教育部、人力资源社会保障部负责）

2. 实施“继续医学教育+适宜技术推广”行动，围绕健康扶贫需求，重点针对基层和贫困地区，通过远程教育手段，推广普及实用型适宜技术。（国家卫生健康委员会、人力资源社会保障部、国家中医药局负责）

3. 建立网络科普平台，利用互联网提供健康科普知识精准教育，普及健康生活方式，提高居民自我健康管理能力和健康素养。（国家卫生健康委员会、中国科协负责）

（七）推进“互联网+”人工智能应用服务。

1. 研发基于人工智能的临床诊疗决策支持系统，开展智能医学影像识别、病理分型和多学科会诊以及多种医疗健康场景下的智能语音技术应用，提高医疗服务效率。支持中医辨证论治智能辅助系统应用，提升基层中医诊疗服务能力。开展基于人工智能技术、医疗健康智能设备的移动医疗示范，实现个人健康实时监测与评估、疾病预警、慢病筛查、主动干预。(国家发展改革委、科技部、工业和信息化部、国家卫生健康委员会、国家中医药局按职责分工负责)

2. 加强临床、科研数据整合共享和应用,支持研发医疗健康相关的人工智能技术、医用机器人、大型医疗设备、应急救援医疗设备、生物三维打印技术和可穿戴设备等。顺应工业互联网创新发展趋势,提升医疗健康设备的数字化、智能化制造水平,促进产业升级。(国家发展改革委、工业和信息化部、科技部、国家卫生健康委员会等按职责分工负责)

二、完善"互联网+医疗健康"支撑体系

(八)加快实现医疗健康信息互通共享。

1. 各地区、各有关部门要协调推进统一权威、互联互通的全民健康信息平台建设,逐步实现与国家数据共享交换平台的对接联通,强化人口、公共卫生、医疗服务、医疗保障、药品供应、综合管理等数据采集,畅通部门、区域、行业之间的数据共享通道,促进全民健康信息共享应用。(国家发展改革委、工业和信息化部、公安部、人力资源社会保障部、国家卫生健康委员会、国家市场监督管理总局、国家医疗保障局、各省级人民政府负责)

2. 加快建设基础资源信息数据库,完善全员人口、电子健康档案、电子病历等数据库。大力提升医疗机构信息化应用水平,二级以上医院要健全医院信息平台功能,整合院内各类系统资源,提升医院管理效率。三级医院要在2020年前实现院内医疗服务信息互通共享,有条件的医院要尽快实现。(国家卫生健康委员会负责)

3. 健全基于互联网、大数据技术的分级诊疗信息系统,推动各级各类医院逐步实现电子健康档案、电子病历、检验检查结果的共享,以及在不同层级医疗卫生机构间的授权使用。支持老少边穷地区基层医疗卫生机构信息化软硬件建设。(国家卫生健康委员会、国家发展改革委、财政部负责)

(九)健全"互联网+医疗健康"标准体系。

1. 健全统一规范的全国医疗健康数据资源目录与标准体系。加强"互联网+医疗健康"标准的规范管理,制订医疗服务、数据安全、个人信息保护、信息共享等基础标准,全面推开病案首页书写规范、疾病分类与代码、手术操作分类与代码、医学名词术语"四统一"。(国家卫生健康委员会、国家市场监督管理总局负责)

2. 加快应用全国医院信息化建设标准和规范,强化省统筹区域平台和医院信息平台功能指引、数据标准的推广应用,统一数据接口,为信息互通共享提供支撑。(国家卫生健康委员会、国家市场监督管理总局负责)

(十)提高医院管理和便民服务水平。

1. 围绕群众日益增长的需求,利用信息技术,优化服务流程,提升服务效能，提高医疗服务供给与需求匹配度。到2020年，二级以上医院普遍提供分时段预约诊疗、智能导医分诊、候诊提醒、检验检查结果查询、诊间结算、移动支付等线上服务。有条件的医疗卫生机构可以开展移动护理、生命体征在线监测、智能医学影像识别、家庭监测等服务。（国家卫生健康委员会、国家中医药局负责）

2. 支持医学检验机构、医疗卫生机构联合互联网企业，发展疾病预防、检验检测等医疗健康服务。推进院前急救车载监护系统与区域或医院信息平台连接，做好患者信息规范共享、远程急救指导和院内急救准备等工作，提高急救效能。推广“智慧中药房”，提高中药饮片、成方制剂等药事服务水平。（国家卫生健康委员会、工业和信息化部、国家中医药局负责）

（十一）提升医疗机构基础设施保障能力。

1. 提升“互联网+医疗健康”服务保障水平，推进医疗卫生服务体系建设，科学布局，合理配置，实施区域中心医院医疗检测设备配置保障工程，国家对中西部等地区的贫困地区予以适当支持。加快基层医疗卫生机构标准化建设，提高基层装备保障能力。（国家卫生健康委员会、国家发展改革委、财政部负责）

2. 重点支持高速宽带网络普遍覆盖城乡各级医疗机构，深入开展电信普遍服务试点，推动光纤宽带网络向农村医疗机构延伸。推动电信企业加快宽带网络演进升级步伐，部署大容量光纤宽带网络，提供高速率网络接入。完善移动宽带网络覆盖，支撑开展急救车载远程诊疗。（工业和信息化部、国家卫生健康委员会按职责分工负责）

3. 面向远程医疗、医疗信息共享等需求，鼓励电信企业向医疗机构提供优质互联网专线、虚拟专用网（VPN）等网络接入服务，推进远程医疗专网建设，保障医疗相关数据传输服务质量。支持各医疗机构选择使用高速率高可靠的网络接入服务。（工业和信息化部、国家卫生健康委员会按职责分工负责）

（十二）及时制订完善相关配套政策。

1. 适应“互联网+医疗健康”发展，进一步完善医保支付政策。逐步将符合条件的互联网诊疗服务纳入医保支付范围，建立费用分担机制，方便群众就近就医，促进优质医疗资源有效利用。健全互联网诊疗收费政策，加强使用管理，促进形成合理的利益分配机制，支持互联网医疗服务可持续发展。（国家医疗保障局负责）

2. 完善医师多点执业政策，鼓励执业医师开展“互联网+医疗健康”服务。（国家卫生健康委员会负责）

三、加强行业监管和安全保障

（十三）强化医疗质量监管。

1. 出台规范互联网诊疗行为的管理办法，明确监管底线，健全相关机构准入标准，最大限度减少准入限制，加强事中事后监管，确保医疗健康服务质量和安全。推进网络可信体系建设，加快建设全国统一标识的医疗卫生人员和医疗卫生机构可信医学数字身份、电子实名认证、数据访问控制信息系统，创新监管机制，提升监管能力。建立医疗责任分担机制，推行在线知情同意告知，防范和化解医疗风险。（国家卫生健康委员会、国家网信办、工业和信息化部、公安部负责）

2. 互联网医疗健康服务平台等第三方机构应当确保提供服务人员的资质符合有关规定要求，并对所提供的服务承担责任。“互联网+医疗健康”服务产生的数据应当全程留痕，可查询、可追溯，满足行业监管需求。（国家卫生健康委员会、国家网信办、工业和信息化部、公安部、国家市场监督管理总局负责）

（十四）保障数据信息安全。

1. 研究制定健康医疗大数据确权、开放、流通、交易和产权保护的法规。严格执行信息安全和健康医疗数据保密规定，建立完善个人隐私信息保护制度，严格管理患者信息、用户资料、基因数据等，对非法买卖、泄露信息行为依法依规予以惩处。（国家卫生健康委员会、国家网信办、工业和信息化部、公安部负责）

2. 加强医疗卫生机构、互联网医疗健康服务平台、智能医疗设备以及关键信息基础设施、数据应用服务的信息防护，定期开展信息安全隐患排查、监测和预警。患者信息等敏感数据应当存储在境内，确需向境外提供的，应当依照有关规定进行安全评估。（国家卫生健康委员会、国家网信办、工业和信息化部负责）

各地区、各有关部门要结合工作实际，及时出台配套政策措施，确保各项部署落到实处。中西部地区、农村贫困地区、偏远边疆地区要因地制宜，积极发展“互联网+医疗健康”，引入优质医疗资源，提高医疗健康服务的可及性。国家卫生健康委员会要会同有关部门按照任务分工，加强工作指导和督促检查，重要情况及时报告国务院。

网络出版服务管理规定

1. 2016年2月4日国家新闻出版广电总局、工业和信息化部令第5号公布
2. 自2016年3月10日起施行

第一章　总　　则

第一条　为了规范网络出版服务秩序，促进网络出版服务业健康有序发展，根据《出版管理条例》、《互联网信息服务管理办法》及相关法律法规，制定本规定。

第二条　在中华人民共和国境内从事网络出版服务，适用本规定。

本规定所称网络出版服务，是指通

过信息网络向公众提供网络出版物。

本规定所称网络出版物，是指通过信息网络向公众提供的，具有编辑、制作、加工等出版特征的数字化作品，范围主要包括：

（一）文学、艺术、科学等领域内具有知识性、思想性的文字、图片、地图、游戏、动漫、音视频读物等原创数字化作品；

（二）与已出版的图书、报纸、期刊、音像制品、电子出版物等内容相一致的数字化作品；

（三）将上述作品通过选择、编排、汇集等方式形成的网络文献数据库等数字化作品；

（四）国家新闻出版广电总局认定的其他类型的数字化作品。

网络出版服务的具体业务分类另行制定。

第三条 从事网络出版服务，应当遵守宪法和有关法律、法规，坚持为人民服务、为社会主义服务的方向，坚持社会主义先进文化的前进方向，弘扬社会主义核心价值观，传播和积累一切有益于提高民族素质、推动经济发展、促进社会进步的思想道德、科学技术和文化知识，满足人民群众日益增长的精神文化需要。

第四条 国家新闻出版广电总局作为网络出版服务的行业主管部门，负责全国网络出版服务的前置审批和监督管理工作。工业和信息化部作为互联网行业主管部门，依据职责对全国网络出版服务实施相应的监督管理。

地方人民政府各级出版行政主管部门和各省级电信主管部门依据各自职责对本行政区域内网络出版服务及接入服务实施相应的监督管理工作并做好配合工作。

第五条 出版行政主管部门根据已经取得的违法嫌疑证据或者举报，对涉嫌违法从事网络出版服务的行为进行查处时，可以检查与涉嫌违法行为有关的物品和经营场所；对有证据证明是与违法行为有关的物品，可以查封或者扣押。

第六条 国家鼓励图书、音像、电子、报纸、期刊出版单位从事网络出版服务，加快与新媒体的融合发展。

国家鼓励组建网络出版服务行业协会，按照章程，在出版行政主管部门的指导下制定行业自律规范，倡导网络文明，传播健康有益内容，抵制不良有害内容。

第二章 网络出版服务许可

第七条 从事网络出版服务，必须依法经过出版行政主管部门批准，取得《网络出版服务许可证》。

第八条 图书、音像、电子、报纸、期刊出版单位从事网络出版服务，应当具备以下条件：

（一）有确定的从事网络出版业务的网站域名、智能终端应用程序等出版平台；

（二）有确定的网络出版服务范围；

（三）有从事网络出版服务所需的必要的技术设备，相关服务器和存储设备必须存放在中华人民共和国境内。

第九条　其他单位从事网络出版服务，除第八条所列条件外，还应当具备以下条件：

（一）有确定的、不与其他出版单位相重复的，从事网络出版服务主体的名称及章程；

（二）有符合国家规定的法定代表人和主要负责人，法定代表人必须是在境内长久居住的具有完全行为能力的中国公民，法定代表人和主要负责人至少1人应当具有中级以上出版专业技术人员职业资格；

（三）除法定代表人和主要负责人外，有适应网络出版服务范围需要的8名以上具有国家新闻出版广电总局认可的出版及相关专业技术职业资格的专职编辑出版人员，其中具有中级以上职业资格的人员不得少于3名；

（四）有从事网络出版服务所需的内容审校制度；

（五）有固定的工作场所；

（六）法律、行政法规和国家新闻出版广电总局规定的其他条件。

第十条　中外合资经营、中外合作经营和外资经营的单位不得从事网络出版服务。

网络出版服务单位与境内中外合资经营、中外合作经营、外资经营企业或境外组织及个人进行网络出版服务业务的项目合作，应当事前报国家新闻出版广电总局审批。

第十一条　申请从事网络出版服务，应当向所在地省、自治区、直辖市出版行政主管部门提出申请，经审核同意后，报国家新闻出版广电总局审批。国家新闻出版广电总局应当自受理申请之日起60日内，作出批准或者不予批准的决定。不批准的，应当说明理由。

第十二条　从事网络出版服务的申报材料，应该包括下列内容：

（一）《网络出版服务许可证申请表》；

（二）单位章程及资本来源性质证明；

（三）网络出版服务可行性分析报告，包括资金使用、产品规划、技术条件、设备配备、机构设置、人员配备、市场分析、风险评估、版权保护措施等；

（四）法定代表人和主要负责人的简历、住址、身份证明文件；

（五）编辑出版等相关专业技术人员的国家认可的职业资格证明和主要从业经历及培训证明；

（六）工作场所使用证明；

（七）网站域名注册证明、相关服务器存放在中华人民共和国境内的承诺。

本规定第八条所列单位从事网络出版服务的，仅提交前款（一）、（六）、（七）项规定的材料。

第十三条　设立网络出版服务单位的申请者应自收到批准决定之日起30日内办理注册登记手续：

（一）持批准文件到所在地省、自治区、直辖市出版行政主管部门领取并填写《网络出版服务许可登记表》；

（二）省、自治区、直辖市出版行政主管部门对《网络出版服务许可登记表》审核无误后，在 10 日内向申请者发放《网络出版服务许可证》；

（三）《网络出版服务许可登记表》一式三份，由申请者和省、自治区、直辖市出版行政主管部门各存一份，另一份由省、自治区、直辖市出版行政主管部门在 15 日内报送国家新闻出版广电总局备案。

第十四条 《网络出版服务许可证》有效期为 5 年。有效期届满，需继续从事网络出版服务活动的，应于有效期届满 60 日前按本规定第十一条的程序提出申请。出版行政主管部门应当在该许可有效期届满前作出是否准予延续的决定。批准的，换发《网络出版服务许可证》。

第十五条 网络出版服务经批准后，申请者应持批准文件、《网络出版服务许可证》到所在地省、自治区、直辖市电信主管部门办理相关手续。

第十六条 网络出版服务单位变更《网络出版服务许可证》许可登记事项、资本结构，合并或者分立，设立分支机构的，应依据本规定第十一条办理审批手续，并应持批准文件到所在地省、自治区、直辖市电信主管部门办理相关手续。

第十七条 网络出版服务单位中止网络出版服务的，应当向所在地省、自治区、直辖市出版行政主管部门备案，并说明理由和期限；网络出版服务单位中止网络出版服务不得超过 180 日。

网络出版服务单位终止网络出版服务的，应当自终止网络出版服务之日起 30 日内，向所在地省、自治区、直辖市出版行政主管部门办理注销手续后到省、自治区、直辖市电信主管部门办理相关手续。省、自治区、直辖市出版行政主管部门将相关信息报国家新闻出版广电总局备案。

第十八条 网络出版服务单位自登记之日起满 180 日未开展网络出版服务的，由原登记的出版行政主管部门注销登记，并报国家新闻出版广电总局备案。同时，通报相关省、自治区、直辖市电信主管部门。

因不可抗力或者其他正当理由发生上述所列情形的，网络出版服务单位可以向原登记的出版行政主管部门申请延期。

第十九条 网络出版服务单位应当在其网站首页上标明出版行政主管部门核发的《网络出版服务许可证》编号。

互联网相关服务提供者在为网络出版服务单位提供人工干预搜索排名、广告、推广等服务时，应当查验服务对象的《网络出版服务许可证》及业务范围。

第二十条 网络出版服务单位应当按照批准的业务范围从事网络出版服务，不得超出批准的业务范围从事网络出版服务。

第二十一条 网络出版服务单位不得转借、出租、出卖《网络出版服务许可证》或以任何形式转让网络出版服务许可。

网络出版服务单位允许其他网络信息服务提供者以其名义提供网络出版服务，属于前款所称禁止行为。

第二十二条 网络出版服务单位实行特殊管理股制度，具体办法由国家新闻出版广电总局另行制定。

第三章 网络出版服务管理

第二十三条 网络出版服务单位实行编辑责任制度，保障网络出版物内容合法。

网络出版服务单位实行出版物内容审核责任制度、责任编辑制度、责任校对制度等管理制度，保障网络出版物出版质量。

在网络上出版其他出版单位已在境内合法出版的作品且不改变原出版物内容的，须在网络出版物的相应页面显著标明原出版单位名称以及书号、刊号、网络出版物号或者网址信息。

第二十四条 网络出版物不得含有以下内容：

（一）反对宪法确定的基本原则的；

（二）危害国家统一、主权和领土完整的；

（三）泄露国家秘密、危害国家安全或者损害国家荣誉和利益的；

（四）煽动民族仇恨、民族歧视，破坏民族团结，或者侵害民族风俗、习惯的；

（五）宣扬邪教、迷信的；

（六）散布谣言，扰乱社会秩序，破坏社会稳定的；

（七）宣扬淫秽、色情、赌博、暴力或者教唆犯罪的；

（八）侮辱或者诽谤他人，侵害他人合法权益的；

（九）危害社会公德或者民族优秀文化传统的；

（十）有法律、行政法规和国家规定禁止的其他内容的。

第二十五条 为保护未成年人合法权益，网络出版物不得含有诱发未成年人模仿违反社会公德和违法犯罪行为的内容，不得含有恐怖、残酷等妨害未成年人身心健康的内容，不得含有披露未成年人个人隐私的内容。

第二十六条 网络出版服务单位出版涉及国家安全、社会安定等方面重大选题的内容，应当按照国家新闻出版广电总局有关重大选题备案管理的规定办理备案手续。未经备案的重大选题内容，不得出版。

第二十七条 网络游戏上网出版前，必须向所在地省、自治区、直辖市出版行政主管部门提出申请，经审核同意后，报国家新闻出版广电总局审批。

第二十八条 网络出版物的内容不真实或不公正，致使公民、法人或者其他组织合法权益受到侵害的，相关网络出版服务单位应当停止侵权，公开更正，消除影响，并依法承担其他民事责任。

第二十九条 国家对网络出版物实行标识管理，具体办法由国家新闻出版广电总局另行制定。

第三十条 网络出版物必须符合国

家的有关规定和标准要求,保证出版物质量。

网络出版物使用语言文字,必须符合国家法律规定和有关标准规范。

第三十一条 网络出版服务单位应当按照国家有关规定或技术标准,配备应用必要的设备和系统,建立健全各项管理制度,保障信息安全、内容合法,并为出版行政主管部门依法履行监督管理职责提供技术支持。

第三十二条 网络出版服务单位在网络上提供境外出版物,应当取得著作权合法授权。其中,出版境外著作权人授权的网络游戏,须按本规定第二十七条办理审批手续。

第三十三条 网络出版服务单位发现其出版的网络出版物含有本规定第二十四条、第二十五条所列内容的,应当立即删除,保存有关记录,并向所在地县级以上出版行政主管部门报告。

第三十四条 网络出版服务单位应记录所出版作品的内容及其时间、网址或者域名,记录应当保存 60 日,并在国家有关部门依法查询时,予以提供。

第三十五条 网络出版服务单位须遵守国家统计规定,依法向出版行政主管部门报送统计资料。

第四章 监督管理

第三十六条 网络出版服务的监督管理实行属地管理原则。

各地出版行政主管部门应当加强对本行政区域内的网络出版服务单位及其出版活动的日常监督管理,履行下列职责:

(一)对网络出版服务单位进行行业监管,对网络出版服务单位违反本规定的情况进行查处并报告上级出版行政主管部门;

(二)对网络出版服务进行监管,对违反本规定的行为进行查处并报告上级出版行政主管部门;

(三)对网络出版物内容和质量进行监管,定期组织内容审读和质量检查,并将结果向上级出版行政主管部门报告;

(四)对网络出版从业人员进行管理,定期组织岗位、业务培训和考核;

(五)配合上级出版行政主管部门、协调相关部门、指导下级出版行政主管部门开展工作。

第三十七条 出版行政主管部门应当加强监管队伍和机构建设,采取必要的技术手段对网络出版服务进行管理。出版行政主管部门依法履行监督检查等执法职责时,网络出版服务单位应当予以配合,不得拒绝、阻挠。

各省、自治区、直辖市出版行政主管部门应当定期将本行政区域内的网络出版服务监督管理情况向国家新闻出版广电总局提交书面报告。

第三十八条 网络出版服务单位实行年度核验制度,年度核验每年进行一次。省、自治区、直辖市出版行政主管部门负责对本行政区域内的网络出版服务单位实施年度核验并将有关情况报国家新闻出版广电总局备案。年度核验内容包括网络出版服务单位的设立条件、登记项目、出版经营情况、出版质量、遵守法律规范、内部管理情况等。

第三十九条 年度核验按照以下程序进行:

(一)网络出版服务单位提交年度自检报告,内容包括:本年度政策法律执行情况,奖惩情况,网站出版、管理、运营绩效情况,网络出版物目录,对年度核验期内的违法违规行为的整改情况,编辑出版人员培训管理情况等;并填写由国家新闻出版广电总局统一印制的《网络出版服务年度核验登记表》,与年度自检报告一并报所在地省、自治区、直辖市出版行政主管部门;

(二)省、自治区、直辖市出版行政主管部门对本行政区域内的网络出版服务单位的设立条件、登记项目、开展业务及执行法规等情况进行全面审核,并在收到网络出版服务单位的年度自检报告和《网络出版服务年度核验登记表》等年度核验材料的45日内完成全面审核查验工作。对符合年度核验要求的网络出版服务单位予以登记,并在其《网络出版服务许可证》上加盖年度核验章;

(三)省、自治区、直辖市出版行政主管部门应于完成全面审核查验工作的15日内将年度核验情况及有关书面材料报国家新闻出版广电总局备案。

第四十条 有下列情形之一的,暂缓年度核验:

(一)正在停业整顿的;

(二)违反出版法规规章,应予处罚的;

(三)未按要求执行出版行政主管部门相关管理规定的;

(四)内部管理混乱,无正当理由未开展实质性网络出版服务活动的;

(五)存在侵犯著作权等其他违法嫌疑需要进一步核查的。

暂缓年度核验的期限由省、自治区、直辖市出版行政主管部门确定,报国家新闻出版广电总局备案,最长不得超过180日。暂缓年度核验期间,须停止网络出版服务。

暂缓核验期满,按本规定重新办理年度核验手续。

第四十一条 已经不具备本规定第八条、第九条规定条件的,责令限期改正;逾期仍未改正的,不予通过年度核验,由国家新闻出版广电总局撤销《网络出版服务许可证》,所在地省、自治区、直辖市出版行政主管部门注销登记,并通知当地电信主管部门依法处理。

第四十二条 省、自治区、直辖市出版行政主管部门可根据实际情况,对本行政区域内的年度核验事项进行调整,相关情况报国家新闻出版广电总局备案。

第四十三条 省、自治区、直辖市出版行政主管部门可以向社会公布年度核验结果。

第四十四条 从事网络出版服务的编辑出版等相关专业技术人员及其负责人应当符合国家关于编辑出版等相关专

业技术人员职业资格管理的有关规定。

网络出版服务单位的法定代表人或主要负责人应按照有关规定参加出版行政主管部门组织的岗位培训，并取得国家新闻出版广电总局统一印制的《岗位培训合格证书》。未按规定参加岗位培训或培训后未取得《岗位培训合格证书》的，不得继续担任法定代表人或主要负责人。

第五章 保障与奖励

第四十五条 国家制定有关政策，保障、促进网络出版服务业的发展与繁荣。鼓励宣传科学真理、传播先进文化、倡导科学精神、塑造美好心灵、弘扬社会正气等有助于形成先进网络文化的网络出版服务，推动健康文化、优秀文化产品的数字化、网络化传播。

网络出版服务单位依法从事网络出版服务，任何组织和个人不得干扰、阻止和破坏。

第四十六条 国家支持、鼓励下列优秀的、重点的网络出版物的出版：

（一）对阐述、传播宪法确定的基本原则有重大作用的；

（二）对弘扬社会主义核心价值观，进行爱国主义、集体主义、社会主义和民族团结教育以及弘扬社会公德、职业道德、家庭美德、个人品德有重要意义的；

（三）对弘扬民族优秀文化，促进国际文化交流有重大作用的；

（四）具有自主知识产权和优秀文化内涵的；

（五）对推进文化创新，及时反映国内外新的科学文化成果有重大贡献的；

（六）对促进公共文化服务有重大作用的；

（七）专门以未成年人为对象、内容健康的或者其他有利于未成年人健康成长的；

（八）其他具有重要思想价值、科学价值或者文化艺术价值的。

第四十七条 对为发展、繁荣网络出版服务业作出重要贡献的单位和个人，按照国家有关规定给予奖励。

第四十八条 国家保护网络出版物著作权人的合法权益。网络出版服务单位应当遵守《中华人民共和国著作权法》、《信息网络传播权保护条例》、《计算机软件保护条例》等著作权法律法规。

第四十九条 对非法干扰、阻止和破坏网络出版物出版的行为，出版行政主管部门及其他有关部门，应当及时采取措施，予以制止。

第六章 法律责任

第五十条 网络出版服务单位违反本规定的，出版行政主管部门可以采取下列行政措施：

（一）下达警示通知书；

（二）通报批评、责令改正；

（三）责令公开检讨；

（四）责令删除违法内容。

警示通知书由国家新闻出版广电总局制定统一格式，由出版行政主管部门下达给相关网络出版服务单位。

本条所列的行政措施可以并用。

第五十一条 未经批准，擅自从事网络出版服务，或者擅自上网出版网络游戏（含境外著作权人授权的网络游戏），根据《出版管理条例》第六十一条、《互联网信息服务管理办法》第十九条的规定，由出版行政主管部门、工商行政管理部门依照法定职权予以取缔，并由所在地省级电信主管部门依据有关部门的通知，按照《互联网信息服务管理办法》第十九条的规定给予责令关闭网站等处罚；已经触犯刑法的，依法追究刑事责任；尚不够刑事处罚的，删除全部相关网络出版物，没收违法所得和从事违法出版活动的主要设备、专用工具，违法经营额1万元以上的，并处违法经营额5倍以上10倍以下的罚款；违法经营额不足1万元的，可以处5万元以下的罚款；侵犯他人合法权益的，依法承担民事责任。

第五十二条 出版、传播含有本规定第二十四条、第二十五条禁止内容的网络出版物的，根据《出版管理条例》第六十二条、《互联网信息服务管理办法》第二十条的规定，由出版行政主管部门责令删除相关内容并限期改正，没收违法所得，违法经营额1万元以上的，并处违法经营额5倍以上10倍以下罚款；违法经营额不足1万元的，可以处5万元以下罚款；情节严重的，责令限期停业整顿或者由国家新闻出版广电总局吊销《网络出版服务许可证》，由电信主管部门依据出版行政主管部门的通知吊销其电信业务经营许可或者责令关闭网站；构成犯罪的，依法追究刑事责任。

为从事本条第一款行为的网络出版服务单位提供人工干预搜索排名、广告、推广等相关服务的，由出版行政主管部门责令其停止提供相关服务。

第五十三条 违反本规定第二十一条的，根据《出版管理条例》第六十六条的规定，由出版行政主管部门责令停止违法行为，给予警告，没收违法所得，违法经营额1万元以上的，并处违法经营额5倍以上10倍以下的罚款；违法经营额不足1万元的，可以处5万元以下的罚款；情节严重的，责令限期停业整顿或者由国家新闻出版广电总局吊销《网络出版服务许可证》。

第五十四条 有下列行为之一的，根据《出版管理条例》第六十七条的规定，由出版行政主管部门责令改正，给予警告；情节严重的，责令限期停业整顿或者由国家新闻出版广电总局吊销《网络出版服务许可证》：

（一）网络出版服务单位变更《网络出版服务许可证》登记事项、资本结构，超出批准的服务范围从事网络出版服务，合并或者分立，设立分支机构，未依据本规定办理审批手续的；

（二）网络出版服务单位未按规定出版涉及重大选题出版物的；

（三）网络出版服务单位擅自中止网络出版服务超过180日的；

（四）网络出版物质量不符合有关规定和标准的。

第五十五条　违反本规定第三十四条的，根据《互联网信息服务管理办法》第二十一条的规定，由省级电信主管部门责令改正；情节严重的，责令停业整顿或者暂时关闭网站。

第五十六条　网络出版服务单位未依法向出版行政主管部门报送统计资料的，依据《新闻出版统计管理办法》处罚。

第五十七条　网络出版服务单位违反本规定第二章规定，以欺骗或者贿赂等不正当手段取得许可的，由国家新闻出版广电总局撤销其相应许可。

第五十八条　有下列行为之一的，由出版行政主管部门责令改正，予以警告，并处3万元以下罚款：

（一）违反本规定第十条，擅自与境内外中外合资经营、中外合作经营和外资经营的企业进行涉及网络出版服务业务的合作的；

（二）违反本规定第十九条，未标明有关许可信息或者未核验有关网站的《网络出版服务许可证》的；

（三）违反本规定第二十三条，未按规定实行编辑责任制度等管理制度的；

（四）违反本规定第三十一条，未按规定或标准配备应用有关系统、设备或未健全有关管理制度的；

（五）未按本规定要求参加年度核验的；

（六）违反本规定第四十四条，网络出版服务单位的法定代表人或主要负责人未取得《岗位培训合格证书》的；

（七）违反出版行政主管部门关于网络出版其他管理规定的。

第五十九条　网络出版服务单位违反本规定被处以吊销许可证行政处罚的，其法定代表人或者主要负责人自许可证被吊销之日起10年内不得担任网络出版服务单位的法定代表人或者主要负责人。

从事网络出版服务的编辑出版等相关专业技术人员及其负责人违反本规定，情节严重的，由原发证机关吊销其资格证书。

第七章　附　　则

第六十条　本规定所称出版物内容审核责任制度、责任编辑制度、责任校对制度等管理制度，参照《图书质量保障体系》的有关规定执行。

第六十一条　本规定自2016年3月10日起施行。原国家新闻出版总署、信息产业部2002年6月27日颁布的《互联网出版管理暂行规定》同时废止。

网络借贷信息中介机构业务活动管理暂行办法

1. 2016年8月17日中国银行业监督管理委员会、工业和信息化部、公安部、国家互联网信息办公室令2016年第1号公布
2. 自2016年8月17日起施行

第一章　总　　则

第一条　为规范网络借贷信息中介

机构业务活动,保护出借人、借款人、网络借贷信息中介机构及相关当事人合法权益,促进网络借贷行业健康发展,更好满足中小微企业和个人投融资需求,根据《关于促进互联网金融健康发展的指导意见》提出的总体要求和监管原则,依据《中华人民共和国民法通则》、《中华人民共和国公司法》、《中华人民共和国合同法》等法律法规,制定本办法。

第二条　在中国境内从事网络借贷信息中介业务活动,适用本办法,法律法规另有规定的除外。

本办法所称网络借贷是指个体和个体之间通过互联网平台实现的直接借贷。个体包含自然人、法人及其他组织。网络借贷信息中介机构是指依法设立,专门从事网络借贷信息中介业务活动的金融信息中介公司。该类机构以互联网为主要渠道,为借款人与出借人(即贷款人)实现直接借贷提供信息搜集、信息公布、资信评估、信息交互、借贷撮合等服务。

本办法所称地方金融监管部门是指各省级人民政府承担地方金融监管职责的部门。

第三条　网络借贷信息中介机构按照依法、诚信、自愿、公平的原则为借款人和出借人提供信息服务,维护出借人与借款人合法权益,不得提供增信服务,不得直接或间接归集资金,不得非法集资,不得损害国家利益和社会公共利益。

借款人与出借人遵循借贷自愿、诚实守信、责任自负、风险自担的原则承担借贷风险。网络借贷信息中介机构承担客观、真实、全面、及时进行信息披露的责任,不承担借贷违约风险。

第四条　按照《关于促进互联网金融健康发展的指导意见》中"鼓励创新、防范风险、趋利避害、健康发展"的总体要求和"依法监管、适度监管、分类监管、协同监管、创新监管"的监管原则,落实各方管理责任。国务院银行业监督管理机构及其派出机构负责制定网络借贷信息中介机构业务活动监督管理制度,并实施行为监管。各省级人民政府负责本辖区网络借贷信息中介机构的机构监管。工业和信息化部负责对网络借贷信息中介机构业务活动涉及的电信业务进行监管。公安部牵头负责对网络借贷信息中介机构的互联网服务进行安全监管,依法查处违反网络安全监管的违法违规活动,打击网络借贷涉及的金融犯罪及相关犯罪。国家互联网信息办公室负责对金融信息服务、互联网信息内容等业务进行监管。

第二章　备案管理

第五条　拟开展网络借贷信息中介服务的网络借贷信息中介机构及其分支机构,应当在领取营业执照后,于10个工作日以内携带有关材料向工商登记注册地地方金融监管部门备案登记。

地方金融监管部门负责为网络借贷信息中介机构办理备案登记。地方金融监管部门应当在网络借贷信息中介机构提交的备案登记材料齐备时予以受理,并在各省(区、市)规定的时限内完成备案登记手续。备案登记不构成对网络借贷信息中介机构经营能力、合规程度、资信状况的认可和评价。

地方金融监管部门有权根据本办法和相关监管规则对备案登记后的网络借贷信息中介机构进行评估分类,并及时将备案登记信息及分类结果在官方网站上公示。

网络借贷信息中介机构完成地方金融监管部门备案登记后,应当按照通信主管部门的相关规定申请相应的电信业务经营许可;未按规定申请电信业务经营许可的,不得开展网络借贷信息中介业务。

网络借贷信息中介机构备案登记、评估分类等具体细则另行制定。

第六条 开展网络借贷信息中介业务的机构,应当在经营范围中实质明确网络借贷信息中介,法律、行政法规另有规定的除外。

第七条 网络借贷信息中介机构备案登记事项发生变更的,应当在5个工作日以内向工商登记注册地地方金融监管部门报告并进行备案信息变更。

第八条 经备案的网络借贷信息中介机构拟终止网络借贷信息中介服务的,应当在终止业务前提前至少10个工作日,书面告知工商登记注册地地方金融监管部门,并办理备案注销。

经备案登记的网络借贷信息中介机构依法解散或者依法宣告破产的,除依法进行清算外,由工商登记注册地地方金融监管部门注销其备案。

第三章 业务规则与风险管理

第九条 网络借贷信息中介机构应当履行下列义务:

(一)依据法律法规及合同约定为出借人与借款人提供直接借贷信息的采集整理、甄别筛选、网上发布,以及资信评估、借贷撮合、融资咨询、在线争议解决等相关服务;

(二)对出借人与借款人的资格条件、信息的真实性、融资项目的真实性、合法性进行必要审核;

(三)采取措施防范欺诈行为,发现欺诈行为或其他损害出借人利益的情形,及时公告并终止相关网络借贷活动;

(四)持续开展网络借贷知识普及和风险教育活动,加强信息披露工作,引导出借人以小额分散的方式参与网络借贷,确保出借人充分知悉借贷风险;

(五)按照法律法规和网络借贷有关监管规定要求报送相关信息,其中网络借贷有关债权债务信息要及时向有关数据统计部门报送并登记;

(六)妥善保管出借人与借款人的资料和交易信息,不得删除、篡改,不得非法买卖、泄露出借人与借款人的基本信息和交易信息;

(七)依法履行客户身份识别、可疑交易报告、客户身份资料和交易记录保存等反洗钱和反恐怖融资义务;

(八)配合相关部门做好防范查处金融违法犯罪相关工作;

（九）按照相关要求做好互联网信息内容管理、网络与信息安全相关工作；

（十）国务院银行业监督管理机构、工商登记注册地省级人民政府规定的其他义务。

第十条　网络借贷信息中介机构不得从事或者接受委托从事下列活动：

（一）为自身或变相为自身融资；

（二）直接或间接接受、归集出借人的资金；

（三）直接或变相向出借人提供担保或者承诺保本保息；

（四）自行或委托、授权第三方在互联网、固定电话、移动电话等电子渠道以外的物理场所进行宣传或推介融资项目；

（五）发放贷款，但法律法规另有规定的除外；

（六）将融资项目的期限进行拆分；

（七）自行发售理财等金融产品募集资金，代销银行理财、券商资管、基金、保险或信托产品等金融产品；

（八）开展类资产证券化业务或实现以打包资产、证券化资产、信托资产、基金份额等形式的债权转让行为；

（九）除法律法规和网络借贷有关监管规定允许外，与其他机构投资、代理销售、经纪等业务进行任何形式的混合、捆绑、代理；

（十）虚构、夸大融资项目的真实性、收益前景，隐瞒融资项目的瑕疵及风险，以歧义性语言或其他欺骗性手段等进行虚假片面宣传或促销等，捏造、散布虚假信息或不完整信息损害他人商业信誉，误导出借人或借款人；

（十一）向借款用途为投资股票、场外配资、期货合约、结构化产品及其他衍生品等高风险的融资提供信息中介服务；

（十二）从事股权众筹等业务；

（十三）法律法规、网络借贷有关监管规定禁止的其他活动。

第十一条　参与网络借贷的出借人与借款人应当为网络借贷信息中介机构核实的实名注册用户。

第十二条　借款人应当履行下列义务：

（一）提供真实、准确、完整的用户信息及融资信息；

（二）提供在所有网络借贷信息中介机构未偿还借款信息；

（三）保证融资项目真实、合法，并按照约定用途使用借贷资金，不得用于出借等其他目的；

（四）按照约定向出借人如实报告影响或可能影响出借人权益的重大信息；

（五）确保自身具有与借款金额相匹配的还款能力并按照合同约定还款；

（六）借贷合同及有关协议约定的其他义务。

第十三条　借款人不得从事下列行为：

（一）通过故意变换身份、虚构融资项目、夸大融资项目收益前景等形式的欺诈借款；

（二）同时通过多个网络借贷信息中介机构，或者通过变换项目名称、对项目内容进行非实质性变更等方式，就同一融资项目进行重复融资；

（三）在网络借贷信息中介机构以外的公开场所发布同一融资项目的信息；

（四）已发现网络借贷信息中介机构提供的服务中含有本办法第十条所列内容，仍进行交易；

（五）法律法规和网络借贷有关监管规定禁止从事的其他活动。

第十四条 参与网络借贷的出借人，应当具备投资风险意识、风险识别能力、拥有非保本类金融产品投资的经历并熟悉互联网。

第十五条 参与网络借贷的出借人应当履行下列义务：

（一）向网络借贷信息中介机构提供真实、准确、完整的身份等信息；

（二）出借资金为来源合法的自有资金；

（三）了解融资项目信贷风险，确认具有相应的风险认知和承受能力；

（四）自行承担借贷产生的本息损失；

（五）借贷合同及有关协议约定的其他义务。

第十六条 网络借贷信息中介机构在互联网、固定电话、移动电话等电子渠道以外的物理场所只能进行信用信息采集、核实、贷后跟踪、抵质押管理等风险管理及网络借贷有关监管规定明确的部分必要经营环节。

第十七条 网络借贷金额应当以小额为主。网络借贷信息中介机构应当根据本机构风险管理能力，控制同一借款人在同一网络借贷信息中介机构平台及不同网络借贷信息中介机构平台的借款余额上限，防范信贷集中风险。

同一自然人在同一网络借贷信息中介机构平台的借款余额上限不超过人民币 20 万元；同一法人或其他组织在同一网络借贷信息中介机构平台的借款余额上限不超过人民币 100 万元；同一自然人在不同网络借贷信息中介机构平台借款总余额不超过人民币 100 万元；同一法人或其他组织在不同网络借贷信息中介机构平台借款总余额不超过人民币 500 万元。

第十八条 网络借贷信息中介机构应当按照国家网络安全相关规定和国家信息安全等级保护制度的要求，开展信息系统定级备案和等级测试，具有完善的防火墙、入侵检测、数据加密以及灾难恢复等网络安全设施和管理制度，建立信息科技管理、科技风险管理和科技审计有关制度，配置充足的资源，采取完善的管理控制措施和技术手段保障信息系统安全稳健运行，保护出借人与借款人的信息安全。

网络借贷信息中介机构应当记录并留存借贷双方上网日志信息，信息交互内容等数据，留存期限为自借贷合同到期起 5 年；每两年至少开展一次全面的安全评估，接受国家或行业主管部门的信息安全检查和审计。

网络借贷信息中介机构成立两年以内，应当建立或使用与其业务规模相匹配的应用级灾备系统设施。

第十九条 网络借贷信息中介机构应当为单一融资项目设置募集期，最长不超过20个工作日。

第二十条 借款人支付的本金和利息应当归出借人所有。网络借贷信息中介机构应当与出借人、借款人另行约定费用标准和支付方式。

第二十一条 网络借贷信息中介机构应当加强与金融信用信息基础数据库运行机构、征信机构等的业务合作，依法提供、查询和使用有关金融信用信息。

第二十二条 各方参与网络借贷信息中介机构业务活动，需要对出借人与借款人的基本信息和交易信息等使用电子签名、电子认证时，应当遵守法律法规的规定，保障数据的真实性、完整性及电子签名、电子认证的法律效力。

网络借贷信息中介机构使用第三方数字认证系统，应当对第三方数字认证机构进行定期评估，保证有关认证安全可靠并具有独立性。

第二十三条 网络借贷信息中介机构应当采取适当的方法和技术，记录并妥善保存网络借贷业务活动数据和资料，做好数据备份。保存期限应当符合法律法规及网络借贷有关监管规定的要求。借贷合同到期后应当至少保存5年。

第二十四条 网络借贷信息中介机构暂停、终止业务时应当至少提前10个工作日通过官方网站等有效渠道向出借人与借款人公告，并通过移动电话、固定电话等渠道通知出借人与借款人。网络借贷信息中介机构业务暂停或者终止，不影响已经签订的借贷合同当事人有关权利义务。

网络借贷信息中介机构因解散或宣告破产而终止的，应当在解散或破产前，妥善处理已撮合存续的借贷业务，清算事宜按照有关法律法规的规定办理。

网络借贷信息中介机构清算时，出借人与借款人的资金分别属于出借人与借款人，不属于网络借贷信息中介机构的财产，不列入清算财产。

第四章 出借人与借款人保护

第二十五条 未经出借人授权，网络借贷信息中介机构不得以任何形式代出借人行使决策。

第二十六条 网络借贷信息中介机构应当向出借人以醒目方式提示网络借贷风险和禁止性行为，并经出借人确认。

网络借贷信息中介机构应当对出借人的年龄、财务状况、投资经验、风险偏好、风险承受能力等进行尽职评估，不得向未进行风险评估的出借人提供交易服务。

网络借贷信息中介机构应当根据风险评估结果对出借人实行分级管理，设置可动态调整的出借限额和出借标的限制。

第二十七条 网络借贷信息中介机

构应当加强出借人与借款人信息管理，确保出借人与借款人信息采集、处理及使用的合法性和安全性。

网络借贷信息中介机构及其资金存管机构、其他各类外包服务机构等应当为业务开展过程中收集的出借人与借款人信息保密，未经出借人与借款人同意，不得将出借人与借款人提供的信息用于所提供服务之外的目的。

在中国境内收集的出借人与借款人信息的储存、处理和分析应当在中国境内进行。除法律法规另有规定外，网络借贷信息中介机构不得向境外提供境内出借人和借款人信息。

第二十八条 网络借贷信息中介机构应当实行自身资金与出借人和借款人资金的隔离管理，并选择符合条件的银行业金融机构作为出借人与借款人的资金存管机构。

第二十九条 出借人与网络借贷信息中介机构之间、出借人与借款人之间、借款人与网络借贷信息中介机构之间等纠纷，可以通过以下途径解决：

（一）自行和解；

（二）请求行业自律组织调解；

（三）向仲裁部门申请仲裁；

（四）向人民法院提起诉讼。

第五章 信息披露

第三十条 网络借贷信息中介机构应当在其官方网站上向出借人充分披露借款人基本信息、融资项目基本信息、风险评估及可能产生的风险结果、已撮合未到期融资项目资金运用情况等有关信息。

披露内容应符合法律法规关于国家秘密、商业秘密、个人隐私的有关规定。

第三十一条 网络借贷信息中介机构应当及时在其官方网站显著位置披露本机构所撮合借贷项目等经营管理信息。

网络借贷信息中介机构应当在其官方网站上建立业务活动经营管理信息披露专栏，定期以公告形式向公众披露年度报告、法律法规、网络借贷有关监管规定。

网络借贷信息中介机构应当聘请会计师事务所定期对本机构出借人与借款人资金存管、信息披露情况、信息科技基础设施安全、经营合规性等重点环节实施审计，并且应当聘请有资质的信息安全测评认证机构定期对信息安全实施测评认证，向出借人与借款人等披露审计和测评认证结果。

网络借贷信息中介机构应当引入律师事务所、信息系统安全评价等第三方机构，对网络信息中介机构合规和信息系统稳健情况进行评估。

网络借贷信息中介机构应当将定期信息披露公告文稿和相关备查文件报送工商登记注册地地方金融监管部门，并置备于机构住所供社会公众查阅。

第三十二条 网络借贷信息中介机构的董事、监事、高级管理人员应当忠实、勤勉地履行职责，保证披露的信息真实、准确、完整、及时、公平，不得有虚假记载、误导性陈述或者重大遗漏。

借款人应当配合网络借贷信息中介机构及出借人对融资项目有关信息的调查核实,保证提供的信息真实、准确、完整。

网络借贷信息披露具体细则另行制定。

第六章 监督管理

第三十三条 国务院银行业监督管理机构及其派出机构负责制定统一的规范发展政策措施和监督管理制度,负责网络借贷信息中介机构的日常行为监管,指导和配合地方人民政府做好网络借贷信息中介机构的机构监管和风险处置工作,建立跨部门跨地区监管协调机制。

各地方金融监管部门具体负责本辖区网络借贷信息中介机构的机构监管,包括对本辖区网络借贷信息中介机构的规范引导、备案管理和风险防范、处置工作。

第三十四条 中国互联网金融协会从事网络借贷行业自律管理,并履行下列职责:

(一)制定自律规则、经营细则和行业标准并组织实施,教育会员遵守法律法规和网络借贷有关监管规定;

(二)依法维护会员的合法权益,协调会员关系,组织相关培训,向会员提供行业信息、法律咨询等服务,调解纠纷;

(三)受理有关投诉和举报,开展自律检查;

(四)成立网络借贷专业委员会;

(五)法律法规和网络借贷有关监管规定赋予的其他职责。

第三十五条 借款人、出借人、网络借贷信息中介机构、资金存管机构、担保人等应当签订资金存管协议,明确各自权利义务和违约责任。

资金存管机构对出借人与借款人开立和使用资金账户进行管理和监督,并根据合同约定,对出借人与借款人的资金进行存管、划付、核算和监督。

资金存管机构承担实名开户和履行合同约定及借贷交易指令表面一致性的形式审核责任,但不承担融资项目及借贷交易信息真实性的实质审核责任。

资金存管机构应当按照网络借贷有关监管规定报送数据信息并依法接受相关监督管理。

第三十六条 网络借贷信息中介机构应当在下列重大事件发生后,立即采取应急措施并向工商登记注册地地方金融监管部门报告:

(一)因经营不善等原因出现重大经营风险;

(二)网络借贷信息中介机构或其董事、监事、高级管理人员发生重大违法违规行为;

(三)因商业欺诈行为被起诉,包括违规担保、夸大宣传、虚构隐瞒事实、发布虚假信息、签订虚假合同、错误处置资金等行为。

地方金融监管部门应当建立网络借贷行业重大事件的发现、报告和处置制度，制定处置预案，及时、有效地协调处置有关重大事件。

地方金融监管部门应当及时将本辖区网络借贷信息中介机构重大风险及处置情况信息报送省级人民政府、国务院银行业监督管理机构和中国人民银行。

第三十七条 除本办法第七条规定的事项外，网络借贷信息中介机构发生下列情形的，应当在5个工作日以内向工商登记注册地地方金融监管部门报告：

（一）因违规经营行为被查处或被起诉；

（二）董事、监事、高级管理人员违反境内外相关法律法规行为；

（三）国务院银行业监督管理机构、地方金融监管部门等要求的其他情形。

第三十八条 网络借贷信息中介机构应当聘请会计师事务所进行年度审计，并在上一会计年度结束之日起4个月内向工商登记注册地地方金融监管部门报送年度审计报告。

第七章 法律责任

第三十九条 地方金融监管部门存在未依照本办法规定报告重大风险和处置情况、未依照本办法规定向国务院银行业监督管理机构提供行业统计或行业报告等违反法律法规及本办法规定情形的，应当对有关责任人依法给予行政处分；构成犯罪的，依法追究刑事责任。

第四十条 网络借贷信息中介机构违反法律法规和网络借贷有关监管规定，有关法律法规有处罚规定的，依照其规定给予处罚；有关法律法规未作处罚规定的，工商登记注册地地方金融监管部门可以采取监管谈话、出具警示函、责令改正、通报批评、将其违法违规和不履行公开承诺等情况记入诚信档案并公布等监管措施，以及给予警告、人民币3万元以下罚款和依法可以采取的其他处罚措施；构成犯罪的，依法追究刑事责任。

网络借贷信息中介机构违反法律规定从事非法集资活动或欺诈的，按照相关法律法规和工作机制处理；构成犯罪的，依法追究刑事责任。

第四十一条 网络借贷信息中介机构的出借人及借款人违反法律法规和网络借贷有关监管规定，依照有关规定给予处罚；构成犯罪的，依法追究刑事责任。

第八章 附 则

第四十二条 银行业金融机构及国务院银行业监督管理机构批准设立的其他金融机构和省级人民政府批准设立的融资担保公司、小额贷款公司等投资设立具有独立法人资格的网络借贷信息中介机构，设立办法另行制定。

第四十三条 中国互联网金融协会网络借贷专业委员会按照《关于促进互联网金融健康发展的指导意见》和协会章程开展自律并接受相关监管部门指导。

第四十四条 本办法实施前设立的网络借贷信息中介机构不符合本办法规

定的，除违法犯罪行为按照本办法第四十条处理外，由地方金融监管部门要求其整改，整改期不超过12个月。

第四十五条　省级人民政府可以根据本办法制定实施细则，并报国务院银行业监督管理机构备案。

第四十六条　本办法解释权归国务院银行业监督管理机构、工业和信息化部、公安部、国家互联网信息办公室。

第四十七条　本办法所称不超过、以下、以内，包括本数。

外商投资电信企业管理规定

1. 2001年12月11日国务院令第333号公布
2. 根据2008年9月10日国务院令第534号《关于修改〈外商投资电信企业管理规定〉的决定》第一次修订
3. 根据2016年2月6日国务院令第666号《关于修改部分行政法规的决定》第二次修订

第一条　为了适应电信业对外开放的需要，促进电信业的发展，根据有关外商投资的法律、行政法规和《中华人民共和国电信条例》（以下简称电信条例），制定本规定。

第二条　外商投资电信企业，是指外国投资者同中国投资者在中华人民共和国境内依法以中外合资经营形式，共同投资设立的经营电信业务的企业。

第三条　外商投资电信企业从事电信业务经营活动，除必须遵守本规定外，还必须遵守电信条例和其他有关法律、行政法规的规定。

第四条　外商投资电信企业可以经营基础电信业务、增值电信业务，具体业务分类依照电信条例的规定执行。

外商投资电信企业经营业务的地域范围，由国务院工业和信息化主管部门按照有关规定确定。

第五条　外商投资电信企业的注册资本应当符合下列规定：

（一）经营全国的或者跨省、自治区、直辖市范围的基础电信业务的，其注册资本最低限额为10亿元人民币；经营增值电信业务的，其注册资本最低限额为1000万元人民币；

（二）经营省、自治区、直辖市范围内的基础电信业务的，其注册资本最低限额为1亿元人民币；经营增值电信业务的，其注册资本最低限额为100万元人民币。

第六条　经营基础电信业务（无线寻呼业务除外）的外商投资电信企业的外方投资者在企业中的出资比例，最终不得超过49%。

经营增值电信业务（包括基础电信业务中的无线寻呼业务）的外商投资电信企业的外方投资者在企业中的出资比例，最终不得超过50%。

外商投资电信企业的中方投资者和外方投资者在不同时期的出资比例，由国务院工业和信息化主管部门按照有关规定确定。

第七条 外商投资电信企业经营电信业务,除应当符合本规定第四条、第五条、第六条规定的条件外,还应当符合电信条例规定的经营基础电信业务或者经营增值电信业务应当具备的条件。

第八条 经营基础电信业务的外商投资电信企业的中方主要投资者应当符合下列条件:

(一)是依法设立的公司;

(二)有与从事经营活动相适应的资金和专业人员;

(三)符合国务院工业和信息化主管部门规定的审慎的和特定行业的要求。

前款所称外商投资电信企业的中方主要投资者,是指在全体中方投资者中出资数额最多且占中方全体投资者出资总额的30%以上的出资者。

第九条 经营基础电信业务的外商投资电信企业的外方主要投资者应当符合下列条件:

(一)具有企业法人资格;

(二)在注册的国家或者地区取得基础电信业务经营许可证;

(三)有与从事经营活动相适应的资金和专业人员;

(四)有从事基础电信业务的良好业绩和运营经验。

前款所称外商投资电信企业的外方主要投资者,是指在外方全体投资者中出资数额最多且占全体外方投资者出资总额的30%以上的出资者。

第十条 经营增值电信业务的外商投资电信企业的外方主要投资者应当具有经营增值电信业务的良好业绩和运营经验。

第十一条 设立经营基础电信业务或者跨省、自治区、直辖市范围增值电信业务的外商投资电信企业,由中方主要投资者向国务院工业和信息化主管部门提出申请并报送下列文件:

(一)项目申请报告;

(二)本规定第八条、第九条、第十条规定的合营各方投资者的资格证明或者有关确认文件;

(三)电信条例规定的经营基础电信业务或者增值电信业务应当具备的其他条件的证明或者确认文件。

国务院工业和信息化主管部门应当自收到申请之日起对前款规定的有关文件进行审查。属于基础电信业务的,应当在180日内审查完毕,作出批准或者不予批准的决定;属于增值电信业务的,应当在90日内审查完毕,作出批准或者不予批准的决定。予以批准的,颁发《外商投资经营电信业务审定意见书》;不予批准的,应当书面通知申请人并说明理由。

第十二条 设立外商投资电信企业经营省、自治区、直辖市范围内增值电信业务,由中方主要投资者向省、自治区、直辖市电信管理机构提出申请并报送下列文件:

(一)本规定第十条规定的资格证

明或者有关确认文件；

（二）电信条例规定的经营增值电信业务应当具备的其他条件的证明或者确认文件。

省、自治区、直辖市电信管理机构应当自收到申请之日起60日内签署意见。同意的，转报国务院工业和信息化主管部门；不同意的，应当书面通知申请人并说明理由。

国务院工业和信息化主管部门应当自收到省、自治区、直辖市电信管理机构签署同意的申请文件之日起30日内审查完毕，作出批准或者不予批准的决定。予以批准的，颁发《外商投资经营电信业务审定意见书》；不予批准的，应当书面通知申请人并说明理由。

第十三条　外商投资电信企业项目申请报告的主要内容包括：合营各方的名称和基本情况、拟设立企业的投资总额、注册资本、各方出资比例、申请经营的业务种类、合营期限等。

第十四条　设立外商投资电信企业，按照国家有关规定，其投资项目需要经国务院发展改革部门核准的，国务院工业和信息化主管部门应当在颁发《外商投资经营电信业务审定意见书》前，将申请材料转送国务院发展改革部门核准。转送国务院发展改革部门核准的，本规定第十一条、第十二条规定的审批期限可以延长30日。

第十五条　设立外商投资电信企业，属于经营基础电信业务或者跨省、自治区、直辖市范围增值电信业务的，由中方主要投资者凭《外商投资经营电信业务审定意见书》向国务院商务主管部门报送拟设立外商投资电信企业的合同、章程；属于经营省、自治区、直辖市范围内增值电信业务的，由中方主要投资者凭《外商投资经营电信业务审定意见书》向省、自治区、直辖市人民政府商务主管部门报送拟设立外商投资电信企业的合同、章程。

国务院商务主管部门和省、自治区、直辖市人民政府商务主管部门应当自收到报送的拟设立外商投资电信企业的合同、章程之日起90日内审查完毕，作出批准或者不予批准的决定。予以批准的，颁发《外商投资企业批准证书》；不予批准的，应当书面通知申请人并说明理由。

第十六条　外商投资电信企业的中方主要投资者凭《外商投资企业批准证书》向工商行政管理机关申请企业注册登记后，凭《外商投资企业批准证书》和营业执照向国务院工业和信息化主管部门申请电信业务经营许可。

第十七条　外商投资电信企业经营跨境电信业务，必须经国务院工业和信息化主管部门批准，并通过国务院工业和信息化主管部门批准设立的国际电信出入口局进行。

第十八条　违反本规定第六条规定的，由国务院工业和信息化主管部门责令限期改正，并处10万元以上50万元以下的罚款；逾期不改正的，由国务院工业和信息化主管部门吊销《电信业务经营许可证》,并由原颁发《外商投资企业批准证书》的商务主管部门撤销其《外商投资企业批准证书》。

第十九条　违反本规定第十七条规定的,由国务院工业和信息化主管部门责令限期改正,并处20万元以上100万元以下的罚款;逾期不改正的,由国务院工业和信息化主管部门吊销《电信业务经营许可证》,并由原颁发《外商投资企业批准证书》的商务主管部门撤销其《外商投资企业批准证书》。

第二十条　申请设立外商投资电信企业,提供虚假、伪造的资格证明或者确认文件骗取批准的,批准无效,由国务院工业和信息化主管部门处20万元以上100万元以下的罚款,吊销《电信业务经营许可证》,并由原颁发《外商投资企业批准证书》的商务主管部门撤销其《外商投资企业批准证书》。

第二十一条　外商投资电信企业经营电信业务,违反电信条例和其他有关法律、行政法规规定的,由有关机关依法给予处罚。

第二十二条　香港特别行政区、澳门特别行政区和台湾地区的公司、企业在内地投资经营电信业务,比照适用本规定。

第二十三条　本规定自2002年1月1日起施行。

非经营性互联网信息服务备案管理办法

1. 2005年2月8日信息产业部令第33号发布
2. 自2005年3月20日起施行

第一条　为规范非经营性互联网信息服务备案及备案管理,促进互联网信息服务业的健康发展,根据《互联网信息服务管理办法》、《中华人民共和国电信条例》及其他相关法律、行政法规的规定,制定本办法。

第二条　在中华人民共和国境内提供非经营性互联网信息服务,履行备案手续,实施备案管理,适用本办法。

第三条　中华人民共和国信息产业部(以下简称“信息产业部”)对全国非经营性互联网信息服务备案管理工作进行监督指导,省、自治区、直辖市通信管理局(以下简称“省通信管理局”)具体实施非经营性互联网信息服务的备案管理工作。

拟从事非经营性互联网信息服务的,应当向其住所所在地省通信管理局履行备案手续。

第四条　省通信管理局在备案管理中应当遵循公开、公平、公正的原则,提供便民、优质、高效的服务。

非经营性互联网信息服务提供者从事非经营性互联网信息服务时,应当遵守国家的有关规定,接受有关部门依法实施的监督管理。

第五条 在中华人民共和国境内提供非经营性互联网信息服务,应当依法履行备案手续。

未经备案,不得在中华人民共和国境内从事非经营性互联网信息服务。

本办法所称在中华人民共和国境内提供非经营性互联网信息服务,是指在中华人民共和国境内的组织或个人利用通过互联网域名访问的网站或者利用仅能通过互联网 IP 地址访问的网站,提供非经营性互联网信息服务。

第六条 省通信管理局通过信息产业部备案管理系统,采用网上备案方式进行备案管理。

第七条 拟从事非经营性互联网信息服务的,应当通过信息产业部备案管理系统如实填报《非经营性互联网信息服务备案登记表》(以下简称"《备案登记表》",格式见本办法附录),履行备案手续。

信息产业部根据实际情况,对《备案登记表》进行调整和公布。

第八条 拟通过接入经营性互联网络从事非经营性互联网信息服务的,可以委托因特网接入服务业务经营者、因特网数据中心业务经营者和以其他方式为其网站提供接入服务的电信业务经营者代为履行备案、备案变更、备案注销等手续。

第九条 拟通过接入中国教育和科研计算机网、中国科学技术网、中国国际经济贸易互联网、中国长城互联网等公益性互联网络从事非经营性互联网信息服务的,可以由为其网站提供互联网接入服务的公益性互联网络单位代为履行备案、备案变更、备案注销等手续。

第十条 因特网接入服务业务经营者、因特网数据中心业务经营者以及以其他方式为网站提供接入服务的电信业务经营者和公益性互联网络单位(以下统称"互联网接入服务提供者")不得在已知或应知拟从事非经营性互联网信息服务的组织或者个人的备案信息不真实的情况下,为其代为履行备案、备案变更、备案注销等手续。

第十一条 拟从事新闻、出版、教育、医疗保健、药品和医疗器械、文化、广播电影电视节目等互联网信息服务,根据法律、行政法规以及国家有关规定应经有关主管部门审核同意的,在履行备案手续时,还应向其住所所在地省通信管理局提交相关主管部门审核同意的文件。

拟从事电子公告服务的,在履行备案手续时,还应当向其住所所在地省通信管理局提交电子公告服务专项备案材料。

第十二条 省通信管理局在收到备案人提交的备案材料后,材料齐全的,应在二十个工作日内予以备案,向其发放备案电子验证标识和备案编号,并通过信息产业部备案管理系统向社会公布有关备案信息;材料不齐全的,不予备案,在二十个工作日内通知备案人并说明理由。

第十三条 非经营性互联网信息服务提供者应当在其网站开通时在主页底部的中央位置标明其备案编号，并在备案编号下方按要求链接信息产业部备案管理系统网址，供公众查询核对。

非经营性互联网信息服务提供者应当在其网站开通时，按照信息产业部备案管理系统的要求，将备案电子验证标识放置在其网站的指定目录下。

第十四条 非经营性互联网信息服务提供者在备案有效期内需要变更其《备案登记表》中填报的信息的，应当提前三十日登陆信息产业部备案系统向原备案机关履行备案变更手续。

第十五条 非经营性互联网信息服务提供者在备案有效期内需要终止提供服务的，应当在服务终止之日登陆信息产业部备案系统向原备案机关履行备案注销手续。

第十六条 非经营性互联网信息服务提供者应当保证所提供的信息内容合法。

本办法所称非经营性互联网信息服务提供者提供的信息内容，是指互联网信息服务提供者的网站的互联网域名或IP 地址下所包括的信息内容。

第十七条 省通信管理局应当建立信誉管理、社会监督、情况调查等管理机制，对非经营性互联网信息服务活动实施监督管理。

第十八条 互联网接入服务提供者不得为未经备案的组织或者个人从事非经营性互联网信息服务提供互联网接入服务。

对被省通信管理局处以暂时关闭网站或关闭网站处罚的非经营性互联网信息服务提供者或者非法从事非经营性互联网信息服务的组织或者个人，互联网接入服务提供者应立即暂停或终止向其提供互联网接入服务。

第十九条 互联网接入服务提供者应当记录其接入的非经营性互联网信息服务提供者的备案信息。

互联网接入服务提供者应当依照国家有关规定做好用户信息动态管理、记录留存、有害信息报告等网络信息安全管理工作，根据信息产业部和省通信管理局的要求对所接入用户进行监督。

第二十条 省通信管理局依法对非经营性互联网信息服务备案实行年度审核。

省通信管理局通过信息产业部备案管理系统，采用网上方式进行年度审核。

第二十一条 非经营性互联网信息服务提供者应当在每年规定时间登陆信息产业部备案管理系统，履行年度审核手续。

第二十二条 违反本办法第五条的规定，未履行备案手续提供非经营性互联网信息服务的，由住所所在地省通信管理局责令限期改正，并处一万元罚款；拒不改正的，关闭网站。

超出备案的项目提供服务的，由住所所在地省通信管理局责令限期改正，并处五千元以上一万元以下罚款；拒不改正的，关闭网站并注销备案。

第二十三条　违反本办法第七条第一款的规定，填报虚假备案信息的，由住所所在地省通信管理局关闭网站并注销备案。

第二十四条　违反本办法第十条、第十八条、第十九条的规定的，由违法行为发生地省通信管理局责令改正，并处一万元罚款。

第二十五条　违反本办法第十三条的规定，未在其备案编号下方链接信息产业部备案管理系统网址的，或未将备案电子验证标识放置在其网站指定目录下的，由住所所在地省通信管理局责令改正，并处五千元以上一万元以下罚款。

第二十六条　违反本办法第十四条、第十五条的规定，未在规定时间履行备案变更手续，或未依法履行备案注销手续的，由住所所在地省通信管理局责令限期改正，并处一万元罚款。

第二十七条　非经营性信息服务提供者违反国家有关法律规定，依法应暂停或终止服务的，省通信管理局可根据法律、行政法规授权的同级机关的书面认定意见，暂时关闭网站，或关闭网站并注销备案。

第二十八条　在年度审核时，非经营性互联网信息服务提供者有下列情况之一的，由其住所所在地的省通信管理局通过信息产业部备案系统等媒体通告责令其限期改正；拒不改正的，关闭网站并注销备案：

（一）未在规定时间登陆备案网站提交年度审核信息的；

（二）新闻、教育、公安、安全、文化、广播电影电视、出版、保密等国家部门依法对各自主管的专项内容提出年度审核否决意见的。

第二十九条　本办法自2005年3月20日起施行。

附录：非经营性互联网信息服务备案登记表（略）

互联网站管理工作细则

1．2005年10月25日信息产业部发布
2．信部电〔2005〕501号

第一章　总　　则

第一条　为切实加强互联网站管理工作，建立互联网站管理工作长效机制，规范、细化互联网行业内部管理流程，不断提高互联网信息服务提供者（ICP）、互联网IP地址、互联网络域名等网站管理基础信息数据库的完整性、准确性，根据《互联网信息服务管理办法》、《中国互联网络域名管理办法》、《非经营性互联网信息服务管理办法》、《互联网IP地址备案管理办法》等有关规定，制定本细则。

第二条　互联网站管理工作坚持属地管理原则。按照“谁运营谁负责”、“谁接入谁负责”的要求，辅以相应的技术手段，做到政府管理、行业自律和社会

监督相结合。

第三条　互联网站管理有关数据使用和发布应严格遵守国家和信息产业部有关保密规定。

第四条　本细则涉及的主体有：信息产业部、省(自治区、直辖市)通信管理局(以下简称“省通信管理局”)、互联网接入服务提供者(以下简称“接入提供者”)、互联网信息服务提供者(以下简称“网站主办者”)、IP 地址备案单位、域名注册管理机构、域名注册服务机构等。

接入服务提供者是因特网接入服务业务经营者、因特网数据中心业务经营者以及以其他方式为网站提供接入服务的电信业务经营者的统称。

IP 地址备案单位是指直接从亚太互联网络信息中心等具有 IP 地址管理权的国际机构获得 IP 地址的单位和具有分配 IP 地址供其它单位或个人使用行为的单位。

第二章　相关主体职责与义务

第五条　信息产业部对全国 ICP、IP 地址及域名信息备案管理工作及相关工作进行监督、指导及协调。

(一)根据互联网站管理工作的需要制定相关管理规定。

(二)指导、检查、督促省通信管理局开展互联网站管理工作。

(三)了解掌握备案管理工作中存在的问题和情况，组织研究解决。

(四)组织开展“信息产业部 ICP、IP 地址、域名信息备案管理系统”(以下简称“备案管理系统”)的优化、完善等工作。

(五)负责对跨地区经营性互联网信息服务提供者 ICP 备案信息进行录入、审核。

(六)对域名注册服务机构和相关 IP 地址备案单位的备案工作进行业务指导和监督检查。

(七)定期通报备案工作进展情况和及时通报未备案网站、备案信息真实性等备案信息的相关情况。

(八)协调部级前置审批部门、专项内容主管部门、公益性互联网站主管部门等相关部门开展互联网站管理工作。

第六条　省通信管理局具体负责本行政区 ICP、IP 地址信息备案管理，查处违法违规网站、监管互联网接入服务市场、对网站进行年度审核等工作。

(一)依法对 ICP 备案信息进行日常审核工作。

(二)指导监督本行政区接入提供者、网站主办者、IP 地址备案单位的 ICP 和 IP 地址信息备案工作；加强对其制度建立、机构设置、数据库系统建设等日常工作的监督检查。

(三)依法采用多种手段切实加强对互联网接入服务市场的监管，将接入提供者对互联网站的管理情况纳入其经营许可证年检、行风评议等考核工作中。

(四)依法做好接入提供者、IP 地址备案单位、网站主办者等违法违规行为的查处工作。

(五)负责本行政区互联网站年度

审核工作。

(六)负责对本行政区经营性互联网信息服务提供者ICP备案信息进行录入、审核。

(七)协同本行政区前置审批部门、专项内容主管部门等相关部门开展互联网站管理工作。

(八)积极支持引导互联网协会、通信企业协会等社团组织配合做好网站管理工作。

(九)建立健全社会监督渠道,公布举报电话(传真)、电子信箱等举报方式,广泛听取并认真查处社会各界对网站未经备案擅自提供互联网信息服务、备案信息不真实、接入提供者违规提供接入服务等违法违规行为的举报。

第七条　接入提供者是为网站主办者提供互联网接入服务的主体。接入提供者应当按照“谁运营谁负责”、“谁接入谁负责”的要求,切实加强内部管理和对所接入互联网站的管理。

(一)设立专岗专职,负责网站备案、规范网站行为及相关管理工作,专岗专职名单报省通信管理局备案。人员发生变动时要做好工作交接,变化后人员名单及时报省通信管理局备案。

(二)按照“先备案后接入”的要求制定完善接入服务流程,建立健全为用户代为备案信息的事前核验制度、对用户行为的事中监督制度、配合对违法违规网站的事后查处制度、网络与信息安全责任制等工作制度。

(三)应记录网站主办者的备案信息,对所接入网站主办者的备案信息进行动态核实,保证备案信息的真实、准确。

(四)接入提供者要杜绝为未备案的网站主办者提供接入服务,实时搜索已接入的未备案网站信息,及时停止并督促网站主办者履行备案手续。

(五)受网站主办者的委托应依法为网站主办单位履行备案、备案变更、备案注销等手续。代为备案时,用户名、密码和系统提示信息要及时移交网站主办者,并指导、督促网站主办者下载安装电子证书。不得在已知或应知互联网站主办者备案信息不真实或不准确的情况下,为其代为履行备案、备案变更、备案注销手续。

(六)对直接接入及间接接入的网站客户负有管理责任。

(七)应建设必要的业务管理系统,满足行业主管部门对网站管理的要求。

(八)做好用户记录留存、有害信息报告等网络信息安全管理工作。

(九)配合省通信管理局开展互联网站年度审核工作。

(十)配合省通信管理局对违法违规网站依法进行查处。

(十一)自觉接受省通信管理局的监督和管理。

第八条　网站主办者应依法开展互联网信息服务业务。

(一)应当自行或委托接入提供者履行备案、备案变更、备案注销手续。

(二)应当保证备案信息内容的真实准确。

（三）在通过备案审核后，应当在网站开通时在主页底部中央位置标明备案编号，在备案编号下方链接信息产业部“备案管理系统”网址，按要求将电子验证标识放置在其网站指定目录下。

（四）备案信息发生变化时应及时进行变更，同时再次安装电子证书。

（五）涉及前置审批及电子公告服务的，应在取得前置审批部门和专项审批部门批准并办理相关备案手续后方可提供相关内容信息。

（六）网站主办者应妥善保管用户名和密码，用户明和密码丢失的，应提交书面申请，省通信管理局经确认后予以补发。

（七）按照省通信管理局和相关内容主管部门的要求做好年度审核工作。

（八）应当自觉接受互联网行业主管部门的监督和管理。

第九条 IP 地址备案单位具体承担 IP 地址信息报备工作。

（一）IP 地址备案单位应当按要求通过“备案管理系统”报备 IP 地址信息。其中，基础电信运营公司 IP 地址信息的报备由总部和省级公司共同完成，基础电信运营公司总部应对其省级公司的 IP 地址信息报备工作进行指导和监督。公益性互联网络的管理单位负责统一完成其网络上使用的所有 IP 地址信息的报备。跨省经营因特网接入服务业务提供者 IP 地址信息的报备由其开展业务所在地的所有分支机构共同完成。

（二）IP 地址备案单位应当确保其所报备的 IP 地址信息完整、准确。

（三）IP 地址备案信息发生变化时，IP 地址备案单位应按规定要求自变化之日起五个工作日内向“备案管理系统”提交变更后的 IP 地址信息。

（四）IP 地址备案单位应当建立健全本单位的 IP 地址管理制度。

（五）应当自觉接受互联网行业主管部门的监督和管理。

第十条 中国互联网络信息中心和相关域名注册服务机构具体承担域名信息的报备工作。

（一）中国互联网络信息中心和相关域名注册服务机构应当按要求通过“备案管理系统”报备域名信息。其中，中国互联网络信息中心负责报备所有 CN 和中文域名注册信息；相关域名注册服务机构负责报备所有境外域名注册信息。

（二）中国互联网络信息中心和相关域名注册服务机构应当确保所报备的域名注册信息完整、准确。

（三）域名注册信息、域名备案联系人等信息发生变化时，中国互联网络信息中心和相关域名注册服务机构应当自变化之日起五个工作日内向“备案管理系统”提交变更后的域名报备信息。

第三章 相关处理流程

第十一条 接入提供者为互联网站提供接入互联网络服务流程：

（一）网站主办者向接入提供者提出接入申请。

（二）接入提供者向网站主办者预分配 IP 地址。

（三）网站主办者获得接入提供者预分配的 IP 地址后履行备案手续（网站主办者可自行备案也可由接入提供者代为备案）。

1. 网站主办者自行备案的，网站主办者在收到“备案管理系统”反馈的备案编号后告知接入提供者备案成功，并将备案编号和备案信息一并提供给接入提供者，接入提供者登录“备案管理系统”核实该备案信息，在确认备案信息真实、准确的前提下为网站开通接入服务。如果发现备案信息不真实、不准确，不得开通接入服务，应当督促网站主办者核实相关信息，经备案后方可为其提供接入服务。

2. 接入提供者代为履行备案的，接入提供者收到“备案管理系统”反馈的备案编号后即可为网站提供接入服务。

第十二条　网站主办者委托接入提供者代为履行 ICP 备案、备案变更的处理流程（见图一）：

（一）网站主办者将相关 ICP 备案信息提交给其接入提供者。

（二）接入提供者对网站主办者提交的信息进行核实，在确认信息真实、准确的前提下将 ICP 备案信息导入“备案管理系统”；如存在不真实、不准确的信息，接入提供者要求网站主办者重新填报或补充相关信息。

（三）“备案管理系统”对接入提供者导入的信息进行自动核查，经识别没有发现问题的转相关省通信管理局；存在问题的，将相关意见反馈接入提供者。

（四）相关省通信管理局对备案信息进行审核，符合备案条件的予以备案；不符合备案条件的不予备案，并说明理由。

（五）“备案管理系统”对予以备案的，核配备案编号，生成备案电子验证标识（简称电子证书），同时将审核意见反馈接入提供者；对不予以备案的，“备案管理系统”将不予备案理由反馈相关接入提供者。并通知相关接入提供者对相关信息进行修改，重新填报。

（六）对予以备案的，接入提供者将审核意见、用户名和密码及时反馈给网站主办者，并指导网站主办者下载、安装电子证书。网站主办者在接入提供者的指导下及时完成电子证书下载、安装等后续工作，并保管好用户名和密码。

（七）对不予备案的，接入提供者及时通知网站主办者对相关信息进行修改，重新填报或补报信息。

第十三条　网站主办者自行履行 ICP 备案、备案变更处理流程（见图二）：

（一）网站主办者向“备案管理系统”输入相关备案信息。

（二）“备案管理系统”收到网站主办者提交的信息后，对信息进行自动核查，没有发现问题的转相关省通信管理局；存在问题的，将相关意见反馈网站主办者。

（三）相关省通信管理局对备案信息进行审核，符合备案条件的予以备案；

不符合备案条件的不予备案,并说明理由。

（四）“备案管理系统”对予以备案的,核配备案编号,生成电子证书,同时将审核意见反馈网站主办者;对不予以备案的,“备案管理系统”将不予备案理由反馈相关网站主办者,并通知网站主办者对相关信息进行修改,重新填报或补报信息。

（五）网站主办者收到备案编号和电子证书后,及时完成证书下载、安装等工作。

第十四条 涉及前置审批的ICP备案流程:

（一）拟从事新闻、出版、教育、医疗保健、药品和医疗器械、视听节目、网络文化等互联网信息服务的,在履行ICP备案手续前应获得相关前置审批部门的批准。

（二）网站主办者获得前置审批部门批准后,按本细则第十二条或者第十三条相关流程履行备案手续,同时需向住所(身份证住所/注册住所)所在地省通信管理局书面提交相关前置审批部门的审批文件。

（三）网站主办者提交备案信息后五个工作日内尚未提交审批文件的,不予备案。

（四）备案完成后,省通信管理局向相关省级前置审批部门通报网站备案信息。

第十五条 ICP备案注销处理流程:

（一）网站主办者停止互联网信息服务时应注销其备案信息。网站主办者可以直接履行备案注销手续,也可以由接入提供者代为履行备案注销手续。

（二）网站主办者直接履行备案注销手续的,由网站主办者直接将备案注销申请提交“备案管理系统”;接入提供者代为履行备案注销手续的,接入提供者向“备案管理系统”提交网站注销申请,同时提交该网站主办者相应的书面委托书。

（三）“备案管理系统”收到网站备案注销申请信息后,将注销申请转相关省通信管理局。

（四）相关省通信管理局进行审核,符合注销条件的予以注销,并将相关意见反馈注销申请者。

（五）对注销的网站,接入提供者应及时停止接入服务。

第十六条 查处违法违规网站流程(见图三):

（一）省通信管理局根据涉嫌违法违规网站线索(包括举报材料、省通信管理局例行检查、信息产业部的通报、相关部门要求协助查处意见等),对确属违法违规网站进行依法处理。

（二）涉嫌违法违规网站主办者住所所在地不在本行政区的,省通信管理局应及时将违法违规网站基本资料转送至网站主办者住所所在地省通信管理局,由该省通信管理局依法处理。

（三）网站主办者住所所在地在本行政区的,省通信管理局应依法处理。

（四）对依法应当关闭网站的，省通信管理局应向书面通知相关接入提供者停止接入，相关接入提供者应及时将执行情况上报省通信管理局。

（五）网站接入地不在本行政区的，省通信管理局可以直接发函要求接入地省通信管理局配合关闭网站，接入地省通信管理局应积极予以配合，及时书面通知相关接入提供者停止接入，并将执行情况反馈网站主办者住所所在地省通信管理局。

第十七条　查处接入提供者违规行为的流程：

省通信管理局应加强对接入提供者的管理，监督检查接入提供者对用户代为备案信息的事前核验、用户行为的事中监督、违法违规网站的事后查处配合等责任的落实情况。

对违法违规的接入提供者，违法违规行为发生地通信管理局要立案调查，接入提供者主体所在地不在本行政区的，可以请相关省通信管理局配合。

第十八条　互联网站年度审核工作流程：

（一）每年第一季度开始对互联网站进行年度审核工作。

（二）对“备案管理系统”搜索出 IP 地址、域名等信息与 ICP 备案信息不一致的，要求相关网站主办者及时更新备案信息。

（三）对于相关内容主管部门年度审核意见是“取消业务资格”、“关闭网站”的，属于年度审核不合格意见，根据相关内容主管部门提供的书面年度审核意见，实行一票否决制。

第十九条　IP 地址备案工作流程：

（一）IP 地址备案单位向“备案管理系统”导入 IP 地址备案信息。

（二）“备案管理系统”对导入的 IP 地址信息进行自动核查，输出核查报告，并分送给信息产业部或相关通信管理局。

（三）信息产业部或相关通信管理局对核查报告进行分析处理。

第二十条　域名备案工作流程：

（一）中国互联网络信息中心和相关域名注册服务机构（以下简称域名备案单位）向“备案管理系统”导入域名备案信息。

（二）“备案管理系统”自动进行数据处理定期输出统计报告。

（三）信息产业部对统计报告进行分析，发现未备案的，依法处理。

第四章　附　　则

第二十一条　本细则由信息产业部电信管理局解释。

第二十二条　本细则自 2005 年 12 月 1 日起施行。

图一：接入提供者代为备案、备案变更的处理流程（略）

图二：网站主办者直接履行备案、备案变更的处理流程（略）

图三：违规网站查处流程（略）

电子认证服务管理办法

1. 2009 年 2 月 18 日工业和信息化部令第 1 号公布
2. 根据 2015 年 4 月 29 日工业和信息化部令第 29 号《关于修改部分规章的决定》修订

第一章 总 则

第一条 为了规范电子认证服务行为,对电子认证服务提供者实施监督管理,根据《中华人民共和国电子签名法》和其他法律、行政法规的规定,制定本办法。

第二条 本办法所称电子认证服务,是指为电子签名相关各方提供真实性、可靠性验证的活动。

本办法所称电子认证服务提供者,是指为需要第三方认证的电子签名提供认证服务的机构(以下称为“电子认证服务机构”)。

向社会公众提供服务的电子认证服务机构应当依法设立。

第三条 在中华人民共和国境内设立电子认证服务机构和为电子签名提供电子认证服务,适用本办法。

第四条 中华人民共和国工业和信息化部(以下简称“工业和信息化部”)依法对电子认证服务机构和电子认证服务实施监督管理。

第二章 电子认证服务机构

第五条 电子认证服务机构应当具备下列条件:

(一)具有独立的企业法人资格。

(二)具有与提供电子认证服务相适应的人员。从事电子认证服务的专业技术人员、运营管理人员、安全管理人员和客户服务人员不少于三十名,并且应当符合相应岗位技能要求。

(三)注册资本不低于人民币三千万元。

(四)具有固定的经营场所和满足电子认证服务要求的物理环境。

(五)具有符合国家有关安全标准的技术和设备。

(六)具有国家密码管理机构同意使用密码的证明文件。

(七)法律、行政法规规定的其他条件。

第六条 申请电子认证服务许可的,应当向工业和信息化部提交下列材料:

(一)书面申请。

(二)人员证明。

(三)企业法人营业执照副本及复印件。

(四)经营场所证明。

(五)国家有关认证检测机构出具的技术、设备、物理环境符合国家有关安全标准的凭证。

(六)国家密码管理机构同意使用密码的证明文件。

第七条 工业和信息化部对提交的申请材料进行形式审查。申请材料齐全、符合法定形式的，应当向申请人出具受理通知书。申请材料不齐全或者不符合法定形式的，应当当场或者在五日内一次告知申请人需要补正的全部内容。

第八条 工业和信息化部对决定受理的申请材料进行实质审查。需要对有关内容进行核实的，指派两名以上工作人员实地进行核查。

第九条 工业和信息化部对与申请人有关事项书面征求中华人民共和国商务部等有关部门的意见。

第十条 工业和信息化部应当自接到申请之日起四十五日内作出准予许可或者不予许可的书面决定。不予许可的，应当书面通知申请人并说明理由；准予许可的，颁发《电子认证服务许可证》，并公布下列信息：

（一）《电子认证服务许可证》编号。

（二）电子认证服务机构名称。

（三）发证机关和发证日期。

电子认证服务许可相关信息发生变更的，工业和信息化部应当及时公布。

《电子认证服务许可证》的有效期为五年。

第十一条 电子认证服务机构不得倒卖、出租、出借或者以其他形式非法转让《电子认证服务许可证》。

第十二条 取得认证资格的电子认证服务机构，在提供电子认证服务之前，应当通过互联网公布下列信息：

（一）机构名称和法定代表人。

（二）机构住所和联系办法。

（三）《电子认证服务许可证》编号。

（四）发证机关和发证日期。

（五）《电子认证服务许可证》有效期的起止时间。

第十三条 电子认证服务机构在《电子认证服务许可证》的有效期内变更公司名称、住所、法定代表人、注册资本的，应当在完成工商变更登记之日起15日内办理《电子认证服务许可证》变更手续。

第十四条 《电子认证服务许可证》的有效期届满需要延续的，电子认证服务机构应当在许可证有效期届满三十日前向工业和信息化部申请办理延续手续，并自办结之日起五日内按照本办法第十二条的规定公布相关信息。

第三章 电子认证服务

第十五条 电子认证服务机构应当按照工业和信息化部公布的《电子认证业务规则规范》等要求，制定本机构的电子认证业务规则和相应的证书策略，在提供电子认证服务前予以公布，并向工业和信息化部备案。

电子认证业务规则和证书策略发生变更的，电子认证服务机构应当予以公布，并自公布之日起三十日内向工业和信息化部备案。

第十六条 电子认证服务机构应当按照公布的电子认证业务规则提供电子认证服务。

第十七条 电子认证服务机构应当保证提供下列服务：

（一）制作、签发、管理电子签名认证证书。

（二）确认签发的电子签名认证证书的真实性。

（三）提供电子签名认证证书目录信息查询服务。

（四）提供电子签名认证证书状态信息查询服务。

第十八条 电子认证服务机构应当履行下列义务：

（一）保证电子签名认证证书内容在有效期内完整、准确。

（二）保证电子签名依赖方能够证实或者了解电子签名认证证书所载内容及其他有关事项。

（三）妥善保存与电子认证服务相关的信息。

第十九条 电子认证服务机构应当建立完善的安全管理和内部审计制度。

第二十条 电子认证服务机构应当遵守国家的保密规定，建立完善的保密制度。

电子认证服务机构对电子签名人和电子签名依赖方的资料，负有保密的义务。

第二十一条 电子认证服务机构在受理电子签名认证证书申请前，应当向申请人告知下列事项：

（一）电子签名认证证书和电子签名的使用条件。

（二）服务收费的项目和标准。

（三）保存和使用证书持有人信息的权限和责任。

（四）电子认证服务机构的责任范围。

（五）证书持有人的责任范围。

（六）其他需要事先告知的事项。

第二十二条 电子认证服务机构受理电子签名认证申请后，应当与证书申请人签订合同，明确双方的权利义务。

第四章 电子认证服务的暂停、终止

第二十三条 电子认证服务机构在《电子认证服务许可证》的有效期内拟终止电子认证服务的，应当在终止服务六十日前向工业和信息化部报告，并办理《电子认证服务许可证》注销手续。

第二十四条 电子认证服务机构拟暂停或者终止电子认证服务的，应当在暂停或者终止电子认证服务九十日前，就业务承接及其他有关事项通知有关各方。

电子认证服务机构拟暂停或者终止电子认证服务的，应当在暂停或者终止电子认证服务六十日前向工业和信息化部报告，并与其他电子认证服务机构就业务承接进行协商，作出妥善安排。

第二十五条 电子认证服务机构拟暂停或者终止电子认证服务，未能就业务承接事项与其他电子认证服务机构达成协议的，应当申请工业和信息化部安排其他电子认证服务机构承接其业务。

第二十六条 电子认证服务机构被依法吊销电子认证服务许可的,其业务承接事项按照工业和信息化部的规定处理。

第二十七条 电子认证服务机构有根据工业和信息化部的安排承接其他机构开展的电子认证服务业务的义务。

第五章 电子签名认证证书

第二十八条 电子签名认证证书应当准确载明下列内容:

(一)签发电子签名认证证书的电子认证服务机构名称。

(二)证书持有人名称。

(三)证书序列号。

(四)证书有效期。

(五)证书持有人的电子签名验证数据。

(六)电子认证服务机构的电子签名。

(七)工业和信息化部规定的其他内容。

第二十九条 有下列情况之一的,电子认证服务机构可以撤销其签发的电子签名认证证书:

(一)证书持有人申请撤销证书。

(二)证书持有人提供的信息不真实。

(三)证书持有人没有履行双方合同规定的义务。

(四)证书的安全性不能得到保证。

(五)法律、行政法规规定的其他情况。

第三十条 有下列情况之一的,电子认证服务机构应当对申请人提供的证明身份的有关材料进行查验,并对有关材料进行审查:

(一)申请人申请电子签名认证证书。

(二)证书持有人申请更新证书。

(三)证书持有人申请撤销证书。

第三十一条 电子认证服务机构更新或者撤销电子签名认证证书时,应当予以公告。

第六章 监督管理

第三十二条 工业和信息化部对电子认证服务机构进行定期、不定期的监督检查,监督检查的内容主要包括法律法规符合性、安全运营管理、风险管理等。

工业和信息化部对电子认证服务机构 实行监督检查时,应当记录监督检查的情况和处理结果,由监督检查人员签字后归档。公众有权查阅监督检查记录。

工业和信息化部对电子认证服务机构 实行监督检查,不得妨碍 电子认证服务机构 正常的生产经营活动,不得收取任何费用。

第三十三条 取得电子认证服务许可的电子认证服务机构,在电子认证服务许可的有效期内不得降低其设立时所应具备的条件。

第三十四条 电子认证服务机构应当如实向工业和信息化部报送认证业务

开展情况报告、财务会计报告等有关资料。

第三十五条 电子认证服务机构有下列情况之一的，应当及时向工业和信息化部报告：

（一）重大系统、关键设备事故。

（二）重大财产损失。

（三）重大法律诉讼。

（四）关键岗位人员变动。

第三十六条 电子认证服务机构应当对其从业人员进行岗位培训。

第三十七条 工业和信息化部根据监督管理工作的需要，可以委托有关省、自治区和直辖市信息产业主管部门承担具体的监督管理事项。

第七章 罚 则

第三十八条 电子认证服务机构向工业和信息化部隐瞒有关情况、提供虚假材料或者拒绝提供反映其活动的真实材料的，由工业和信息化部责令改正，给予警告或者处以5000元以上1万元以下的罚款。

第三十九条 工业和信息化部与省、自治区、直辖市信息产业主管部门的工作人员，不依法履行监督管理职责的，由工业和信息化部或者省、自治区、直辖市信息产业主管部门依据职权视情节轻重，分别给予警告、记过、记大过、降级、撤职、开除的行政处分；构成犯罪的，依法追究刑事责任。

第四十条 电子认证服务机构违反本办法第十三条、第十五条、第二十七条的规定的，由工业和信息化部依据职权责令限期改正，处以警告，可以并处1万元以下的罚款。

第四十一条 电子认证服务机构违反本办法第三十三条的规定的，由工业和信息化部依据职权责令限期改正，处以3万元以下的罚款，并将上述情况向社会公告。

第八章 附 则

第四十二条 经工业和信息化部根据有关协议或者对等原则核准后，中华人民共和国境外的电子认证服务机构在境外签发的电子签名认证证书与依照本办法设立的电子认证服务机构签发的电子签名认证证书具有同等的法律效力。

第四十三条 本办法自2009年3月31日起施行。2005年2月8日发布的《电子认证服务管理办法》（中华人民共和国信息产业部令第35号）同时废止。

互联网信息内容管理行政执法程序规定

1．2017年5月2日国家互联网信息办公室令第2号公布

2．自2017年6月1日起施行

第一章 总 则

第一条 为了规范和保障互联网信

息内容管理部门依法履行职责,保护公民、法人和其他组织的合法权益,维护国家安全和公共利益,根据《中华人民共和国行政处罚法》《中华人民共和国网络安全法》和《国务院关于授权国家互联网信息办公室负责互联网信息内容管理工作的通知》,制定本规定。

第二条　互联网信息内容管理部门依法实施行政执法,对违反有关互联网信息内容管理法律法规规章的行为实施行政处罚,适用本规定。

本规定所称互联网信息内容管理部门,是指国家互联网信息办公室和地方互联网信息办公室。

第三条　互联网信息内容管理部门实施行政执法,应当遵循公开、公平、公正的原则,做到事实清楚、证据确凿、程序合法、法律法规规章适用准确适当、执法文书使用规范。

第四条　互联网信息内容管理部门建立行政执法督查制度。

上级互联网信息内容管理部门对下级互联网信息内容管理部门实施的行政执法进行督查。

第五条　互联网信息内容管理部门应当加强执法队伍建设,建立健全执法人员培训、考试考核、资格管理和持证上岗制度。

执法人员应当参加互联网信息内容管理部门组织的法律知识和业务知识培训,并经行政执法资格考试或者考核合格,取得执法证后方可从事执法工作。

执法证由国家互联网信息内容管理部门统一制定、核发或者授权省、自治区、直辖市互联网信息内容管理部门核发。

第二章　管　　辖

第六条　行政处罚由违法行为发生地的互联网信息内容管理部门管辖。

违法行为发生地包括实施违法行为的网站备案地,工商登记地(工商登记地与主营业地不一致的,应按主营业地),网站建立者、管理者、使用者所在地,网络接入地,计算机等终端设备所在地等。

第七条　市(地、州)级以下互联网信息内容管理部门依职权管辖本行政区域内的互联网信息内容行政处罚案件。

省、自治区、直辖市互联网信息内容管理部门依职权管辖本行政区域内重大、复杂的互联网信息内容行政处罚案件。

国家互联网信息内容管理部门依职权管辖应当由自己实施行政处罚的案件及全国范围内发生的重大、复杂的互联网信息内容行政处罚案件。

省、自治区、直辖市互联网信息内容管理部门可以依据法律法规规章,结合本地区实际,制定本行政区域内级别管辖的具体规定。

第八条　对当事人的同一违法行为,两个以上互联网信息内容管理部门均有管辖权的,由先行立案的互联网信息内容管理部门管辖。必要时,可以移送主要违法行为发生地的互联网信息内容管理部门管辖。

两个以上的互联网信息内容管理部门对管辖权有争议的，应当协商解决；协商不成的，报请共同的上一级互联网信息内容管理部门指定管辖。

第九条 上级互联网信息内容管理部门认为必要时，可以直接办理下级互联网信息内容管理部门管辖的案件，也可以将自己管辖的案件移交下级互联网信息内容管理部门办理。

下级互联网信息内容管理部门对其管辖的案件由于特殊原因不能行使管辖权的，可以报请上级互联网信息内容管理部门管辖或者指定管辖。

第十条 互联网信息内容管理部门发现案件不属于其管辖的，应当及时移送有管辖权的互联网信息内容管理部门。

受移送的互联网信息内容管理部门应当将案件查处结果及时函告移送案件的互联网信息内容管理部门；认为移送不当的，应当报请共同的上一级互联网信息内容管理部门指定管辖，不得再次移送。

第十一条 上级互联网信息内容管理部门接到管辖争议或者报请指定管辖请示后，应当在十个工作日内作出指定管辖的决定，并书面通知下级互联网信息内容管理部门。

第十二条 互联网信息内容管理部门发现案件属于其他行政机关管辖的，应当依法移送有关机关。

互联网信息内容管理部门发现违法行为涉嫌犯罪的，应当及时移送司法机关。司法机关决定立案的，互联网信息内容管理部门应当自接到司法机关立案通知书之日起三日内将与案件有关的材料移交司法机关，并办结交接手续。

第十三条 互联网信息内容管理部门对依法应当撤销互联网新闻信息服务许可、吊销互联网新闻信息服务许可证的，应当提出处理建议，并将取得的证据及相关材料报送原发证的互联网信息内容管理部门，由原发证的互联网信息内容管理部门依法作出是否撤销许可、吊销许可证的决定。

第三章 立　　案

第十四条 互联网信息内容管理部门应当对下列事项及时调查处理，并填写《案件来源登记表》(格式见附件1)：

(一)在监督检查中发现案件线索的；

(二)自然人、法人或者其他组织投诉、申诉、举报的；

(三)上级机关交办或者下级机关报请查处的；

(四)有关部门移送或者经由其他方式、途径发现的。

第十五条 行政处罚立案应当符合下列条件：

(一)有涉嫌违法的事实；

(二)依法应当予以行政处罚；

(三)属于互联网信息内容监督管理行政处罚的范围；

(四)属于本互联网信息内容管理

部门管辖。

符合立案条件的，应当填写《立案审批表》（格式见附件2），同时附上相关材料，在七个工作日内报互联网信息内容管理部门负责人批准立案，并确定两名以上执法人员为案件承办人。特殊情况下，可以延长至十五个工作日内立案。

第十六条　对于不予立案的投诉、申诉、举报，经互联网信息内容管理部门负责人批准后，应将结果告知具名的投诉人、申诉人、举报人，并将不予立案的相关情况作书面记录留存。

对于其他部门移送的案件，决定不予立案的，应当书面告知移送部门。

不予立案或者撤销立案的，承办人应当制作《不予立案审批表》（格式见附件3）或者《撤销立案审批表》（格式见附件4），报互联网信息内容管理部门负责人批准。

第十七条　办案人员有下列情形之一的，应当自行回避；当事人也有权申请办案人员回避：

（一）是本案的当事人或者当事人的近亲属；

（二）与本案有直接利害关系；

（三）与本案当事人有其他关系，可能影响案件公正处理。

办案人员的回避由互联网信息内容管理部门负责人决定。当事人对决定不服的，可以申请复议一次。

回避决定作出前，被申请回避人员不停止对案件的调查处理。

第四章　调查取证

第十八条　互联网信息内容管理部门进行案件调查取证时，执法人员不得少于两人，并应当出示执法证。必要时，也可以聘请专业人员进行协助。

首次向案件当事人收集、调取证据的，应当告知其有申请办案人员回避的权利。

向有关单位、个人收集、调取证据时，应当告知其有如实提供证据的义务。被调查对象或者有关人员应当如实回答询问并协助、配合调查，及时提供依法应当保存的互联网信息服务提供者发布的信息、用户发布的信息、日志信息等相关材料，不得阻挠、干扰案件的调查。

执法人员对在办案过程中知悉的国家秘密、商业秘密、个人隐私、个人信息应当依法保密。

第十九条　互联网信息内容管理部门在办案过程中需要其他地区互联网信息内容管理部门协助调查、取证的，应当出具委托调查函。受委托的互联网信息内容管理部门应当积极予以协助，一般应当在接到委托调查函之日起十五个工作日内完成相关工作；需要延期完成或者无法协助的，应当及时函告委托的互联网信息内容管理部门。

第二十条　办案人员应当依法收集与案件有关的证据，包括电子数据、视听资料、书证、物证、证人证言、当事人的陈述、鉴定意见、检验报告、勘验笔录、现场笔录、询问笔录等。

电子数据是指案件发生过程中形成的，以数字化形式存储、处理、传输的，能够证明案件事实的数据，包括但不限于网页、博客、微博客、即时通信工具、论坛、贴吧、网盘、电子邮件、网络后台等方式承载的电子信息或文件。电子数据主要存在于计算机设备、移动通信设备、互联网服务器、移动存储设备、云存储系统等电子设备或存储介质中。

视听资料包括录音资料和影像资料。

存储在电子介质中的录音资料和影像资料，适用电子数据的规定。

第二十一条 互联网信息内容管理部门在立案前调查或者检查过程中依法取得的证据，可以作为认定事实的依据。通过网络巡查等技术手段获取的、具有可靠性的电子数据可以作为认定事实的依据。

电子数据的收集、提取应当符合法律法规规章、国家标准、行业标准和技术规范，并保证所收集、提取的电子数据的完整性、合法性、真实性、关联性。否则，不得作为认定事实的依据。

第二十二条 互联网信息内容管理部门在立案前，可以采取询问、勘验、检查、鉴定、调取证据材料等措施，不得限制初查对象的人身、财产权利。

互联网信息内容管理部门在立案后，可以对物品、设施、场所采取先行登记保存等措施。

第二十三条 互联网信息内容管理部门在办案过程中，应当及时询问证人。

执法人员进行询问的，应当制作《询问笔录》（格式见附件5），载明时间、地点、有关事实、经过等内容。询问笔录应当交询问对象或者有关人员核对并确认。

第二十四条 互联网信息内容管理部门对于涉及互联网信息内容违法的场所、物品、网络应当进行勘验、检查，及时收集、固定书证、物证、视听资料以及电子数据。

第二十五条 互联网信息内容管理部门可以委托司法鉴定机构就案件中的专门性问题出具鉴定意见；不属于司法鉴定范围的，可以委托有能力或者条件的机构出具检测报告或者检验报告。

第二十六条 互联网信息内容管理部门可以向有关单位、个人调取能够证明案件事实的证据材料，并且可以根据需要拍照、录像、复印和复制。

调取的书证、物证应当是原件、原物。调取原件、原物确有困难的，可以由提交证据的有关单位、个人在复制品上签字或者盖章，注明"此件由×××提供，经核对与原件（物）无异"的字样或者文字说明，并注明出证日期、证据出处，并签名或者盖章。

调取的视听资料、电子数据应当是原始载体或备份介质。调取原始载体或备份介质确有困难的，可以收集复制件，并注明制作方法、制作时间、制作人等情况。调取声音资料的应当附有该声音内容的文字记录。

第二十七条 在证据可能灭失或者

以后难以取得的情况下，经互联网信息内容管理部门负责人批准，执法人员可以依法对涉案计算机、服务器、硬盘、移动存储设备、存储卡等涉嫌实施违法行为的物品先行登记保存，制作《登记保存物品清单》（格式见附件6），向当事人出具《登记保存物品通知书》（格式见附件7）。先行登记保存期间，当事人或有关人员不得损毁、销毁或者非法转移证据。

互联网信息内容管理部门实施先行登记保存时，应当通知当事人或者持有人到场，并在现场笔录中对采取的相关措施情况予以记载。

第二十八条 互联网信息内容管理部门对先行登记保存的证据，应当在七日内作出以下处理决定：

（一）需要采取证据保全措施的，采取记录、复制、拍照、录像等证据保全措施后予以返还；

（二）需要检验、检测、鉴定的，送交具有相应资质的机构检验、检测、鉴定；

（三）违法事实成立的，依法应当予以没收的，作出行政处罚决定，没收违法物品；

（四）违法事实不成立，或者违法事实成立但依法不应当予以没收的，解除先行登记保存。

逾期未作出处理决定的，应当解除先行登记保存。

第二十九条 为了收集、保全电子数据，互联网信息内容管理部门可以采取现场取证，远程取证，责令有关单位、个人固定和提交等措施。

现场取证、远程取证结束后应当制作《电子取证工作记录》（格式见附件8）。

第三十条 执法人员在调查取证过程中，应当要求当事人在笔录或者其他材料上签字、捺指印、盖章或者以其他方式确认。当事人拒绝到场，拒绝签字、捺指印、盖章或者以其他方式确认，或者无法找到当事人的，应当由两名执法人员在笔录或者其他材料上注明原因，并邀请有关人员作为见证人签字或者盖章，也可以采取录音、录像等方式记录。

第三十一条 案件调查终结后，承办人应当撰写《案件处理意见报告》（格式见附件9）：

认为违法事实成立，应当予以行政处罚的，撰写《案件处理意见报告》，草拟行政处罚建议书。

有下列情形之一的，撰写《案件处理意见报告》，说明拟作处理的理由，报互联网信息内容管理部门负责人批准后根据不同情况分别处理：

（一）认为违法事实不成立，应当予以销案的；

（二）违法行为情节轻微，没有造成危害后果，不予行政处罚的；

（三）案件不属于本机关管辖，应当移送其他行政机关管辖的；

（四）涉嫌犯罪，应当移送司法机关的。

第三十二条 互联网信息内容管理部门进行案件调查时，对已有证据证明违法事实成立的，应当出具责令改正通知书，责令当事人改正或者限期改正违法行为。

第五章 听证、约谈

第三十三条 互联网信息内容管理部门作出吊销互联网新闻信息服务许可证、较大数额罚款等行政处罚决定之前，应当告知当事人有要求举行听证的权利。当事人要求听证的，应当在被告知后三日内提出，互联网信息内容管理部门应当组织听证。当事人逾期未要求听证的，视为放弃权利。

第三十四条 互联网信息内容管理部门应当在听证的七日前，将《举行听证通知书》（格式见附件10）送达当事人，告知举行听证的时间、地点。

听证应当制作《听证笔录》（格式见附件11），交当事人审核无误后签字或者盖章。

第三十五条 互联网信息内容管理部门对互联网信息服务提供者违法行为作出行政处罚决定前，可以根据有关规定对其实施约谈，谈话结束后制作《执法约谈笔录》（格式见附件12）。

第六章 处罚决定、送达

第三十六条 互联网信息内容管理部门作出行政处罚决定之前，应当填写《行政处罚意见告知书》（格式见附件13），告知当事人拟作出行政处罚的违法事实、处罚的理由和依据，以及当事人依法享有的陈述、申辩权。

互联网信息内容管理部门应当充分听取当事人的陈述和申辩。当事人提出的事实、理由或者证据经复核成立的，应当采纳。当事人在接到告知书之日起三个工作日内未提出陈述、申辩的，视为放弃权利。

互联网信息内容管理部门不得因当事人陈述、申辩而加重处罚。

第三十七条 拟作出的行政处罚决定应当报互联网信息内容管理部门负责人审查。互联网信息内容管理部门负责人根据不同情况，分别作出如下决定：

（一）确有应受行政处罚的违法行为的，根据情节轻重及具体情况，作出行政处罚决定；

（二）违法行为轻微，依法可以不予行政处罚的，不予行政处罚；

（三）违法事实不能成立的，不予行政处罚；

（四）违法行为已构成犯罪的，移送司法机关。

第三十八条 对情节复杂或者重大违法行为给予较重的行政处罚，互联网信息内容管理部门负责人应当集体讨论决定。集体讨论决定的过程应当有书面记录。

情节复杂、重大违法行为标准由互联网信息内容管理部门根据实际情况确定。

第三十九条 互联网信息内容管理部门作出行政处罚决定，应当制作统一编号的《行政处罚决定书》（格式见附件14）。

《行政处罚决定书》应当载明下列事项：

（一）当事人的姓名或者名称、地址等基本情况；

（二）违反法律、法规或者规章的事实和证据；

（三）行政处罚的种类和依据；

（四）行政处罚的履行方式和期限；

（五）不服行政处罚决定，申请行政复议或者提起行政诉讼的途径和期限；

（六）作出行政处罚决定的互联网信息内容管理部门名称和作出决定的日期。

行政处罚决定中涉及没收有关物品的，还应当附没收物品凭证。

《行政处罚决定书》应当盖有作出行政处罚决定的互联网信息内容管理部门的印章。

第四十条 《行政处罚决定书》应当在宣告后当场交付当事人；当事人不在场的，应当在七日内依照民事诉讼法的有关规定，将《行政处罚决定书》送达当事人。

第七章 执行与结案

第四十一条 《行政处罚决定书》送达后，当事人应当在处罚决定的期限内予以履行。

当事人确有经济困难，可以提出延期或者分期缴纳罚款的申请，并提交书面材料。经案件承办人审核，确定延期或者分期缴纳罚款的期限和金额，报互联网信息内容管理部门负责人批准后执行。

第四十二条 互联网信息服务提供者违反相关法律法规规章，需由电信主管部门关闭网站、吊销互联网信息服务增值电信业务经营许可证或者取消备案的，转电信主管部门处理。

第四十三条 当事人对互联网信息内容管理部门给予的行政处罚享有陈述、申辩权，对行政处罚决定不服的，有权依法申请行政复议或者提起行政诉讼。

当事人对行政处罚决定不服，申请行政复议或者提起行政诉讼的，行政处罚不停止执行，但法律另有规定的除外。

第四十四条 当事人在法定期限内不申请行政复议或者提起行政诉讼，又不履行行政处罚决定的，作出处罚决定的互联网信息内容管理部门可以申请人民法院强制执行。

互联网信息内容管理部门申请人民法院强制执行前应当填写《履行行政处罚决定催告书》（格式见附件15），书面催告当事人履行义务，并告知履行义务的期限和方式、依法享有的陈述和申辩权，涉及加处罚款的，应当有明确的金额和给付方式。

加处罚款的总数额不得超过原罚款数额。

当事人进行陈述、申辩的，互联网信息内容管理部门应当对当事人提出的事实、理由和证据进行记录、复核，并制作陈述申辩笔录、陈述申辩复核意见书。当事人提出的事实、理由或者证据成立的，互联网信息内容管理部门应当采纳。

《履行行政处罚决定催告书》送达十个工作日后，当事人仍未履行处罚决定的，互联网信息内容管理部门可以申请人民法院强制执行，并填写《行政处罚强制执行申请书》(格式见附件16)。

第四十五条 行政处罚决定履行或者执行后，办案人应当填写《行政处罚结案报告》(格式见附件17)，将有关案件材料进行整理装订，归档保存。

第八章 附 则

第四十六条 本规定中的期限以时、日计算，开始的时和日不计算在内。期限届满的最后一日是节假日的，以节假日后的第一日为届满的日期。法律、法规另有规定的除外。

第四十七条 本规定中的"以上""以下""以内"，均包括本数。

第四十八条 国家互联网信息内容管理部门负责制定行政执法所适用的文书格式范本。各省、自治区、直辖市互联网信息内容管理部门可以参照文书格式范本，制定本行政区域行政处罚所适用的文书格式并自行印制。

第四十九条 本规定自2017年6月1日起施行。

附件：

1. 案件来源登记表(略)
2. 立案审批表(略)
3. 不予立案审批表(略)
4. 撤销立案审批表(略)
5. 询问笔录(略)
6. 登记保存物品清单(略)
7. 登记保存物品通知书(略)
8. 电子取证工作记录(略)
9. 案件处理意见报告(略)
10. 举行听证通知书(略)
11. 听证笔录(略)
12. 执法约谈笔录(略)
13. 行政处罚意见告知书(略)
14. 行政处罚决定书(略)
15. 履行行政处罚决定催告书(略)
16. 行政处罚强制执行申请书(略)
17. 行政处罚结案报告(略)

电信业务经营许可管理办法

1. 2017年7月3日工业和信息化部令第42号公布
2. 自2017年9月1日起施行

第一章 总 则

第一条 为了加强电信业务经营许可管理，根据《中华人民共和国电信条例》及其他法律、行政法规的规定，制定本办法。

第二条 在中华人民共和国境内申请、审批、使用和管理电信业务经营许可证(以下简称经营许可证)，适用本办法。

第三条 工业和信息化部和省、自

治区、直辖市通信管理局(以下统称电信管理机构)是经营许可证的审批管理机构。

经营许可证审批管理应当遵循便民、高效、公开、公平、公正的原则。

工业和信息化部建立电信业务综合管理平台(以下简称管理平台),推进经营许可证的网上申请、审批和管理及相关信息公示、查询、共享,完善信用管理机制。

第四条 经营电信业务,应当依法取得电信管理机构颁发的经营许可证。

电信业务经营者在电信业务经营活动中,应当遵守经营许可证的规定,接受、配合电信管理机构的监督管理。

电信业务经营者按照经营许可证的规定经营电信业务受法律保护。

第二章 经营许可证的申请

第五条 经营基础电信业务,应当具备下列条件:

(一)经营者为依法设立的专门从事基础电信业务的公司,并且公司的国有股权或者股份不少于51%;

(二)有业务发展研究报告和组网技术方案;

(三)有与从事经营活动相适应的资金和专业人员;

(四)有从事经营活动的场地、设施及相应的资源;

(五)有为用户提供长期服务的信誉或者能力;

(六)在省、自治区、直辖市范围内经营的,注册资本最低限额为1亿元人民币;在全国或者跨省、自治区、直辖市范围经营的,注册资本最低限额为10亿元人民币;

(七)公司及其主要投资者和主要经营管理人员未被列入电信业务经营失信名单;

(八)国家规定的其他条件。

第六条 经营增值电信业务,应当具备下列条件:

(一)经营者为依法设立的公司;

(二)有与开展经营活动相适应的资金和专业人员;

(三)有为用户提供长期服务的信誉或者能力;

(四)在省、自治区、直辖市范围内经营的,注册资本最低限额为100万元人民币;在全国或者跨省、自治区、直辖市范围经营的,注册资本最低限额为1000万元人民币;

(五)有必要的场地、设施及技术方案;

(六)公司及其主要投资者和主要经营管理人员未被列入电信业务经营失信名单;

(七)国家规定的其他条件。

第七条 申请办理基础电信业务经营许可证的,应当向工业和信息化部提交下列申请材料:

(一)公司法定代表人签署的经营基础电信业务的书面申请,内容包括:申请经营电信业务的种类、业务覆盖范围、公司名称和联系方式等;

（二）公司营业执照副本及复印件；

（三）公司概况，包括公司基本情况，拟从事电信业务的机构设置和管理情况、技术力量和经营管理人员情况，与从事经营活动相适应的场地、设施等情况；

（四）公司章程、公司股权结构及股东的有关情况；

（五）业务发展研究报告，包括：经营电信业务的业务发展和实施计划、服务项目、业务覆盖范围、收费方案、预期服务质量、效益分析等；

（六）组网技术方案，包括：网络结构、网络规模、网络建设计划、网络互联方案、技术标准、电信设备的配置、电信资源使用方案等；

（七）为用户提供长期服务和质量保障的措施；

（八）网络与信息安全保障措施；

（九）证明公司信誉的有关材料；

（十）公司法定代表人签署的公司依法经营电信业务的承诺书。

第八条 申请办理增值电信业务经营许可证的，应当向电信管理机构提交下列申请材料：

（一）公司法定代表人签署的经营增值电信业务的书面申请，内容包括：申请经营电信业务的种类、业务覆盖范围、公司名称和联系方式等；

（二）公司营业执照副本及复印件；

（三）公司概况，包括：公司基本情况，拟从事电信业务的人员、场地和设施等情况；

（四）公司章程、公司股权结构及股东的有关情况；

（五）经营电信业务的业务发展和实施计划及技术方案；

（六）为用户提供长期服务和质量保障的措施；

（七）网络与信息安全保障措施；

（八）证明公司信誉的有关材料；

（九）公司法定代表人签署的公司依法经营电信业务的承诺书。

申请经营的电信业务依照法律、行政法规及国家有关规定须经有关主管部门事先审核同意的，应当提交有关主管部门审核同意的文件。

第三章 经营许可证的审批

第九条 经营许可证分为《基础电信业务经营许可证》和《增值电信业务经营许可证》两类。其中，《增值电信业务经营许可证》分为《跨地区增值电信业务经营许可证》和省、自治区、直辖市范围内的《增值电信业务经营许可证》。

《基础电信业务经营许可证》和《跨地区增值电信业务经营许可证》由工业和信息化部审批。省、自治区、直辖市范围内的《增值电信业务经营许可证》由省、自治区、直辖市通信管理局审批。

外商投资电信企业的经营许可证，由工业和信息化部根据《外商投资电信企业管理规定》审批。

第十条 工业和信息化部应当对申请经营基础电信业务的申请材料进行审查。申请材料齐全、符合法定形式的，应当向申请人出具受理申请通知书。申请材料不齐全或者不符合法定形式的，应当当场或者在五日内一次告知申请人需要补正的全部内容。

工业和信息化部受理申请之后，应当组织专家对第七条第五项、第六项、第八项申请材料进行评审，形成评审意见。

工业和信息化部应当自受理申请之日起180日内审查完毕，作出批准或者不予批准的决定。予以批准的，颁发《基础电信业务经营许可证》。不予批准的，应当书面通知申请人并说明理由。

第十一条　电信管理机构应当对申请经营增值电信业务的申请材料进行审查。申请材料齐全、符合法定形式的，应当向申请人出具受理申请通知书。申请材料不齐全或者不符合法定形式的，应当当场或者在五日内一次告知申请人需要补正的全部内容。

电信管理机构根据管理需要，可以组织专家对第八条第五项、第六项和第七项申请材料进行评审，形成评审意见。

电信管理机构应当自收到全部申请材料之日起60日内审查完毕，作出批准或者不予批准的决定。予以批准的，颁发《跨地区增值电信业务经营许可证》或者省、自治区、直辖市范围内的《增值电信业务经营许可证》。不予批准的，应当书面通知申请人并说明理由。

第十二条　电信管理机构需要对申请材料实质内容进行核实的，可以自行或者委托其他机构对申请人实地查验，申请人应当配合。

电信管理机构组织专家评审的，专家评审时间不计算在本办法第十条第三款和第十一条第三款规定的审查期限内。

第十三条　经营许可证由正文和附件组成。

经营许可证正文应当载明公司名称、法定代表人、业务种类（服务项目）、业务覆盖范围、有效期限、发证机关、发证日期、经营许可证编号等内容。

经营许可证附件可以规定特别事项，由电信管理机构对电信业务经营行为、电信业务经营者权利义务等作出特别要求。

经营许可证应当加盖发证机关印章。

工业和信息化部可以根据实际情况，调整经营许可证的内容，重新公布。

第十四条　《基础电信业务经营许可证》的有效期，根据电信业务种类分为5年、10年。

《跨地区增值电信业务经营许可证》和省、自治区、直辖市范围内的《增值电信业务经营许可证》的有效期为5年。

第十五条　经营许可证由公司法定代表人领取，或者由其委托的公司其他人员凭委托书领取。

第四章　经营许可证的使用

第十六条　电信业务经营者应当按照经营许可证所载明的电信业务种类，在规定的业务覆盖范围内，按照经营许可证的规定经营电信业务。

电信业务经营者应当在公司主要经营场所、网站主页、业务宣传材料等显著位置标明其经营许可证编号。

第十七条 获准经营无线电通信业务的，应当按照国家无线电管理相关规定，持经营许可证向无线电管理机构申请取得无线电频率使用许可。

第十八条 电信业务经营者经发证机关批准，可以授权其持股比例（包括直接持有和间接持有）不少于51%并符合经营电信业务条件的公司经营其获准经营的电信业务。发证机关应当在电信业务经营者的经营许可证中载明该被授权公司的名称、法定代表人、业务种类、业务覆盖范围等内容。

获准跨地区经营基础电信业务的公司在一个地区不能授权两家或者两家以上公司经营同一项基础电信业务。

第十九条 任何单位和个人不得伪造、涂改、冒用和以任何方式转让经营许可证。

第五章 经营行为的规范

第二十条 基础电信业务经营者应当按照公开、平等的原则为取得经营许可证的电信业务经营者提供经营相关电信业务所需的电信服务和电信资源，不得为无经营许可证的单位或者个人提供用于经营电信业务的电信资源或者提供网络接入、业务接入服务。

第二十一条 电信业务经营者不得以任何方式实施不正当竞争。

第二十二条 为增值电信业务经营者提供网络接入、代理收费和业务合作的基础电信业务经营者，应当对相应增值电信业务的内容、收费、合作行为等进行规范、管理，并建立相应的发现、监督和处置制度及措施。

第二十三条 基础电信业务经营者调整与增值电信业务经营者之间的合作条件的，应当事先征求相关增值电信业务经营者的意见。

有关意见征求情况及记录应当留存，并在电信管理机构监督检查时予以提供。

第二十四条 提供接入服务的增值电信业务经营者应当遵守下列规定：

（一）应当租用取得相应经营许可证的基础电信业务经营者提供的电信服务或者电信资源从事业务经营活动，不得向其他从事接入服务的增值电信业务经营者转租所获得的电信服务或者电信资源；

（二）为用户办理接入服务手续时，应当要求用户提供真实身份信息并予以查验；

（三）不得为未依法取得经营许可证或者履行非经营性互联网信息服务备案手续的单位或者个人提供接入或者代收费等服务；

（四）按照电信管理机构的规定，建立相应的业务管理系统，并按要求实现同电信管理机构相应系统对接，定期报送有关业务管理信息；

（五）对所接入网站传播违法信息

的行为进行监督,发现传播明显属于《中华人民共和国电信条例》第五十六条规定的信息的,应当立即停止接入和代收费等服务,保存有关记录,并向国家有关机关报告;

(六)按照电信管理机构的要求终止或者暂停对违法网站的接入服务。

第二十五条　电信管理机构建立电信业务市场监测制度。相关电信业务经营者应当按照规定向电信管理机构报送相应的监测信息。

第二十六条　电信业务经营者应当按照国家和电信管理机构的规定,明确相应的网络与信息安全管理机构和专职网络与信息安全管理人员,建立网络与信息安全保障、网络安全防护、违法信息监测处置、新业务安全评估、网络安全监测预警、突发事件应急处置、用户信息安全保护等制度,并具备相应的技术保障措施。

第六章　经营许可证的变更、撤销、吊销和注销

第二十七条　经营许可证有效期届满需要继续经营的,应当提前90日向原发证机关提出延续经营许可证的申请;不再继续经营的,应当提前90日向原发证机关报告,并做好善后工作。

未在前款规定期限内提出延续经营许可证的申请,或者在经营许可证有效期内未开通电信业务的,有效期届满不予延续。

第二十八条　电信业务经营者或者其授权经营电信业务的公司,遇有因合并或者分立、股东变化等导致经营主体需要变更的情形,或者业务范围需要变化的,应当自公司作出决定之日起30日内向原发证机关提出申请。

电信业务经营者变更经营主体、股东的,应当符合本办法第五条、第六条、第九条第三款的有关规定。

第二十九条　在经营许可证的有效期内,变更公司名称、法定代表人、注册资本的,应当在完成公司的工商变更登记手续之日起30日内向原发证机关申请办理电信业务经营许可证变更手续。

第三十条　在经营许可证的有效期内,电信业务经营者需要终止经营的,应当符合下列条件:

(一)终止经营基础电信业务的,应当符合电信管理机构确定的电信行业管理总体布局;

(二)有可行的用户妥善处理方案并已妥善处理用户善后问题。

第三十一条　在经营许可证的有效期内,电信业务经营者需要终止经营的,应当向原发证机关提交下列申请材料:

(一)公司法定代表人签署并加盖印章的终止经营电信业务书面申请,内容包括:公司名称、联系方式、经营许可证编号、申请终止经营的电信业务种类、业务覆盖范围等;

(二)公司股东会或者股东大会关于同意终止经营电信业务的决定;

(三)公司法定代表人签署的做好用户善后处理工作的承诺书;

（四）公司关于解决用户善后问题的情况说明，内容包括：用户处理方案、社会公示情况说明、用户意见汇总、实施计划等；

（五）公司的经营许可证原件、营业执照复印件。

原发证机关收到终止经营电信业务的申请后应当向社会公示，公示期为30日。自公示期结束60日内，原发证机关应当完成审查工作，作出予以批准或者不予批准的决定。对于符合终止经营电信业务条件的，原发证机关应当予以批准，收回并注销电信业务经营许可证或者注销相应的电信业务种类、业务覆盖范围；对于不符合终止经营电信业务条件的，原发证机关应当不予批准，书面通知申请人并说明理由。

第三十二条 有下列情形之一的，发证机关或者其上级机关可以撤销经营许可证：

（一）发证机关工作人员滥用职权、玩忽职守作出准予行政许可决定的；

（二）超越法定职权或者违反法定程序作出准予行政许可决定的；

（三）对不具备申请资格或者不符合申请条件的申请人准予行政许可的；

（四）依法可以撤销经营许可证的其他情形。

第三十三条 有下列情形之一的，发证机关应当注销经营许可证：

（一）电信业务经营者依法终止的；

（二）经营许可证有效期届满未延续的；

（三）电信业务经营者被有关机关依法处罚或者因不可抗力，导致电信业务经营许可事项无法实施的；

（四）经营许可证依法被撤销、吊销的；

（五）法律、法规规定应当注销经营许可证的其他情形。

第三十四条 发证机关吊销、撤销或者注销电信业务经营者的经营许可证后，应当向社会公布。

电信业务经营者被吊销、撤销或者注销经营许可证的，应当按照国家有关规定做好善后工作。

被吊销、撤销或者注销经营许可证的，应当将经营许可证交回原发证机关。

第七章 经营许可的监督检查

第三十五条 电信业务经营者应当在每年第一季度通过管理平台向发证机关报告下列信息：

（一）上一年度的电信业务经营情况；

（二）网络建设、业务发展、人员及机构变动情况；

（三）服务质量情况；

（四）网络与信息安全保障制度和措施执行情况；

（五）执行国家和电信管理机构有关规定及经营许可证特别事项的情况；

（六）发证机关要求报送的其他信息。

前款第一项至第三项规定的信息（涉及商业秘密的信息除外）应当向社

会公示,第五项、第六项规定的信息由电信业务经营者选择是否向社会公示。

电信业务经营者应当对本条第一款规定的年报信息的真实性负责,不得弄虚作假或者隐瞒真实情况。

第三十六条 电信管理机构建立随机抽查机制,对电信业务经营者的年报信息、日常经营活动、执行国家和电信管理机构有关规定的情况等进行检查。

电信管理机构可以采取书面检查、实地核查、网络监测等方式,并可以委托第三方机构开展有关检查工作。

电信管理机构在抽查中发现电信业务经营者有违反电信管理规定的违法行为的,应当依法处理。

第三十七条 电信管理机构根据随机抽查、日常监督检查及行政处罚记录等情况,建立电信业务经营不良名单和电信业务经营失信名单。

电信业务经营不良名单和失信名单应当定期通过管理平台更新并向社会公示。

第三十八条 电信管理机构发现电信业务经营者未按照本办法第三十五条的规定报告年报信息的,应当要求其限期报告。电信业务经营者未按照电信管理机构要求的期限报告年报信息的,由电信管理机构列入电信业务经营不良名单。

依照前款规定列入电信业务经营不良名单的电信业务经营者,依照本办法规定履行报告年报信息义务的,经电信管理机构确认后移出。

第三十九条 获准跨地区经营电信业务的公司在有关省、自治区、直辖市设立、变更或者撤销分支机构的,应当自作出决定之日起30日内通过管理平台向原发证机关和当地电信管理机构报送有关信息。

省、自治区、直辖市通信管理局应当对跨地区电信业务经营者在当地开展电信业务的有关情况进行监督检查,并向工业和信息化部报告有关检查结果。

第四十条 电信管理机构开展监督检查,不得妨碍电信业务经营者正常的生产经营活动,不得收取任何费用。

电信管理机构开展监督检查时,应当记录监督检查的情况和处理结果,由监督检查人员签字后归档。

电信管理机构应当通过管理平台公示监督检查情况。

第四十一条 电信管理机构应当通过管理平台向社会公示电信业务经营者受到行政处罚的情况,并向相关基础电信业务经营者和提供接入服务的增值电信业务经营者通报。

第四十二条 电信业务经营者受到电信管理机构行政处罚的,由电信管理机构自作出行政处罚决定之日起30日内列入电信业务经营不良名单,但受到电信管理机构吊销经营许可证的处罚或者具有本办法规定直接列入电信业务经营失信名单情形的,直接列入失信名单。

列入电信业务经营不良名单的电信业务经营者,一年内未再次受到电信管理机构行政处罚的,由电信管理机构移出不良名单；三年内再次受到电信管理机构责令停业整顿、吊销经营许可证的处罚，或者具有工业和信息化部规定的其他情形的，由电信管理机构列入电信业务经营失信名单。

列入电信业务经营失信名单后，三年内未再次受到电信管理机构行政处罚的，由电信管理机构移出失信名单。

列入或者移出电信业务经营失信名单，应当同时将电信业务经营者的主要经营管理人员列入或者移出。

第四十三条 电信管理机构对列入电信业务经营不良名单和失信名单的电信业务经营者实施重点监管。

基础电信业务经营者和提供接入服务的增值电信业务经营者向其他增值电信业务经营者提供网络接入、代收费和业务合作时，应当把电信业务经营不良名单和失信名单作为重要考量因素。

第四十四条 任何单位或者个人发现电信业务经营者违反电信管理规定应当受到行政处罚的，可以向有关电信管理机构举报。

第八章 法律责任

第四十五条 隐瞒有关情况或者提供虚假材料申请电信业务经营许可的，电信管理机构不予受理或者不予行政许可，给予警告，申请人在一年内不得再次申请该行政许可。

以欺骗、贿赂等不正当手段取得电信业务经营许可的，电信管理机构撤销该行政许可，给予警告并直接列入电信业务经营失信名单，并视情节轻重处5000元以上3万元以下的罚款，申请人在三年内不得再次申请该行政许可；构成犯罪的，依法追究刑事责任。

第四十六条 违反本办法第十六条第一款、第二十八条第一款规定，擅自经营电信业务或者超范围经营电信业务的，依照《中华人民共和国电信条例》第六十九条规定予以处罚，其中情节严重、给予责令停业整顿处罚的，直接列入电信业务经营失信名单。

第四十七条 违反本办法第十九条规定的，依照《中华人民共和国电信条例》第六十八条规定予以处罚。

第四十八条 违反本办法第四条第二款、第二十条、第二十二条、第二十三条、第二十四条、第二十九条、第三十一条或者第三十五条第三款规定的，由电信管理机构责令改正，给予警告，可以并处5000元以上3万元以下的罚款。

《中华人民共和国网络安全法》《中华人民共和国电信条例》对前款规定的情形规定法律责任的，电信管理机构从其规定处理。

第四十九条 当事人对电信管理机构作出的行政许可、行政处罚决定不服的，可以依法申请行政复议或者提起行政诉讼。

当事人逾期不申请行政复议也不提起行政诉讼，又不履行行政处罚决定的，由作出行政处罚决定的电信管理机构申请人民法院强制执行，并列入电信业务经营失信名单。

第五十条　电信管理机构的工作人员在经营许可证管理工作中，玩忽职守、滥用职权、徇私舞弊，构成犯罪的，移交司法机关依法追究刑事责任；尚不构成犯罪的，由所在单位或者上级主管部门依法给予处分。

第九章　附　　则

第五十一条　经营许可证由工业和信息化部统一印制。

第五十二条　电信管理机构可以参照本办法组织开展电信业务商用试验活动。

第五十三条　本办法自2017年9月1日起施行。2009年3月5日公布的《电信业务经营许可管理办法》（工业和信息化部令第5号）同时废止。

网络音视频信息服务管理规定

1．2019年11月18日国家互联网信息办公室、文化和旅游部、国家广播电视总局发布

2．国信办通字〔2019〕3号

第一条　为促进网络音视频信息服务健康有序发展，保护公民、法人和其他组织的合法权益，维护国家安全和公共利益，根据《中华人民共和国网络安全法》《互联网信息服务管理办法》《互联网新闻信息服务管理规定》《互联网文化管理暂行规定》《互联网视听节目服务管理规定》，制定本规定。

第二条　在中华人民共和国境内从事网络音视频信息服务，应当遵守本规定。

本规定所称网络音视频信息服务，是指通过互联网站、应用程序等网络平台，向社会公众提供音视频信息制作、发布、传播的服务。

网络音视频信息服务提供者，是指向社会公众提供网络音视频信息服务的组织或者个人。网络音视频信息服务使用者，是指使用网络音视频信息服务的组织或者个人。

第三条　各级网信、文化和旅游、广播电视等部门依据各自职责开展网络音视频信息服务的监督管理工作。

第四条　网络音视频信息服务提供者和使用者应当遵守宪法、法律和行政法规，坚持正确政治方向、舆论导向和价值取向，弘扬社会主义核心价值观，促进形成积极健康、向上向善的网络文化。

第五条　国家鼓励和指导互联网行业组织加强行业自律，建立健全网络音视频信息服务行业标准和行业准则，推动网络音视频信息服务行业信用体系建设，督促网络音视频信息服务提供者依法提供服务、接受社会监督，提高网络音视频信息服务从业人员职业素养，促进行业健康有序发展。

第六条　网络音视频信息服务提供者应当依法取得法律、行政法规规定的相关资质。

第七条 网络音视频信息服务提供者应当落实信息内容安全管理主体责任，配备与服务规模相适应的专业人员，建立健全用户注册、信息发布审核、信息安全管理、应急处置、从业人员教育培训、未成年人保护、知识产权保护等制度，具有与新技术新应用发展相适应的安全可控的技术保障和防范措施，有效应对网络安全事件，防范网络违法犯罪活动，维护网络数据的完整性、安全性和可用性。

第八条 网络音视频信息服务提供者应当依照《中华人民共和国网络安全法》的规定，对用户进行基于组织机构代码、身份证件号码、移动电话号码等方式的真实身份信息认证。用户不提供真实身份信息的，网络音视频信息服务提供者不得为其提供信息发布服务。

第九条 任何组织和个人不得利用网络音视频信息服务以及相关信息技术从事危害国家安全、破坏社会稳定、扰乱社会秩序、侵犯他人合法权益等法律法规禁止的活动，不得制作、发布、传播煽动颠覆国家政权、危害政治安全和社会稳定、网络谣言、淫秽色情，以及侵害他人名誉权、肖像权、隐私权、知识产权和其他合法权益等法律法规禁止的信息内容。

第十条 网络音视频信息服务提供者基于深度学习、虚拟现实等新技术新应用上线具有媒体属性或者社会动员功能的音视频信息服务，或者调整增设相关功能的，应当按照国家有关规定开展安全评估。

第十一条 网络音视频信息服务提供者和网络音视频信息服务使用者利用基于深度学习、虚拟现实等的新技术新应用制作、发布、传播非真实音视频信息的，应当以显著方式予以标识。

网络音视频信息服务提供者和网络音视频信息服务使用者不得利用基于深度学习、虚拟现实等的新技术新应用制作、发布、传播虚假新闻信息。转载音视频新闻信息的，应当依法转载国家规定范围内的单位发布的音视频新闻信息。

第十二条 网络音视频信息服务提供者应当加强对网络音视频信息服务使用者发布的音视频信息的管理，部署应用违法违规音视频以及非真实音视频鉴别技术，发现音视频信息服务使用者制作、发布、传播法律法规禁止的信息内容的，应当依法依约停止传输该信息，采取消除等处置措施，防止信息扩散，保存有关记录，并向网信、文化和旅游、广播电视等部门报告。

网络音视频信息服务提供者发现不符合本规定第十一条第一款要求的信息内容的，应当立即停止传输该信息，以显著方式标识后方可继续传输该信息。

第十三条 网络音视频信息服务提供者应当建立健全辟谣机制，发现网络音视频信息服务使用者利用基于深度学习、虚拟现实等的虚假图像、音视频生成技术制作、发布、传播谣言的，应当及时采取相应的辟谣措施，并将相关信息报网信、文化和旅游、广播电视等部门备案。

第十四条 网络音视频信息服务提供者应当在与网络音视频信息服务使用者签订的服务协议中,明确双方权利、义务,要求网络音视频信息服务使用者遵守本规定及相关法律法规。对违反本规定、相关法律法规及服务协议的网络音视频信息服务使用者依法依约采取警示整改、限制功能、暂停更新、关闭账号等处置措施,保存有关记录,并向网信、文化和旅游、广播电视等部门报告。

第十五条 网络音视频信息服务提供者应当自觉接受社会监督,设置便捷的投诉举报入口,公布投诉、举报方式等信息,及时受理并处理公众投诉举报。

第十六条 为网络音视频信息服务提供技术支持的主体应当遵守相关法律法规规定和国家标准规范,采取技术措施和其他必要措施,保障网络安全、稳定运行。

第十七条 各级网信、文化和旅游、广播电视等部门应当建立日常监督检查和定期检查相结合的监督管理制度,指导督促网络音视频信息服务提供者依据法律法规和服务协议规范网络音视频信息服务行为。

网络音视频信息服务提供者应当遵守相关法律法规规定,依法留存网络日志,配合网信、文化和旅游、广播电视等部门开展监督管理执法工作,并提供必要的技术、数据支持和协助。

第十八条 网络音视频信息服务提供者和网络音视频信息服务使用者违反本规定的,由网信、文化和旅游、广播电视等部门依照《中华人民共和国网络安全法》《互联网信息服务管理办法》《互联网新闻信息服务管理规定》《互联网文化管理暂行规定》《互联网视听节目服务管理规定》等相关法律法规规定处理;构成违反治安管理行为的,依法给予治安管理处罚;构成犯罪的,依法追究刑事责任。

第十九条 本规定自2020年1月1日起施行。

网络信息内容生态治理规定

1. 2019年12月15日国家互联网信息办公室令第5号公布
2. 自2020年3月1日起施行

第一章 总 则

第一条 为了营造良好网络生态,保障公民、法人和其他组织的合法权益,维护国家安全和公共利益,根据《中华人民共和国国家安全法》《中华人民共和国网络安全法》《互联网信息服务管理办法》等法律、行政法规,制定本规定。

第二条 中华人民共和国境内的网络信息内容生态治理活动,适用本规定。

本规定所称网络信息内容生态治理,是指政府、企业、社会、网民等主体,以培育和践行社会主义核心价值观为根本,以网络信息内容为主要治理对象,以建立健全网络综合治理体系、营造清朗的网络空间、建设良好的网络生态为目标，开展的弘扬正能量、处置违法和不良信息等相关活动。

第三条 国家网信部门负责统筹协调全国网络信息内容生态治理和相关监督管理工作，各有关主管部门依据各自职责做好网络信息内容生态治理工作。

地方网信部门负责统筹协调本行政区域内网络信息内容生态治理和相关监督管理工作，地方各有关主管部门依据各自职责做好本行政区域内网络信息内容生态治理工作。

第二章 网络信息内容生产者

第四条 网络信息内容生产者应当遵守法律法规，遵循公序良俗，不得损害国家利益、公共利益和他人合法权益。

第五条 鼓励网络信息内容生产者制作、复制、发布含有下列内容的信息：

（一）宣传习近平新时代中国特色社会主义思想，全面准确生动解读中国特色社会主义道路、理论、制度、文化的；

（二）宣传党的理论路线方针政策和中央重大决策部署的；

（三）展示经济社会发展亮点，反映人民群众伟大奋斗和火热生活的；

（四）弘扬社会主义核心价值观，宣传优秀道德文化和时代精神，充分展现中华民族昂扬向上精神风貌的；

（五）有效回应社会关切，解疑释惑，析事明理，有助于引导群众形成共识的；

（六）有助于提高中华文化国际影响力，向世界展现真实立体全面的中国的；

（七）其他讲品味讲格调讲责任、讴歌真善美、促进团结稳定等的内容。

第六条 网络信息内容生产者不得制作、复制、发布含有下列内容的违法信息：

（一）反对宪法所确定的基本原则的；

（二）危害国家安全，泄露国家秘密，颠覆国家政权，破坏国家统一的；

（三）损害国家荣誉和利益的；

（四）歪曲、丑化、亵渎、否定英雄烈士事迹和精神，以侮辱、诽谤或者其他方式侵害英雄烈士的姓名、肖像、名誉、荣誉的；

（五）宣扬恐怖主义、极端主义或者煽动实施恐怖活动、极端主义活动的；

（六）煽动民族仇恨、民族歧视，破坏民族团结的；

（七）破坏国家宗教政策，宣扬邪教和封建迷信的；

（八）散布谣言，扰乱经济秩序和社会秩序的；

（九）散布淫秽、色情、赌博、暴力、凶杀、恐怖或者教唆犯罪的；

（十）侮辱或者诽谤他人，侵害他人名誉、隐私和其他合法权益的；

（十一）法律、行政法规禁止的其他内容。

第七条 网络信息内容生产者应当采取措施，防范和抵制制作、复制、发布含有下列内容的不良信息：

（一）使用夸张标题，内容与标题严重不符的；

（二）炒作绯闻、丑闻、劣迹等的；

（三）不当评述自然灾害、重大事故等灾难的；

（四）带有性暗示、性挑逗等易使人产生性联想的；

（五）展现血腥、惊悚、残忍等致人身心不适的；

（六）煽动人群歧视、地域歧视等的；

（七）宣扬低俗、庸俗、媚俗内容的；

（八）可能引发未成年人模仿不安全行为和违反社会公德行为、诱导未成年人不良嗜好等的；

（九）其他对网络生态造成不良影响的内容。

第三章　网络信息内容服务平台

第八条　网络信息内容服务平台应当履行信息内容管理主体责任，加强本平台网络信息内容生态治理，培育积极健康、向上向善的网络文化。

第九条　网络信息内容服务平台应当建立网络信息内容生态治理机制，制定本平台网络信息内容生态治理细则，健全用户注册、账号管理、信息发布审核、跟帖评论审核、版面页面生态管理、实时巡查、应急处置和网络谣言、黑色产业链信息处置等制度。

网络信息内容服务平台应当设立网络信息内容生态治理负责人，配备与业务范围和服务规模相适应的专业人员，加强培训考核，提升从业人员素质。

第十条　网络信息内容服务平台不得传播本规定第六条规定的信息，应当防范和抵制传播本规定第七条规定的信息。

网络信息内容服务平台应当加强信息内容的管理，发现本规定第六条、第七条规定的信息的，应当依法立即采取处置措施，保存有关记录，并向有关主管部门报告。

第十一条　鼓励网络信息内容服务平台坚持主流价值导向，优化信息推荐机制，加强版面页面生态管理，在下列重点环节（包括服务类型、位置版块等）积极呈现本规定第五条规定的信息：

（一）互联网新闻信息服务首页首屏、弹窗和重要新闻信息内容页面等；

（二）互联网用户公众账号信息服务精选、热搜等；

（三）博客、微博客信息服务热门推荐、榜单类、弹窗及基于地理位置的信息服务版块等；

（四）互联网信息搜索服务热搜词、热搜图及默认搜索等；

（五）互联网论坛社区服务首页首屏、榜单类、弹窗等；

（六）互联网音视频服务首页首屏、发现、精选、榜单类、弹窗等；

（七）互联网网址导航服务、浏览器服务、输入法服务首页首屏、榜单类、皮肤、联想词、弹窗等；

（八）数字阅读、网络游戏、网络动漫服务首页首屏、精选、榜单类、弹窗等；

（九）生活服务、知识服务平台首页首屏、热门推荐、弹窗等；

（十）电子商务平台首页首屏、推荐区等；

（十一）移动应用商店、移动智能终端预置应用软件和内置信息内容服务首屏、推荐区等；

（十二）专门以未成年人为服务对象的网络信息内容专栏、专区和产品等；

（十三）其他处于产品或者服务醒目位置、易引起网络信息内容服务使用者关注的重点环节。

网络信息内容服务平台不得在以上重点环节呈现本规定第七条规定的信息。

第十二条 网络信息内容服务平台采用个性化算法推荐技术推送信息的，应当设置符合本规定第十条、第十一条规定要求的推荐模型，建立健全人工干预和用户自主选择机制。

第十三条 鼓励网络信息内容服务平台开发适合未成年人使用的模式，提供适合未成年人使用的网络产品和服务，便利未成年人获取有益身心健康的信息。

第十四条 网络信息内容服务平台应当加强对本平台设置的广告位和在本平台展示的广告内容的审核巡查，对发布违法广告的，应当依法予以处理。

第十五条 网络信息内容服务平台应当制定并公开管理规则和平台公约，完善用户协议，明确用户相关权利义务，并依法依约履行相应管理职责。

网络信息内容服务平台应当建立用户账号信用管理制度，根据用户账号的信用情况提供相应服务。

第十六条 网络信息内容服务平台应当在显著位置设置便捷的投诉举报入口，公布投诉举报方式，及时受理处置公众投诉举报并反馈处理结果。

第十七条 网络信息内容服务平台应当编制网络信息内容生态治理工作年度报告，年度报告应当包括网络信息内容生态治理工作情况、网络信息内容生态治理负责人履职情况、社会评价情况等内容。

第四章 网络信息内容服务使用者

第十八条 网络信息内容服务使用者应当文明健康使用网络，按照法律法规的要求和用户协议约定，切实履行相应义务，在以发帖、回复、留言、弹幕等形式参与网络活动时，文明互动，理性表达，不得发布本规定第六条规定的信息，防范和抵制本规定第七条规定的信息。

第十九条 网络群组、论坛社区版块建立者和管理者应当履行群组、版块管理责任，依据法律法规、用户协议和平台公约等，规范群组、版块内信息发布等行为。

第二十条 鼓励网络信息内容服务使用者积极参与网络信息内容生态治理，通过投诉、举报等方式对网上违法和不良信息进行监督，共同维护良好网络生态。

第二十一条 网络信息内容服务使用者和网络信息内容生产者、网络信息内容服务平台不得利用网络和相关信息技术实施侮辱、诽谤、威胁、散布谣言以及侵犯他人隐私等违法行为,损害他人合法权益。

第二十二条 网络信息内容服务使用者和网络信息内容生产者、网络信息内容服务平台不得通过发布、删除信息以及其他干预信息呈现的手段侵害他人合法权益或者谋取非法利益。

第二十三条 网络信息内容服务使用者和网络信息内容生产者、网络信息内容服务平台不得利用深度学习、虚拟现实等新技术新应用从事法律、行政法规禁止的活动。

第二十四条 网络信息内容服务使用者和网络信息内容生产者、网络信息内容服务平台不得通过人工方式或者技术手段实施流量造假、流量劫持以及虚假注册账号、非法交易账号、操纵用户账号等行为,破坏网络生态秩序。

第二十五条 网络信息内容服务使用者和网络信息内容生产者、网络信息内容服务平台不得利用党旗、党徽、国旗、国徽、国歌等代表党和国家形象的标识及内容,或者借国家重大活动、重大纪念日和国家机关及其工作人员名义等,违法违规开展网络商业营销活动。

第五章 网络行业组织

第二十六条 鼓励行业组织发挥服务指导和桥梁纽带作用,引导会员单位增强社会责任感,唱响主旋律,弘扬正能量,反对违法信息,防范和抵制不良信息。

第二十七条 鼓励行业组织建立完善行业自律机制,制定网络信息内容生态治理行业规范和自律公约,建立内容审核标准细则,指导会员单位建立健全服务规范、依法提供网络信息内容服务、接受社会监督。

第二十八条 鼓励行业组织开展网络信息内容生态治理教育培训和宣传引导工作,提升会员单位、从业人员治理能力,增强全社会共同参与网络信息内容生态治理意识。

第二十九条 鼓励行业组织推动行业信用评价体系建设,依据章程建立行业评议等评价奖惩机制,加大对会员单位的激励和惩戒力度,强化会员单位的守信意识。

第六章 监督管理

第三十条 各级网信部门会同有关主管部门,建立健全信息共享、会商通报、联合执法、案件督办、信息公开等工作机制,协同开展网络信息内容生态治理工作。

第三十一条 各级网信部门对网络信息内容服务平台履行信息内容管理主体责任情况开展监督检查,对存在问题的平台开展专项督查。

网络信息内容服务平台对网信部门和有关主管部门依法实施的监督检查,应当予以配合。

第三十二条 各级网信部门建立网络信息内容服务平台违法违规行为台账管理制度,并依法依规进行相应处理。

第三十三条 各级网信部门建立政府、企业、社会、网民等主体共同参与的监督评价机制,定期对本行政区域内网络信息内容服务平台生态治理情况进行评估。

第七章 法律责任

第三十四条 网络信息内容生产者违反本规定第六条规定的,网络信息内容服务平台应当依法依约采取警示整改、限制功能、暂停更新、关闭账号等处置措施,及时消除违法信息内容,保存记录并向有关主管部门报告。

第三十五条 网络信息内容服务平台违反本规定第十条、第三十一条第二款规定的,由网信等有关主管部门依据职责,按照《中华人民共和国网络安全法》《互联网信息服务管理办法》等法律、行政法规的规定予以处理。

第三十六条 网络信息内容服务平台违反本规定第十一条第二款规定的,由设区的市级以上网信部门依据职责进行约谈,给予警告,责令限期改正;拒不改正或者情节严重的,责令暂停信息更新,按照有关法律、行政法规的规定予以处理。

第三十七条 网络信息内容服务平台违反本规定第九条、第十二条、第十五条、第十六条、第十七条规定的,由设区的市级以上网信部门依据职责进行约谈,给予警告,责令限期改正;拒不改正或者情节严重的,责令暂停信息更新,按照有关法律、行政法规的规定予以处理。

第三十八条 违反本规定第十四条、第十八条、第十九条、第二十一条、第二十二条、第二十三条、第二十四条、第二十五条规定的,由网信等有关主管部门依据职责,按照有关法律、行政法规的规定予以处理。

第三十九条 网信部门根据法律、行政法规和国家有关规定,会同有关主管部门建立健全网络信息内容服务严重失信联合惩戒机制,对严重违反本规定的网络信息内容服务平台、网络信息内容生产者和网络信息内容使用者依法依规实施限制从事网络信息服务、网上行为限制、行业禁入等惩戒措施。

第四十条 违反本规定,给他人造成损害的,依法承担民事责任;构成犯罪的,依法追究刑事责任;尚不构成犯罪的,由有关主管部门依照有关法律、行政法规的规定予以处罚。

第八章 附 则

第四十一条 本规定所称网络信息内容生产者,是指制作、复制、发布网络信息内容的组织或者个人。

本规定所称网络信息内容服务平台,是指提供网络信息内容传播服务的网络信息服务提供者。

本规定所称网络信息内容服务使用者,是指使用网络信息内容服务的组织或者个人。

第四十二条　本规定自2020年3月1日起施行。

网络购买商品七日无理由退货暂行办法

1. 2017年1月6日国家工商行政管理总局令第90号公布
2. 根据2020年10月23日国家市场监督管理总局令第31号修订

第一章　总　　则

第一条　为保障《消费者权益保护法》七日无理由退货规定的实施，保护消费者合法权益，促进电子商务健康发展，根据《消费者权益保护法》等相关法律、行政法规，制定本办法。

第二条　消费者为生活消费需要通过网络购买商品，自收到商品之日起七日内依照《消费者权益保护法》第二十五条规定退货的，适用本办法。

第三条　网络商品销售者应当依法履行七日无理由退货义务。

网络交易平台提供者应当引导和督促平台上的网络商品销售者履行七日无理由退货义务，进行监督检查，并提供技术保障。

第四条　消费者行使七日无理由退货权利和网络商品销售者履行七日无理由退货义务都应当遵循公平、诚实信用的原则，遵守商业道德。

第五条　鼓励网络商品销售者作出比本办法更有利于消费者的无理由退货承诺。

第二章　不适用退货的商品范围和商品完好标准

第六条　下列商品不适用七日无理由退货规定：

（一）消费者定作的商品；

（二）鲜活易腐的商品；

（三）在线下载或者消费者拆封的音像制品、计算机软件等数字化商品；

（四）交付的报纸、期刊。

第七条　下列性质的商品经消费者在购买时确认，可以不适用七日无理由退货规定：

（一）拆封后易影响人身安全或者生命健康的商品，或者拆封后易导致商品品质发生改变的商品；

（二）一经激活或者试用后价值贬损较大的商品；

（三）销售时已明示的临近保质期的商品、有瑕疵的商品。

第八条　消费者退回的商品应当完好。

商品能够保持原有品质、功能，商品本身、配件、商标标识齐全的，视为商品完好。

消费者基于查验需要而打开商品包装，或者为确认商品的品质、功能而进行合理的调试不影响商品的完好。

第九条　对超出查验和确认商品品质、功能需要而使用商品，导致商品价值

贬损较大的,视为商品不完好。具体判定标准如下:

(一)食品(含保健食品)、化妆品、医疗器械、计生用品:必要的一次性密封包装被损坏;

(二)电子电器类:进行未经授权的维修、改动,破坏、涂改强制性产品认证标志、指示标贴、机器序列号等,有难以恢复原状的外观类使用痕迹,或者产生激活、授权信息、不合理的个人使用数据留存等数据类使用痕迹;

(三)服装、鞋帽、箱包、玩具、家纺、家居类:商标标识被摘、标识被剪,商品受污、受损。

第三章 退货程序

第十条 选择无理由退货的消费者应当自收到商品之日起七日内向网络商品销售者发出退货通知。

七日期间自消费者签收商品的次日开始起算。

第十一条 网络商品销售者收到退货通知后应当及时向消费者提供真实、准确的退货地址、退货联系人、退货联系电话等有效联系信息。

消费者获得上述信息后应当及时退回商品,并保留退货凭证。

第十二条 消费者退货时应当将商品本身、配件及赠品一并退回。

赠品包括赠送的实物、积分、代金券、优惠券等形式。如果赠品不能一并退回,经营者可以要求消费者按照事先标明的赠品价格支付赠品价款。

第十三条 消费者退回的商品完好的,网络商品销售者应当在收到退回商品之日起七日内向消费者返还已支付的商品价款。

第十四条 退款方式比照购买商品的支付方式。经营者与消费者另有约定的,从其约定。

购买商品时采用多种方式支付价款的,一般应当按照各种支付方式的实际支付价款以相应方式退款。

除征得消费者明确表示同意的以外,网络商品销售者不应当自行指定其他退款方式。

第十五条 消费者采用积分、代金券、优惠券等形式支付价款的,网络商品销售者在消费者退还商品后应当以相应形式返还消费者。对积分、代金券、优惠券的使用和返还有约定的,可以从其约定。

第十六条 消费者购买商品时采用信用卡支付方式并支付手续费的,网络商品销售者退款时可以不退回手续费。

消费者购买商品时采用信用卡支付方式并被网络商品销售者免除手续费的,网络商品销售者可以在退款时扣除手续费。

第十七条 退货价款以消费者实际支出的价款为准。

套装或者满减优惠活动中的部分商品退货,导致不能再享受优惠的,根据购买时各商品价格进行结算,多退少补。

第十八条 商品退回所产生的运费依法由消费者承担。经营者与消费者另有约定的，按照约定。

消费者参加满足一定条件免运费活动，但退货后已不能达到免运费活动要求的，网络商品销售者在退款时可以扣除运费。

第十九条　网络商品销售者可以与消费者约定退货方式，但不应当限制消费者的退货方式。

网络商品销售者可以免费上门取货，也可以征得消费者同意后有偿上门取货。

第四章　特别规定

第二十条　网络商品销售者应当采取技术手段或者其他措施，对于本办法第六条规定的不适用七日无理由退货的商品进行明确标注。

符合本办法第七条规定的商品，网络商品销售者应当在商品销售必经流程中设置显著的确认程序，供消费者对单次购买行为进行确认。如无确认，网络商品销售者不得拒绝七日无理由退货。

第二十一条　网络交易平台提供者应当与其平台上的网络商品销售者订立协议，明确双方七日无理由退货各自的权利、义务和责任。

第二十二条　网络交易平台提供者应当依法建立、完善其平台七日无理由退货规则以及配套的消费者权益保护有关制度，在其首页显著位置持续公示，并保证消费者能够便利、完整地阅览和下载。

第二十三条　网络交易平台提供者应当对其平台上的网络商品销售者履行七日无理由退货义务建立检查监控制度，发现有违反相关法律、法规、规章的，应当及时采取制止措施，并向网络交易平台提供者或者网络商品销售者所在地市场监督管理部门报告，必要时可以停止对其提供平台服务。

第二十四条　网络交易平台提供者应当建立消费纠纷和解和消费维权自律制度。消费者在网络交易平台上购买商品，因退货而发生消费纠纷或其合法权益受到损害时，要求网络交易平台提供者调解的，网络交易平台提供者应当调解；消费者通过其他渠道维权的，网络交易平台提供者应当向消费者提供其平台上的网络商品销售者的真实名称、地址和有效联系方式，积极协助消费者维护自身合法权益。

第二十五条　网络商品销售者应当建立完善的七日无理由退货商品检验和处理程序。

对能够完全恢复到初始销售状态的七日无理由退货商品，可以作为全新商品再次销售；对不能够完全恢复到初始销售状态的七日无理由退货商品而再次销售的，应当通过显著的方式将商品的实际情况明确标注。

第五章　监督检查

第二十六条　市场监督管理部门应当加强对网络商品销售者和网络交易平台提供者经营行为的监督检查，督促和引导其建立健全经营者首问和赔偿先付制度,依法履行网络购买商品七日无理由退货义务。

第二十七条　市场监督管理部门应当及时受理和依法处理消费者有关七日无理由退货的投诉、举报。

第二十八条　市场监督管理部门应当依照公正、公开、及时的原则,综合运用建议、约谈、示范等方式,加强对网络商品销售者和网络交易平台提供者履行七日无理由退货法定义务的行政指导。

第二十九条　市场监督管理部门在对网络商品交易的监督检查中,发现经营者存在拒不履行七日无理由退货义务,侵害消费者合法权益行为的,应当依法进行查处,同时将相关处罚信息计入信用档案,向社会公布。

第六章　法律责任

第三十条　网络商品销售者违反本办法第六条、第七条规定,擅自扩大不适用七日无理由退货的商品范围的,按照《消费者权益保护法》第五十六条第一款第(八)项规定予以处罚。

第三十一条　网络商品销售者违反本办法规定,有下列情形之一的,依照《消费者权益保护法》第五十六条第一款第(八)项规定予以处罚:

(一)未经消费者在购买时确认,擅自以商品不适用七日无理由退货为由拒绝退货,或者以消费者已拆封、查验影响商品完好为由拒绝退货的;

(二)自收到消费者退货要求之日起超过十五日未办理退货手续,或者未向消费者提供真实、准确的退货地址、退货联系人等有效联系信息,致使消费者无法办理退货手续的;

(三)在收到退回商品之日起超过十五日未向消费者返还已支付的商品价款的。

第三十二条　网络交易平台提供者违反本办法第二十二条规定的,依照《电子商务法》第八十一条第一款第(一)项规定予以处罚。

第三十三条　网络商品销售者违反本办法第二十五条规定,销售不能够完全恢复到初始状态的无理由退货商品,且未通过显著的方式明确标注商品实际情况的,违反其他法律、行政法规的,依照有关法律、行政法规的规定处罚;法律、行政法规未作规定的,予以警告,责令改正,并处一万元以上三万元以下的罚款。

第三十四条　网络交易平台提供者拒绝协助市场监督管理部门对涉嫌违法行为采取措施、开展调查的,予以警告,责令改正;拒不改正的,处三万元以下的罚款。

第七章　附　　则

第三十五条　网络商品销售者提供的商品不符合质量要求,消费者要求退货的,适用《消费者权益保护法》第二十四条以及其他相关规定。

第三十六条　经营者采用电视、电话、邮购等方式销售商品,依照本办法执行。

第三十七条 本办法由国家市场监督管理总局负责解释。

第三十八条 本办法自2017年3月15日起施行。

网络交易监督管理办法

1. 2021年3月15日国家市场监督管理总局令第37号公布
2. 自2021年5月1日起施行

第一章 总 则

第一条 为了规范网络交易活动，维护网络交易秩序，保障网络交易各方主体合法权益，促进数字经济持续健康发展，根据有关法律、行政法规，制定本办法。

第二条 在中华人民共和国境内，通过互联网等信息网络（以下简称通过网络）销售商品或者提供服务的经营活动以及市场监督管理部门对其进行监督管理，适用本办法。

在网络社交、网络直播等信息网络活动中销售商品或者提供服务的经营活动，适用本办法。

第三条 网络交易经营者从事经营活动，应当遵循自愿、平等、公平、诚信原则，遵守法律、法规、规章和商业道德、公序良俗，公平参与市场竞争，认真履行法定义务，积极承担主体责任，接受社会各界监督。

第四条 网络交易监督管理坚持鼓励创新、包容审慎、严守底线、线上线下一体化监管的原则。

第五条 国家市场监督管理总局负责组织指导全国网络交易监督管理工作。

县级以上地方市场监督管理部门负责本行政区域内的网络交易监督管理工作。

第六条 市场监督管理部门引导网络交易经营者、网络交易行业组织、消费者组织、消费者共同参与网络交易市场治理，推动完善多元参与、有效协同、规范有序的网络交易市场治理体系。

第二章 网络交易经营者

第一节 一般规定

第七条 本办法所称网络交易经营者，是指组织、开展网络交易活动的自然人、法人和非法人组织，包括网络交易平台经营者、平台内经营者、自建网站经营者以及通过其他网络服务开展网络交易活动的网络交易经营者。

本办法所称网络交易平台经营者，是指在网络交易活动中为交易双方或者多方提供网络经营场所、交易撮合、信息发布等服务，供交易双方或者多方独立开展网络交易活动的法人或者非法人组织。

本办法所称平台内经营者，是指通过网络交易平台开展网络交易活动的网络交易经营者。

网络社交、网络直播等网络服务提供者为经营者提供网络经营场所、商品浏览、订单生成、在线支付等网络交易平台服务的，应当依法履行网络交易平台经营者的义务。通过上述网络交易平台服务开展网络交易活动的经营者，应当依法履行平台内经营者的义务。

第八条 网络交易经营者不得违反法律、法规、国务院决定的规定，从事无证无照经营。除《中华人民共和国电子商务法》第十条规定的不需要进行登记的情形外，网络交易经营者应当依法办理市场主体登记。

个人通过网络从事保洁、洗涤、缝纫、理发、搬家、配制钥匙、管道疏通、家电家具修理修配等依法无须取得许可的便民劳务活动，依照《中华人民共和国电子商务法》第十条的规定不需要进行登记。

个人从事网络交易活动，年交易额累计不超过10万元的，依照《中华人民共和国电子商务法》第十条的规定不需要进行登记。同一经营者在同一平台或者不同平台开设多家网店的，各网店交易额合并计算。个人从事的零星小额交易须依法取得行政许可的，应当依法办理市场主体登记。

第九条 仅通过网络开展经营活动的平台内经营者申请登记为个体工商户的，可以将网络经营场所登记为经营场所，将经常居住地登记为住所，其住所所在地的县、自治县、不设区的市、市辖区市场监督管理部门为其登记机关。同一经营者有两个以上网络经营场所的，应当一并登记。

第十条 平台内经营者申请将网络经营场所登记为经营场所的，由其入驻的网络交易平台为其出具符合登记机关要求的网络经营场所相关材料。

第十一条 网络交易经营者销售的商品或者提供的服务应当符合保障人身、财产安全的要求和环境保护要求，不得销售或者提供法律、行政法规禁止交易，损害国家利益和社会公共利益，违背公序良俗的商品或者服务。

第十二条 网络交易经营者应当在其网站首页或者从事经营活动的主页面显著位置，持续公示经营者主体信息或者该信息的链接标识。鼓励网络交易经营者链接到国家市场监督管理总局电子营业执照亮照系统，公示其营业执照信息。

已经办理市场主体登记的网络交易经营者应当如实公示下列营业执照信息以及与其经营业务有关的行政许可等信息，或者该信息的链接标识：

(一)企业应当公示其营业执照登载的统一社会信用代码、名称、企业类型、法定代表人(负责人)、住所、注册资本(出资额)等信息；

(二)个体工商户应当公示其营业执照登载的统一社会信用代码、名称、经营者姓名、经营场所、组成形式等信息；

(三)农民专业合作社、农民专业合作社联合社应当公示其营业执照登载的统一社会信用代码、名称、法定代表人、住所、成员出资总额等信息。

依照《中华人民共和国电子商务法》第十条规定不需要进行登记的经营者应当根据自身实际经营活动类型，如实公示以下自我声明以及实际经营地址、联系方式等信息，或者该信息的链接标识：

（一）“个人销售自产农副产品，依法不需要办理市场主体登记”；

（二）“个人销售家庭手工业产品，依法不需要办理市场主体登记”；

（三）“个人利用自己的技能从事依法无须取得许可的便民劳务活动，依法不需要办理市场主体登记”；

（四）“个人从事零星小额交易活动，依法不需要办理市场主体登记”。

网络交易经营者公示的信息发生变更的，应当在十个工作日内完成更新公示。

第十三条　网络交易经营者收集、使用消费者个人信息，应当遵循合法、正当、必要的原则，明示收集、使用信息的目的、方式和范围，并经消费者同意。网络交易经营者收集、使用消费者个人信息，应当公开其收集、使用规则，不得违反法律、法规的规定和双方的约定收集、使用信息。

网络交易经营者不得采用一次概括授权、默认授权、与其他授权捆绑、停止安装使用等方式，强迫或者变相强迫消费者同意收集、使用与经营活动无直接关系的信息。收集、使用个人生物特征、医疗健康、金融账户、个人行踪等敏感信息的，应当逐项取得消费者同意。

网络交易经营者及其工作人员应当对收集的个人信息严格保密，除依法配合监管执法活动外，未经被收集者授权同意，不得向包括关联方在内的任何第三方提供。

第十四条　网络交易经营者不得违反《中华人民共和国反不正当竞争法》等规定，实施扰乱市场竞争秩序，损害其他经营者或者消费者合法权益的不正当竞争行为。

网络交易经营者不得以下列方式，作虚假或者引人误解的商业宣传，欺骗、误导消费者：

（一）虚构交易、编造用户评价；

（二）采用误导性展示等方式，将好评前置、差评后置，或者不显著区分不同商品或者服务的评价等；

（三）采用谎称现货、虚构预订、虚假抢购等方式进行虚假营销；

（四）虚构点击量、关注度等流量数据，以及虚构点赞、打赏等交易互动数据。

网络交易经营者不得实施混淆行为，引人误认为是他人商品、服务或者与他人存在特定联系。

网络交易经营者不得编造、传播虚假信息或者误导性信息，损害竞争对手的商业信誉、商品声誉。

第十五条　消费者评价中包含法律、行政法规、规章禁止发布或者传输的信息的，网络交易经营者可以依法予以技术处理。

第十六条　网络交易经营者未经消费者同意或者请求，不得向其发送商业性信息。

网络交易经营者发送商业性信息时，应当明示其真实身份和联系方式，并向消费者提供显著、简便、免费的拒绝继续接收的方式。消费者明确表示拒绝的，应当立即停止发送，不得更换名义后再次发送。

第十七条　网络交易经营者以直接捆绑或者提供多种可选项方式向消费者搭售商品或者服务的，应当以显著方式提醒消费者注意。提供多种可选项方式的，不得将搭售商品或者服务的任何选项设定为消费者默认同意，不得将消费者以往交易中选择的选项在后续独立交易中设定为消费者默认选择。

第十八条　网络交易经营者采取自动展期、自动续费等方式提供服务的，应当在消费者接受服务前和自动展期、自动续费等日期前五日，以显著方式提请消费者注意，由消费者自主选择；在服务期间内，应当为消费者提供显著、简便的随时取消或者变更的选项，并不得收取不合理费用。

第十九条　网络交易经营者应当全面、真实、准确、及时地披露商品或者服务信息，保障消费者的知情权和选择权。

第二十条　通过网络社交、网络直播等网络服务开展网络交易活动的网络交易经营者，应当以显著方式展示商品或者服务及其实际经营主体、售后服务等信息，或者上述信息的链接标识。

网络直播服务提供者对网络交易活动的直播视频保存时间自直播结束之日起不少于三年。

第二十一条　网络交易经营者向消费者提供商品或者服务使用格式条款、通知、声明等的，应当以显著方式提请消费者注意与消费者有重大利害关系的内容，并按照消费者的要求予以说明，不得作出含有下列内容的规定：

（一）免除或者部分免除网络交易经营者对其所提供的商品或者服务应当承担的修理、重作、更换、退货、补足商品数量、退还货款和服务费用、赔偿损失等责任；

（二）排除或者限制消费者提出修理、更换、退货、赔偿损失以及获得违约金和其他合理赔偿的权利；

（三）排除或者限制消费者依法投诉、举报、请求调解、申请仲裁、提起诉讼的权利；

（四）排除或者限制消费者依法变更或者解除合同的权利；

（五）规定网络交易经营者单方享有解释权或者最终解释权；

（六）其他对消费者不公平、不合理的规定。

第二十二条　网络交易经营者应当按照国家市场监督管理总局及其授权的省级市场监督管理部门的要求，提供特定时段、特定品类、特定区域的商品或者服务的价格、销量、销售额等数据信息。

第二十三条　网络交易经营者自行终止从事网络交易活动的，应当提前三十日在其网站首页或者从事经营活动的主页面显著位置,持续公示终止网络交易活动公告等有关信息,并采取合理、必要、及时的措施保障消费者和相关经营者的合法权益。

第二节　网络交易平台经营者

第二十四条　网络交易平台经营者应当要求申请进入平台销售商品或者提供服务的经营者提交其身份、地址、联系方式、行政许可等真实信息,进行核验、登记,建立登记档案,并至少每六个月核验更新一次。

网络交易平台经营者应当对未办理市场主体登记的平台内经营者进行动态监测,对超过本办法第八条第三款规定额度的,及时提醒其依法办理市场主体登记。

第二十五条　网络交易平台经营者应当依照法律、行政法规的规定,向市场监督管理部门报送有关信息。

网络交易平台经营者应当分别于每年1月和7月向住所地省级市场监督管理部门报送平台内经营者的下列身份信息:

(一)已办理市场主体登记的平台内经营者的名称(姓名)、统一社会信用代码、实际经营地址、联系方式、网店名称以及网址链接等信息;

(二)未办理市场主体登记的平台内经营者的姓名、身份证件号码、实际经营地址、联系方式、网店名称以及网址链接、属于依法不需要办理市场主体登记的具体情形的自我声明等信息;其中,对超过本办法第八条第三款规定额度的平台内经营者进行特别标示。

鼓励网络交易平台经营者与市场监督管理部门建立开放数据接口等形式的自动化信息报送机制。

第二十六条　网络交易平台经营者应当为平台内经营者依法履行信息公示义务提供技术支持。平台内经营者公示的信息发生变更的,应当在三个工作日内将变更情况报送平台,平台应当在七个工作日内进行核验,完成更新公示。

第二十七条　网络交易平台经营者应当以显著方式区分标记已办理市场主体登记的经营者和未办理市场主体登记的经营者,确保消费者能够清晰辨认。

第二十八条　网络交易平台经营者修改平台服务协议和交易规则的,应当完整保存修改后的版本生效之日前三年的全部历史版本,并保证经营者和消费者能够便利、完整地阅览和下载。

第二十九条　网络交易平台经营者应当对平台内经营者及其发布的商品或者服务信息建立检查监控制度。网络交易平台经营者发现平台内的商品或者服务信息有违反市场监督管理法律、法规、规章,损害国家利益和社会公共利益,违背公序良俗的,应当依法采取必要的处置措施,保存有关记录,并向平台住所地县级以上市场监督管理部门报告。

第三十条　网络交易平台经营者依据法律、法规、规章的规定或者平台服务协议和交易规则对平台内经营者违法行为采取警示、暂停或者终止服务等处理措施的，应当自决定作出处理措施之日起一个工作日内予以公示，载明平台内经营者的网店名称、违法行为、处理措施等信息。警示、暂停服务等短期处理措施的相关信息应当持续公示至处理措施实施期满之日止。

第三十一条 网络交易平台经营者对平台内经营者身份信息的保存时间自其退出平台之日起不少于三年；对商品或者服务信息，支付记录、物流快递、退换货以及售后等交易信息的保存时间自交易完成之日起不少于三年。法律、行政法规另有规定的，依照其规定。

第三十二条 网络交易平台经营者不得违反《中华人民共和国电子商务法》第三十五条的规定，对平台内经营者在平台内的交易、交易价格以及与其他经营者的交易等进行不合理限制或者附加不合理条件，干涉平台内经营者的自主经营。具体包括：

（一）通过搜索降权、下架商品、限制经营、屏蔽店铺、提高服务收费等方式，禁止或者限制平台内经营者自主选择在多个平台开展经营活动，或者利用不正当手段限制其仅在特定平台开展经营活动；

（二）禁止或者限制平台内经营者自主选择快递物流等交易辅助服务提供者；

（三）其他干涉平台内经营者自主经营的行为。

第三章 监督管理

第三十三条 县级以上地方市场监督管理部门应当在日常管理和执法活动中加强协同配合。

网络交易平台经营者住所地省级市场监督管理部门应当根据工作需要，及时将掌握的平台内经营者身份信息与其实际经营地的省级市场监督管理部门共享。

第三十四条 市场监督管理部门在依法开展监督检查、案件调查、事故处置、缺陷消费品召回、消费争议处理等监管执法活动时，可以要求网络交易平台经营者提供有关的平台内经营者身份信息，商品或者服务信息，支付记录、物流快递、退换货以及售后等交易信息。网络交易平台经营者应当提供，并在技术方面积极配合市场监督管理部门开展网络交易违法行为监测工作。

为网络交易经营者提供宣传推广、支付结算、物流快递、网络接入、服务器托管、虚拟主机、云服务、网站网页设计制作等服务的经营者（以下简称其他服务提供者），应当及时协助市场监督管理部门依法查处网络交易违法行为，提供其掌握的有关数据信息。法律、行政法规另有规定的，依照其规定。

市场监督管理部门发现网络交易经营者有违法行为，依法要求网络交易平台经营者、其他服务提供者采取措施制止的，网络交易平台经营者、其他服务提供者应当予以配合。

第三十五条　市场监督管理部门对涉嫌违法的网络交易行为进行查处时，可以依法采取下列措施：

（一）对与涉嫌违法的网络交易行为有关的场所进行现场检查；

（二）查阅、复制与涉嫌违法的网络交易行为有关的合同、票据、账簿等有关资料；

（三）收集、调取、复制与涉嫌违法的网络交易行为有关的电子数据；

（四）询问涉嫌从事违法的网络交易行为的当事人；

（五）向与涉嫌违法的网络交易行为有关的自然人、法人和非法人组织调查了解有关情况；

（六）法律、法规规定可以采取的其他措施。

采取前款规定的措施，依法需要报经批准的，应当办理批准手续。

市场监督管理部门对网络交易违法行为的技术监测记录资料，可以作为实施行政处罚或者采取行政措施的电子数据证据。

第三十六条　市场监督管理部门应当采取必要措施保护网络交易经营者提供的数据信息的安全，并对其中的个人信息、隐私和商业秘密严格保密。

第三十七条　市场监督管理部门依法对网络交易经营者实施信用监管，将网络交易经营者的注册登记、备案、行政许可、抽查检查结果、行政处罚、列入经营异常名录和严重违法失信企业名单等信息，通过国家企业信用信息公示系统统一归集并公示。对存在严重违法失信行为的，依法实施联合惩戒。

前款规定的信息还可以通过市场监督管理部门官方网站、网络搜索引擎、经营者从事经营活动的主页面显著位置等途径公示。

第三十八条　网络交易经营者未依法履行法定责任和义务，扰乱或者可能扰乱网络交易秩序，影响消费者合法权益的，市场监督管理部门可以依职责对其法定代表人或者主要负责人进行约谈，要求其采取措施进行整改。

第四章　法律责任

第三十九条　法律、行政法规对网络交易违法行为的处罚已有规定的，依照其规定。

第四十条　网络交易平台经营者违反本办法第十条，拒不为入驻的平台内经营者出具网络经营场所相关材料的，由市场监督管理部门责令限期改正；逾期不改正的，处一万元以上三万元以下罚款。

第四十一条　网络交易经营者违反本办法第十一条、第十三条、第十六条、第十八条，法律、行政法规有规定的，依照其规定；法律、行政法规没有规定的，由市场监督管理部门依职责责令限期改正，可以处五千元以上三万元以下罚款。

第四十二条　网络交易经营者违反本办法第十二条、第二十三条，未履行法定信息公示义务的，依照《中华人民共和国电子商务法》第七十六条的规定进行处罚。对其中的网络交易平台经营者,依照《中华人民共和国电子商务法》第八十一条第一款的规定进行处罚。

第四十三条 网络交易经营者违反本办法第十四条的,依照《中华人民共和国反不正当竞争法》的相关规定进行处罚。

第四十四条 网络交易经营者违反本办法第十七条的,依照《中华人民共和国电子商务法》第七十七条的规定进行处罚。

第四十五条 网络交易经营者违反本办法第二十条,法律、行政法规有规定的,依照其规定;法律、行政法规没有规定的,由市场监督管理部门责令限期改正;逾期不改正的,处一万元以下罚款。

第四十六条 网络交易经营者违反本办法第二十二条的,由市场监督管理部门责令限期改正;逾期不改正的,处五千元以上三万元以下罚款。

第四十七条 网络交易平台经营者违反本办法第二十四条第一款、第二十五条第二款、第三十一条,不履行法定核验、登记义务,有关信息报送义务,商品和服务信息、交易信息保存义务的,依照《中华人民共和国电子商务法》第八十条的规定进行处罚。

第四十八条 网络交易平台经营者违反本办法第二十七条、第二十八条、第三十条的,由市场监督管理部门责令限期改正;逾期不改正的,处一万元以上三万元以下罚款。

第四十九条 网络交易平台经营者违反本办法第二十九条,法律、行政法规有规定的,依照其规定;法律、行政法规没有规定的,由市场监督管理部门依职责责令限期改正,可以处一万元以上三万元以下罚款。

第五十条 网络交易平台经营者违反本办法第三十二条的,依照《中华人民共和国电子商务法》第八十二条的规定进行处罚。

第五十一条 网络交易经营者销售商品或者提供服务,不履行合同义务或者履行合同义务不符合约定,或者造成他人损害的,依法承担民事责任。

第五十二条 网络交易平台经营者知道或者应当知道平台内经营者销售的商品或者提供的服务不符合保障人身、财产安全的要求,或者有其他侵害消费者合法权益行为,未采取必要措施的,依法与该平台内经营者承担连带责任。

对关系消费者生命健康的商品或者服务,网络交易平台经营者对平台内经营者的资质资格未尽到审核义务,或者对消费者未尽到安全保障义务,造成消费者损害的,依法承担相应的责任。

第五十三条 对市场监督管理部门依法开展的监管执法活动,拒绝依照本办法规定提供有关材料、信息,或者提供虚假材料、信息,或者隐匿、销毁、转移证据,或者有其他拒绝、阻碍监管执法行为,法律、行政法规、其他市场监督管理部门规章有规定的,依照其规定;法律、行政法规、其他市场监督管理部门规章没有规定的，由市场监督管理部门责令改正，可以处五千元以上三万元以下罚款。

第五十四条　市场监督管理部门的工作人员，玩忽职守、滥用职权、徇私舞弊，或者泄露、出售或者非法向他人提供在履行职责中所知悉的个人信息、隐私和商业秘密的，依法追究法律责任。

第五十五条　违反本办法规定，构成犯罪的，依法追究刑事责任。

第五章　附　　则

第五十六条　本办法自2021年5月1日起施行。2014年1月26日原国家工商行政管理总局令第60号公布的《网络交易管理办法》同时废止。

国家发展改革委、教育部、民政部、商务部、文化和旅游部、卫生健康委、体育总局关于促进“互联网+社会服务”发展的意见

1. 2019年12月6日发布
2. 发改高技〔2019〕1903号

各省、自治区、直辖市及计划单列市人民政府，新疆生产建设兵团，国务院有关部门：

增进人民福祉、促进人的全面发展是我们党立党为公、执政为民的本质要求。社会服务是指在教育、医疗健康、养老、托育、家政、文化和旅游、体育等社会领域，为满足人民群众多层次多样化需求，依靠多元化主体提供服务的活动，事关广大人民群众最关心最直接最现实的利益问题。要以习近平新时代中国特色社会主义思想为指导，认真落实党中央、国务院决策部署，推动“互联网+社会服务”发展，促进社会服务数字化、网络化、智能化、多元化、协同化，更好惠及人民群众，助力新动能成长。经国务院同意，现提出以下意见。

一、以数字化转型扩大社会服务资源供给

运用互联网手段，充分利用“互联网+政务服务”发展成果，加快社会服务资源数字化，加大公共数据开放力度，推动服务主体转型，扩大社会服务资源覆盖范围，提升资源配置效率，有效解决社会服务资源相对短缺、优质服务资源供给不足问题。

（一）推进社会服务资源数字化，激发“互联网+”对优质服务生产要素的倍增效应。健全社会服务领域国家数字资源服务体系，推动社会服务领域从业者、设施、设备等生产要素数字化，支持社会服务机构、互联网企业和其他市场主体根据市场需求，在确保数据安全的基础上开发教育、医疗健康、文化和旅游、体育健身等数字资源，提供网络化服务。鼓励发展互联网医院、数字图书馆、数字文化馆、虚拟博物馆、虚拟体育场馆、慕课（MOOC，大规模在线开放课程）等，推动社会服务领域优质资源放大利用、共享复用。

（二）加大社会服务领域数据共享开放力度，提升数据资源利用效率。建设完善国家数据共享交换平台体系，加强跨部门政务数据共享。研究跨领域数据共享开放统一标准，建立社会服务领域公共数据开放目录和开放清单，优先推进文化、旅游、体育、医疗等领域公共数据开放，明确通过国家公共数据开放网站向社会开放的原始数据集、数据类型和时间表，提供一体化、多样化的数据服务。支持社会服务各领域间、各类主体间的数据交易流通。充分发挥国家数据共享交换平台的基础支撑和交换通道作用，探索企业数据平台与全国一体化在线政务服务平台等对接，在保障隐私和安全的前提下，提供社会服务所需的数据资源和核验服务。

（三）推进社会服务主体数字化转型，有效提升资源匹配效率。推进学校、医院、养老机构、公共文化体育场馆、家政公司、社区等社会服务主体的信息化建设，拓展管理与服务的智慧化应用。实施“互联网+社区”行动，提升社区服务信息化、智能化水平。研究建立社会服务主体服务能力标准化和服务质量评价体系。通过互联网、大数据、人工智能等多种技术和模式，推动教育、医疗健康、养老、托育、体育、家政等服务领域供需信息对接，促进以市场化手段优化资源配置。

二、以网络化融合实现社会服务均衡普惠

针对城乡、区域间优质社会服务资源配置不均衡问题，继续推进欠发达地区网络接入和基础能力建设，充分运用互联网手段加快社会服务在线对接、线上线下深度融合，促进优质社会服务惠及更广大人民群众。

（四）加快各类社会服务主体联网接入，推动实现偏远农村地区服务可及。深入开展电信普遍服务试点，提升农村及偏远地区网络覆盖水平。实施学校联网攻坚行动，加快建设教育专网，实现所有学校接入快速稳定的互联网。支持面向深度贫困地区开发内容丰富的在线教育资源。实施区域中心医院医疗检测设备配置保障工程，继续推动偏远农村地区远程医疗设施设备普及。继续实施信息进村入户工程，实现普通农户不出村、新型农业经营主体不出户就可享受便捷高效的数字化社会服务。

（五）开展发达地区和欠发达地区社会服务在线对接，助力基本公共服务公平普惠。鼓励以高水平社会服务机构为核心，建立面向基层地区、欠发达地区、边远地区的远程在线服务体系与基层从业人员培训体系，助力网络扶贫。借助互联网手段，推动具备条件的医养结合机构区域化、全国化拓展。支持发展东西部线上对口帮扶、优质资源“1带N”等方式，扩大优质资源的辐射覆盖范围。加强在线服务能力评估。

（六）推进线上与线下社会服务深度融合，扩大线下服务半径。探索教育、医疗健康、养老、社区、家政、旅游、体育等领域线上线下融合互动的社会服务供给体系,鼓励与全国一体化在线政务服务平台实现对接融通,拓展服务内容,扩大服务覆盖面。探索建立高校教育网络学习学分认定与学分转换、在线教育课程认证、家庭医生电子化签约等制度,支持发展社区居家"虚拟养老院"。

三、以智能化创新提高社会服务供给质量

进一步拓展社会服务便捷化、智能化、个性化、时尚化消费空间,加快新型数字基础设施建设,以技术创新推动产品创新、应用创新,有效培育新业态、激发新动能,更好满足人民群众对高品质社会服务的需求。

(七)鼓励新技术创新应用,培育壮大社会服务新产品新产业新业态。推进大数据、云计算、人工智能、物联网等新一代信息技术在社会服务领域集成应用,支持引导新型穿戴设备、智能终端、服务机器人、在线服务平台、虚拟现实、增强现实、混合现实等产品和服务研发,丰富线上线下相融合的消费体验。鼓励开展同步课堂、远程手术指导、沉浸式运动、数字艺术、演艺直播、赛事直播、高清视频通讯社交等智能化交互式创新应用示范,引领带动数字创意、智慧医疗、智慧旅游、智慧文化、智能体育、智慧养老等新产业新业态发展。深入推进"互联网+中华文明"行动计划。

(八)加快布局新型数字基础设施,为智能化社会服务应用赋能。面向远程医疗、在线教育、智慧养老等领域,加快第五代移动通信技术(5G)行业应用试点,推进4G、5G、窄带物联网(NB-IoT)多网络协同发展,加速构建支持大数据应用和云端海量信息处理的云计算基础设施,支持政府和企业建设人工智能基础服务平台,面向社会服务提供人工智能应用所需的基础数据、计算能力和模型算法,提升社会服务基础设施智能化水平。

四、以多元化供给激发社会服务市场活力

针对社会服务公益属性强、市场回报低、质量难评估、隐性门槛高等特点,着力破除体制机制障碍,探索市场主导、政府引导的多元化供给机制,促进多领域跨界融合发展,提升市场主体盈利能力和空间,有效激发社会服务市场活力。

(九)放宽市场准入,引导各类要素有序进入社会服务市场。深化"放管服"改革,鼓励各类市场主体依法平等参与"互联网+社会服务"供给,发挥市场主体资金、数据、技术、人才优势,激发社会服务市场创新活力。制定出台药品网络销售监督办法。鼓励社会力量参与大型开放式网络课程建设,支持符合条件的网络课程、社会化教育培训产品按照相应规定和程序纳入学校课程体系,培育在线辅导等线上线下融合的学习新模式。按照国家有关规定,规范和引导面向中小学利用互联网技术实施的学科类校外线上培训活动。

(十)培育社会服务平台,推动社会服务市场融合发展。促进社会服务与互联网产业深度融合,大力培育跨行业跨领域综合性平台和行业垂直平台。支持互联网企业基于技术优势搭建社会服务平台，鼓励符合条件的社会服务机构向平台化拓展转型，培育一批具有引领示范效应的平台企业。创新教育、医疗健康、养老等社会服务平台建设模式，吸引社会力量参与公益性社会服务平台建设。通过各类平台有效链接服务主体和用户，加强产业链条延展协作，实现服务无缝对接。探索多领域跨界融合发展，推动医养结合、文教结合、体医结合、文旅融合。

五、以协同化举措优化社会服务发展环境

创新社会服务监管理念和方式，加大知识产权保护和维权保障力度，强化数据安全和个人隐私保护，加强社会信用体系建设和商业保险支撑，开展试点示范，营造包容审慎、鼓励发展的良好环境。

（十一）坚持包容审慎，营造良好环境。构建以信用为基础的新型监管机制，加大反垄断和反不正当竞争执法力度，重点加强事中事后监管，保障市场主体公平参与市场竞争。对于社会服务领域新业态新模式，原则上不得新增前置审批和行政许可事项，除涉及个人隐私、道德伦理、资金安全、责任事故、公共安全、社会稳定等情况外，给予市场主体充分的容错试错机会和更多的发展空间。加强“互联网+社会服务”领域内容创作、产品研发、模式创新等知识产权保护，特别是针对教育、医疗健康、文化等网络侵权假冒高风险领域，创新线上线下维权机制，加大侵权犯罪行为打击处罚力度，保障优质服务资源安心上网、放心共享。

（十二）强化安全保障，增强消费信心。坚持安全与发展并重原则，制定社会服务领域数据共享、开放、流通、交易和数据安全保护的法规标准，严禁社会服务提供机构违法违规收集、使用、篡改、泄露用户个人信息和隐私数据。对于以政府购买服务方式提供社会服务的，加强对承担企业数据使用的全过程监管。加快建立“智能+”产品和服务安全管理制度，研究制定安全应用指南。加强社会服务领域信用体系建设，探索“互联网+医疗”、“互联网+养老”等商业保险支撑和保障机制，构建良好的社会服务消费环境。加大对网络坑蒙拐骗行为的监管和执法力度，让群众放心消费。

（十三）鼓励试点先行，加强经验推广。强化典型示范带动，选择部分领域和地区开展“互联网+社会服务”试点，从理念、制度、运营、技术、人才等方面深入剖析、系统总结成功经验和做法，通过现场观摩和经验交流会等方式，加大典型案例和经验复制推广力度。支持各地区和相关市场主体开展平台经济创新、服务产品创新、产业链协同创新、跨领域融合创新，打造一批“互联网+社会服务”示范平台。建立常态化宣传机制，营造典型经验学习推广的良好舆论氛围。

六、保障措施

（十四）加强教育培训，增强数字技能。鼓励依托各类高等学校、职业院校和研究机构建立“互联网+社会服务”试验平台和培训基地，加强技术技能人才培训。为偏远农村地区教师、医护人员等提供远程培训、远程手术示教等服务，为基层从业者提供便捷可得的终身教育渠道。加强全民数字技能教育和培训，针对信息技能相对薄弱的老年人等服务消费群体，普及信息应用、网络支付、风险甄别等相关知识，逐步培育群众新型服务消费习惯。

（十五）加大财政支持，优化融资服务。发挥财政资金引导作用，针对市场化机制缺位、薄弱的公共服务领域，坚持“尽力而为、量力而行”，采取政府购买服务等方式给予积极支持。鼓励创业投资基金、天使投资等加大对“互联网+社会服务”的投资力度。支持符合条件的“互联网+社会服务”企业发行包括创新创业公司债券在内的公司债券和“双创”债务融资工具。

（十六）强化统筹协调，推动任务落实。地方各级人民政府要强化主体责任，按照本意见要求，明确任务分工，优化服务流程，提高质量效率，结合各地实际抓好贯彻落实。教育部、工业和信息化部、公安部、民政部、人力资源社会保障部、商务部、文化和旅游部、卫生健康委、体育总局、医保局、药监局等有关部门要按照职责分工，加大对分管领域“互联网+社会服务”工作的支持力度，细化制定配套制度和政策，加强对地方工作的指导支持。发展改革委将会同有关部门加强统筹协调，强化部门协同、上下联动，建立健全“互联网+社会服务”工作协调推进机制，确保本意见提出的各项目标任务和政策措施落实到位。

工业和信息化部办公厅关于推动工业互联网加快发展的通知

1．2020年3月6日发布

2．工信厅信管〔2020〕8号

各省、自治区、直辖市及计划单列市、新疆生产建设兵团工业和信息化主管部门，各省、自治区、直辖市通信管理局，中国电信集团有限公司、中国移动通信集团有限公司、中国联合网络通信集团有限公司、中国广播电视网络有限公司，各有关单位：

为深入贯彻习近平总书记在统筹推进新冠肺炎疫情防控和经济社会发展工作部署会议上的重要讲话精神，落实中央关于推动工业互联网加快发展的决策部署，统筹发展与安全，推动工业互联网在更广范围、更深程度、更高水平上融合创新，培植壮大经济发展新动能，支撑实现高质量发展，现就有关事项通知如下：

一、加快新型基础设施建设

（一）改造升级工业互联网内外网

络。推动基础电信企业建设覆盖全国所有地市的高质量外网，打造20个企业工业互联网外网优秀服务案例。鼓励工业企业升级改造工业互联网内网，打造10个标杆网络，推动100个重点行业龙头企业、1000个地方骨干企业开展工业互联网内网改造升级。鼓励各地组织1-3家工业企业与基础电信企业深度对接合作，利用5G改造工业互联网内网。打造高质量园区网络，引领5G技术在垂直行业的融合创新。

（二）增强完善工业互联网标识体系。出台工业互联网标识解析管理办法。增强5大顶级节点功能，启动南京、贵阳两大灾备节点工程建设。面向垂直行业新建20个以上标识解析二级节点，新增标识注册量20亿，拓展网络化标识覆盖范围，进一步增强网络基础资源支撑能力。

（三）提升工业互联网平台核心能力。引导平台增强5G、人工智能、区块链、增强现实/虚拟现实等新技术支撑能力，强化设计、生产、运维、管理等全流程数字化功能集成。遴选10个跨行业跨领域平台，发展50家重点行业/区域平台。推动重点平台平均支持工业协议数量200个、工业设备连接数80万台、工业APP数量达到2500个。

（四）建设工业互联网大数据中心。加快国家工业互联网大数据中心建设，鼓励各地建设工业互联网大数据分中心。建立工业互联网数据资源合作共享机制，初步实现对重点区域、重点行业的数据采集、汇聚和应用，提升工业互联网基础设施和数据资源管理能力。

二、加快拓展融合创新应用

（五）积极利用工业互联网促进复工复产。充分发挥工业互联网全要素、全产业链、全价值链的连接优势，鼓励各地工业和信息化主管部门、各企业利用工业互联网实现信息、技术、产能、订单共享，实现跨地域、跨行业资源的精准配置与高效对接。鼓励大型企业、大型平台、解决方案提供商为中小企业免费提供工业APP服务。

（六）深化工业互联网行业应用。鼓励各地结合优势产业，加强工业互联网在装备、机械、汽车、能源、电子、冶金、石化、矿业等国民经济重点行业的融合创新，突出差异化发展，形成各有侧重、各具特色的发展模式。引导各地总结实践经验，制定垂直细分领域的行业应用指南。

（七）促进企业上云上平台。推动企业加快工业设备联网上云、业务系统云化迁移。加快各类场景云化软件的开发和应用，加大中小企业数字化工具普及力度，降低企业数字化门槛，加快数字化转型进程。

（八）加快工业互联网试点示范推广普及。遴选100个左右工业互联网试点示范项目。鼓励每个示范项目向2个以上相关企业复制，形成多点辐射、放大倍增的带动效应。建设一批工业互联网体验和推广中心。评估试点示范成效，编制优秀试点示范推广案例集。

三、加快健全安全保障体系

（九）建立企业分级安全管理制度。出台工业互联网企业网络安全分类分级指南，制定安全防护制度标准，开展工业互联网企业分类分级试点，形成重点企业清单，实施差异化管理。

（十）完善安全技术监测体系。扩大国家平台监测范围，继续建设完善省级安全平台，升级基础电信企业监测系统，汇聚重点平台、重点企业数据，覆盖150个重点平台、10万家以上工业互联网企业，强化综合分析，提高支撑政府决策、保障企业安全的能力。

（十一）健全安全工作机制。完善企业安全信息通报处置和检查检测机制，对20家以上典型平台、工业企业开展现场检查和远程检测，督促指导企业提升安全水平，对100个以上工业APP开展检测分析，增强APP安全性。

（十二）加强安全技术产品创新。鼓励企业创新安全产品和方案设计，遴选10个以上典型产品或最佳实践。加大网络安全产品研发和技术攻关支持力度，加强产业协同创新。指导网络安全公共服务平台为中小企业提供优质高效的安全服务。

四、加快壮大创新发展动能

（十三）加快工业互联网创新发展工程建设。加快在建项目建设进度，加大新建项目开工力度。推动具备条件的项目提前验收，并在后续试点示范项目遴选中优先考虑。储备一批投资规模大、带动能力强的重点项目。各地工业和信息化主管部门要会同通信管理局加强监督管理，压实承担单位主体责任，确保工程建设高质量完成。

（十四）深入实施“5G+工业互联网”512工程。引导各类主体建设5个公共服务平台，构建创新载体，为企业提供工业互联网内网改造设计、咨询、检测、验证等服务。遴选5个融合发展重点行业，挖掘10个典型应用场景，总结形成可持续、可复制、可推广的创新模式和发展路径。

（十五）增强关键技术产品供给能力。鼓励相关单位在时间敏感网络、边缘计算、工业智能等领域加快技术攻关，打造智能传感、智能网关、协议转换、工业机理模型库、工业软件等关键软硬件产品，加快部署应用。打造一批工业互联网技术公共服务平台，加强关键技术产品孵化和产业化支撑。

五、加快完善产业生态布局

（十六）促进工业互联网区域协同发展。鼓励各地结合区域特色和产业优势，打造一批产业优势互补、协同效应显著、辐射带动能力强劲的示范区。持续推进长三角工业互联网一体化发展示范区建设。

（十七）增强工业互联网产业集群能力。引导工业互联网产业示范基地进一步聚焦主业，培育引进工业互联网龙头企业，加快提升新型基础设施支撑能力和融合创新引领能力，做大做强主导产业链,完善配套支撑产业链,壮大产业供给能力。鼓励各地整合优势资源,集聚创新要素,培育具有区域优势的工业互联网产业集群。

(十八)高水平组织产业活动。统筹协调各地差异化开展工业互联网相关活动。壮大工业互联网产业联盟,举办产业峰会,发布工业互联网产业经济发展报告。高质量开展工业互联网大数据、工业 APP、解决方案、安全等相关赛事活动,组织全国工业互联网线上精品课程培训。

六、加大政策支持力度

(十九)提升要素保障水平。鼓励各地将工业互联网企业纳入本地出台的战疫情、支持复工复产的政策支持范围,将基于 5G、标识解析等新技术的应用纳入企业上云政策支持范围,将 5G 电价优惠政策拓展至"5G+工业互联网"领域。鼓励各地引导社会资本设立工业互联网产业基金。打造工业互联网人才实训基地。

(二十)开展产业监测评估。建设工业互联网运行监测平台,构建运行监测体系。建立工业互联网评估体系,定期评估发展成效,发布工业互联网发展指数。工业互联网创新发展工程项目承担单位、试点示范项目单位以及工业互联网产业示范基地等要积极参与监测体系、评估体系建设。

工业和信息化部关于工业大数据发展的指导意见

1. 2020 年 4 月 28 日发布
2. 工信部信发〔2020〕67 号

各省、自治区、直辖市及计划单列市、新疆生产建设兵团工业和信息化主管部门(大数据产业主管部门):

工业大数据是工业领域产品和服务全生命周期数据的总称,包括工业企业在研发设计、生产制造、经营管理、运维服务等环节中生成和使用的数据,以及工业互联网平台中的数据等。为贯彻落实国家大数据发展战略,促进工业数字化转型,激发工业数据资源要素潜力,加快工业大数据产业发展,现提出如下意见。

一、总体要求

坚持以习近平新时代中国特色社会主义思想为指导,深入贯彻党的十九大和十九届二中、三中、四中全会精神,牢固树立新发展理念,按照高质量发展要求,促进工业数据汇聚共享、深化数据融合创新、提升数据治理能力、加强数据安全管理,着力打造资源富集、应用繁荣、产业进步、治理有序的工业大数据生态体系。

二、加快数据汇聚

(一)推动工业数据全面采集。支持工业企业实施设备数字化改造,升级各类信息系统,推动研发、生产、经营、运维等全流程的数据采集。支持重点企业研制工业数控系统,引导工业设备企业开放数据接口,实现数据全面采集。

(二)加快工业设备互联互通。持续推进工业互联网建设,实现工业设备的全连接。加快推动工业通信协议兼容统一,打破技术壁垒,形成完整贯通的数据链。

(三)推动工业数据高质量汇聚。组织开展工业数据资源调查,引导企业加强数据资源管理,实现数据的可视、可管、可用、可信。整合重点领域统计数据和监测数据,在原材料、装备、消费品、电子信息等行业建设国家级数据库。支持企业建设数据汇聚平台,实现多源异构数据的融合和汇聚。

(四)统筹建设国家工业大数据平台。建设国家工业互联网大数据中心,汇聚工业数据,支撑产业监测分析,赋能企业创新发展,提升行业安全运行水平。建立多级联动的国家工业基础大数据库,研制产业链图谱和供应链地图,服务制造业高质量发展。

三、推动数据共享

(五)推动工业数据开放共享。支持优势产业上下游企业开放数据,加强合作,共建安全可信的工业数据空间,建立互利共赢的共享机制。引导和规范公共数据资源开放流动,鼓励相关单位通过共享、交换、交易等方式,提高数据资源价值创造的水平。

(六)激发工业数据市场活力。支持开展数据流动关键技术攻关,建设可信的工业数据流通环境。构建工业大数据资产价值评估体系,研究制定公平、开放、透明的数据交易规则,加强市场监管和行业自律,开展数据资产交易试点,培育工业数据市场。

四、深化数据应用

(七)推动工业数据深度应用。加快数据全过程应用,发展数据驱动的制造新模式新业态,引导企业用好各业务环节的数据。

(八)开展工业数据应用示范。组织开展工业大数据应用试点示范,总结推广工业大数据应用方法,制定工业大数据应用水平评估标准,加强对地方和企业应用现状的评估。

(九)提升数据平台支撑作用。发挥工业互联网平台优势,提升平台的数据处理能力。面向中小企业开放数据服务资源,提升企业数据应用能力。加快推动工业知识、技术、经验的软件化,培育发展一批面向不同场景的工业APP。

(十)打造工业数据应用生态。面向重点行业培育一批工业大数据解决方案供应商。鼓励通过开展工业大数据竞赛,助力行业创新应用。加大宣传推广力度,开展线上线下数据应用培训活动。

五、完善数据治理

(十一)开展数据管理能力评估贯标。推广《数据管理能力成熟度评估模型》(GB/T 36073-2018,简称DCMM)国家标准,构建工业大数据管理能力评估体系,引导企业提升数据管理能力。鼓励各级政府在实施贯标、人员培训、效果评估等方面加强政策引导和资金支持。

(十二)推动标准研制和应用。加强工业大数据标准体系建设,加快数据质量、数据治理和数据安全等关键标准研制,选择条件成熟的行业和地区开展试验验证和试点推广。

(十三)加强工业数据分类分级管理。落实《工业数据分类分级指南(试行)》,实现数据科学管理,推动构建以企业为主体的工业数据分类分级管理体系。

六、强化数据安全

(十四)构建工业数据安全管理体系。明确企业安全主体责任和各级政府监督管理责任,构建工业数据安全责任体系。加强态势感知、测试评估、预警处置等工业大数据安全能力建设,实现闭环管理,全面保障数据安全。

(十五)加强工业数据安全产品研发。开展加密传输、访问控制、数据脱敏等安全技术攻关,提升防篡改、防窃取、防泄漏能力。加快培育安全骨干企业,增强数据安全服务,培育良好安全产业生态。

七、促进产业发展

(十六)突破工业数据关键共性技术。加快数据汇聚、建模分析、应用开发、资源调度和监测管理等共性技术的研发和应用,推动人工智能、区块链和边缘计算等前沿技术的部署和融合。

(十七)打造工业数据产品和服务体系。推动工业大数据采集、存储、加工、分析和服务等环节相关产品开发,构建大数据基础性、通用性产品体系。培育一批数据资源服务提供商和数据服务龙头企业,发展一批聚焦数据标准制定、测试评估、研究咨询等领域的第三方服务机构。

(十八)着力构建工业数据创新生态。支持产学研合作建设工业大数据创新平台,围绕重大共性需求和行业痛点开展协同创新,加快技术成果转化,推动产业基础高级化和产业链现代化。

八、加强组织保障

(十九)健全工作推进机制。省级工业和信息化主管部门(大数据产业主管部门)要建立工业大数据推进工作机制,统筹推进地方工业大数据发展。鼓励各地因地制宜加强政策创新,开展重大问题研究,实施政策评估咨询,助力工业大数据创新应用。

(二十)强化资金人才支持。发挥财政资金的引导作用,推动政策性银行加大精准信贷扶持力度。鼓励金融机构创新产品和服务,扶持工业大数据创新创业。完善人才培养体系,培育既具备大数据技术能力又熟悉行业需求的复合型人才。

(二十一)促进国际交流合作。围绕政策、技术、标准、人才、企业等方面,推进工业大数据在更大范围、更宽领域、更深层次开展合作交流,不断提升国际化发展水平。

工业和信息化部关于深化信息通信领域“放管服”改革的通告

1. 2020年5月11日发布
2. 工信部政法函〔2020〕99号

为进一步激发市场活力,优化营商环境,现就深化信息通信领域“放管服”改革有关事项通告如下:

一、减少电信业务经营许可事项的申请材料

（一）取消公司章程、法定代表人和主要管理、技术人员身份证等申请材料。

（二）将公司概况的申请材料整合到电信业务经营许可证申请表。

（三）对公司员工社保证明实行容缺受理,申请人可以在提交电信业务经营许可申请时作出承诺,在获得电信业务经营许可证时提交。

（四）申请人再次申请办理电信业务经营许可,如营业执照、股权结构未发生变化的,可以作出相应说明和承诺,不再提交营业执照副本、股权结构图。

二、深化“不见面审批”

（五）对增值电信业务经营许可、电信网码号资源使用和调整审批、非经营性互联网信息服务备案核准事项,实行“全程网办”,申请材料直接上传“工业和信息化部行政许可受理信息系统”,在线受理、网上审批。适时推行电子证照,逐步取消纸质材料申请要求,实现“一网通办”。

（六）上述行政许可事项涉及领取行政许可证件的,申请人可以选择请电信管理机构邮寄送达。

三、推行并行审批和检测优化

（七）对需要同时办理电信设备进网许可和无线电发射设备型号核准的设备,实行两项行政许可并行审批;对企业申请电信设备进网许可,不再要求事前取得并提供无线电发射设备型号核准证相关信息。

（八）电信设备进网许可和无线电发射设备型号核准的检测项目,不作重复检测。

四、推进行政审批服务便民化

（九）信息通信领域行政许可事项提供现场咨询和非现场的网络、电话等咨询方式,为申请人提供指引。

（十）对申请材料齐全、符合法定形式,满足许可条件的,一次办结。

（十一）严格落实信息公开、一次性告知、服务承诺等行政许可服务规范。

（十二）工业和信息化部加强政策宣传解读,修订公布电信业务经营许可事项《办事指南》,将社会关注的许可政策问题及时纳入“常见问题解答”;明确不需要办理电信业务经营许可的涉网服务事项,供企业在办理其他行政许可、招标投标活动、商务合作时作为办事依据。

五、加强和规范涉企检查

（十三）信息通信领域的法定行政

检查事项,日常监管中全面推行“双随机一公开”监管。工业和信息化部组织开展检查时,推行部省联动、跨地区协同检查,协调属地电信管理机构一并开展检查。

(十四)推进“互联网+监管”,通过网络监测、信息化监管、数据共享等能够实现检查效果的,可以不实行现场检查。

(十五)严格依法依规开展检查,不得干扰企业正常生产经营活动。

(十六)对已取消、下放的行政许可事项,加强事中事后监管,及时跟踪评估。

(十七)落实行政执法公示制度、执法全过程记录制度、重大执法决定法制审核制度,依法规范公正文明执法。

六、不断深化“证照分离”等改革

(十八)根据国务院统一部署,在全国自由贸易试验区开展“证照分离”改革全覆盖试点有关工作,落实告知承诺、优化审批服务等改革措施。

(十九)开展行政许可事项等政务服务“好差评”工作。

各省、自治区、直辖市通信管理局要按照本通告的有关要求,认真落实各项改革举措。工业和信息化部相关业务主管司局按照职责分工做好政策宣传和业务指导。

四、网络犯罪

中华人民共和国刑法(节录)

1. 1979年7月1日第五届全国人民代表大会第二次会议通过
2. 1997年3月14日第八届全国人民代表大会第五次会议修订
3. 根据1998年12月29日第九届全国人民代表大会常务委员会第六次会议通过的《关于惩治骗购外汇、逃汇和非法买卖外汇犯罪的决定》、1999年12月25日第九届全国人民代表大会常务委员会第十三次会议通过的《中华人民共和国刑法修正案》、2001年8月31日第九届全国人民代表大会常务委员会第二十三次会议通过的《中华人民共和国刑法修正案(二)》、2001年12月29日第九届全国人民代表大会常务委员会第二十五次会议通过的《中华人民共和国刑法修正案(三)》、2002年12月28日第九届全国人民代表大会常务委员会第三十一次会议通过的《中华人民共和国刑法修正案(四)》、2005年2月28日第十届全国人民代表大会常务委员会第十四次会议通过的《中华人民共和国刑法修正案(五)》、2006年6月29日第十届全国人民代表大会常务委员会第二十二次会议通过的《中华人民共和国刑法修正案(六)》、2009年2月28日第十一届全国人民代表大会常务委员会第七次会议通过的《中华人民共和国刑法修正案(七)》、2009年8月27日第十一届全国人民代表大会常务委员会第十次会议通过的《关于修改部分法律的决定》、2011年2月25日第十一届全国人民代表大会常务委员会第十九次会议通过的《中华人民共和国刑法修正案(八)》、2015年8月29日第十二届全国人民代表大会常务委员会第十六次会议通过的《中华人民共和国刑法修正案(九)》、2017年11月4日第十二届全国人民代表大会常务委员会第三十次会议通过的《中华人民共和国刑法修正案(十)》、2020年12月26日第十三届全国人民代表大会常务委员会第二十四次会议通过的《中华人民共和国刑法修正案(十一)》修正

第二编　分　　则

第一章　危害国家安全罪

第一百零二条　勾结外国，危害中华人民共和国的主权、领土完整和安全的，处无期徒刑或者十年以上有期徒刑。

与境外机构、组织、个人相勾结，犯前款罪的，依照前款的规定处罚。

第一百零三条　组织、策划、实施分

裂国家、破坏国家统一的，对首要分子或者罪行重大的，处无期徒刑或者十年以上有期徒刑；对积极参加的，处三年以上十年以下有期徒刑；对其他参加的，处三年以下有期徒刑、拘役、管制或者剥夺政治权利。

煽动分裂国家、破坏国家统一的，处五年以下有期徒刑、拘役、管制或者剥夺政治权利；首要分子或者罪行重大的，处五年以上有期徒刑。

第一百零四条　组织、策划、实施武装叛乱或者武装暴乱的，对首要分子或者罪行重大的，处无期徒刑或者十年以上有期徒刑；对积极参加的，处三年以上十年以下有期徒刑；对其他参加的，处三年以下有期徒刑、拘役、管制或者剥夺政治权利。

策动、胁迫、勾引、收买国家机关工作人员、武装部队人员、人民警察、民兵进行武装叛乱或者武装暴乱的，依照前款的规定从重处罚。

第一百零五条　组织、策划、实施颠覆国家政权、推翻社会主义制度的，对首要分子或者罪行重大的，处无期徒刑或者十年以上有期徒刑；对积极参加的，处三年以上十年以下有期徒刑；对其他参加的，处三年以下有期徒刑、拘役、管制或者剥夺政治权利。

以造谣、诽谤或者其他方式煽动颠覆国家政权、推翻社会主义制度的，处五年以下有期徒刑、拘役、管制或者剥夺政治权利；首要分子或者罪行重大的，处五年以上有期徒刑。

第一百零六条　与境外机构、组织、个人相勾结，实施本章第一百零三条、第一百零四条、第一百零五条规定之罪的，依照各该条的规定从重处罚。

第一百零七条　境内外机构、组织或者个人资助实施本章第一百零二条、第一百零三条、第一百零四条、第一百零五条规定之罪的，对直接责任人员，处五年以下有期徒刑、拘役、管制或者剥夺政治权利；情节严重的，处五年以上有期徒刑。

第一百零八条　投敌叛变的，处三年以上十年以下有期徒刑；情节严重或者带领武装部队人员、人民警察、民兵投敌叛变的，处十年以上有期徒刑或者无期徒刑。

第一百零九条　国家机关工作人员在履行公务期间，擅离岗位，叛逃境外或者在境外叛逃的，处五年以下有期徒刑、拘役、管制或者剥夺政治权利；情节严重的，处五年以上十年以下有期徒刑。

掌握国家秘密的国家工作人员叛逃境外或者在境外叛逃的，依照前款的规定从重处罚。

第一百一十条　有下列间谍行为之一，危害国家安全的，处十年以上有期徒刑或者无期徒刑；情节较轻的，处三年以上十年以下有期徒刑：

（一）参加间谍组织或者接受间谍组织及其代理人的任务的；

（二）为敌人指示轰击目标的。

第一百一十一条　为境外的机构、组织、人员窃取、刺探、收买、非法提供国家秘密或者情报的，处五年以上十年以下有期徒刑；情节特别严重的，处十年以上有期徒刑或者无期徒刑；情节较轻的，处五年以下有期徒刑、拘役、管制或者剥夺政治权利。

第一百一十二条　战时供给敌人武器装备、军用物资资敌的，处十年以上有期徒刑或者无期徒刑；情节较轻的，处三年以上十年以下有期徒刑。

第一百一十三条　本章上述危害国家安全罪行中，除第一百零三条第二款、第一百零五条、第一百零七条、第一百零九条外，对国家和人民危害特别严重、情节特别恶劣的，可以判处死刑。

犯本章之罪的，可以并处没收财产。

第三章　破坏社会主义市场经济秩序罪

第七节　侵犯知识产权罪

第二百一十七条　以营利为目的，有下列侵犯著作权或者与著作权有关的权利的情形之一，违法所得数额较大或者有其他严重情节的，处三年以下有期徒刑，并处或者单处罚金；违法所得数额巨大或者有其他特别严重情节的，处三年以上十年以下有期徒刑，并处罚金：

（一）未经著作权人许可，复制发行、通过信息网络向公众传播其文字作品、音乐、美术、视听作品、计算机软件及法律、行政法规规定的其他作品的；

（二）出版他人享有专有出版权的图书的；

（三）未经录音录像制作者许可，复制发行、通过信息网络向公众传播其制作的录音录像的；

（四）未经表演者许可，复制发行录有其表演的录音录像制品，或者通过信息网络向公众传播其表演的；

（五）制作、出售假冒他人署名的美术作品的；

（六）未经著作权人或者与著作权有关的权利人许可，故意避开或者破坏权利人为其作品、录音录像制品等采取的保护著作权或者与著作权有关的权利的技术措施的。

第二百一十九条　有下列侵犯商业秘密行为之一，情节严重的，处三年以下有期徒刑，并处或者单处罚金；情节特别严重的，处三年以上十年以下有期徒刑，并处罚金：

（一）以盗窃、贿赂、欺诈、胁迫、电子侵入或者其他不正当手段获取权利人的商业秘密的；

（二）披露、使用或者允许他人使用以前项手段获取的权利人的商业秘密的；

（三）违反保密义务或者违反权利人有关保守商业秘密的要求，披露、使用或者允许他人使用其所掌握的商业秘密的。

明知前款所列行为，获取、披露、使用或者允许他人使用该商业秘密的，以侵犯商业秘密论。

本条所称权利人，是指商业秘密的所有人和经商业秘密所有人许可的商业秘密使用人。

第四章 侵犯公民人身权利、民主权利罪

第二百四十六条 以暴力或者其他方法公然侮辱他人或者捏造事实诽谤他人,情节严重的,处三年以下有期徒刑、拘役、管制或者剥夺政治权利。

前款罪,告诉的才处理,但是严重危害社会秩序和国家利益的除外。

通过信息网络实施第一款规定的行为,被害人向人民法院告诉,但提供证据确有困难的,人民法院可以要求公安机关提供协助。

第六章 妨害社会管理秩序罪

第一节 扰乱公共秩序罪

第二百八十五条 违反国家规定,侵入国家事务、国防建设、尖端科学技术领域的计算机信息系统的,处三年以下有期徒刑或者拘役。

违反国家规定,侵入前款规定以外的计算机信息系统或者采用其他技术手段,获取该计算机信息系统中存储、处理或者传输的数据,或者对该计算机信息系统实施非法控制,情节严重的,处三年以下有期徒刑或者拘役,并处或者单处罚金;情节特别严重的,处三年以上七年以下有期徒刑,并处罚金。

提供专门用于侵入、非法控制计算机信息系统的程序、工具,或者明知他人实施侵入、非法控制计算机信息系统的违法犯罪行为而为其提供程序、工具,情节严重的,依照前款的规定处罚。

单位犯前三款罪的,对单位判处罚金,并对其直接负责的主管人员和其他直接责任人员,依照各该款的规定处罚。

第二百八十六条 违反国家规定,对计算机信息系统功能进行删除、修改、增加、干扰,造成计算机信息系统不能正常运行,后果严重的,处五年以下有期徒刑或者拘役;后果特别严重的,处五年以上有期徒刑。

违反国家规定,对计算机信息系统中存储、处理或者传输的数据和应用程序进行删除、修改、增加的操作,后果严重的,依照前款的规定处罚。

故意制作、传播计算机病毒等破坏性程序,影响计算机系统正常运行,后果严重的,依照第一款的规定处罚。

单位犯前三款罪的,对单位判处罚金,并对其直接负责的主管人员和其他直接责任人员,依照第一款的规定处罚。

第二百八十六条之一 网络服务提供者不履行法律、行政法规规定的信息网络安全管理义务,经监管部门责令采取改正措施而拒不改正,有下列情形之一的,处三年以下有期徒刑、拘役或者管制,并处或者单处罚金:

(一)致使违法信息大量传播的;

(二)致使用户信息泄露,造成严重后果的;

(三)致使刑事案件证据灭失,情节严重的;

(四)有其他严重情节的。

单位犯前款罪的,对单位判处罚金,

并对其直接负责的主管人员和其他直接责任人员,依照前款的规定处罚。

有前两款行为,同时构成其他犯罪的,依照处罚较重的规定定罪处罚。

第二百八十七条 利用计算机实施金融诈骗、盗窃、贪污、挪用公款、窃取国家秘密或者其他犯罪的,依照本法有关规定定罪处罚。

第二百八十七条之一 利用信息网络实施下列行为之一,情节严重的,处三年以下有期徒刑或者拘役,并处或者单处罚金:

(一)设立用于实施诈骗、传授犯罪方法、制作或者销售违禁物品、管制物品等违法犯罪活动的网站、通讯群组的;

(二)发布有关制作或者销售毒品、枪支、淫秽物品等违禁物品、管制物品或者其他违法犯罪信息的;

(三)为实施诈骗等违法犯罪活动发布信息的。

单位犯前款罪的,对单位判处罚金,并对其直接负责的主管人员和其他直接责任人员,依照第一款的规定处罚。

有前两款行为,同时构成其他犯罪的,依照处罚较重的规定定罪处罚。

第二百八十七条之二 明知他人利用信息网络实施犯罪,为其犯罪提供互联网接入、服务器托管、网络存储、通讯传输等技术支持,或者提供广告推广、支付结算等帮助,情节严重的,处三年以下有期徒刑或者拘役,并处或者单处罚金。

单位犯前款罪的,对单位判处罚金,并对其直接负责的主管人员和其他直接责任人员,依照第一款的规定处罚。

有前两款行为,同时构成其他犯罪的,依照处罚较重的规定定罪处罚。

第二百九十一条之一 投放虚假的爆炸性、毒害性、放射性、传染病病原体等物质,或者编造爆炸威胁、生化威胁、放射威胁等恐怖信息,或者明知是编造的恐怖信息而故意传播,严重扰乱社会秩序的,处五年以下有期徒刑、拘役或者管制;造成严重后果的,处五年以上有期徒刑。

编造虚假的险情、疫情、灾情、警情,在信息网络或者其他媒体上传播,或者明知是上述虚假信息,故意在信息网络或者其他媒体上传播,严重扰乱社会秩序的,处三年以下有期徒刑、拘役或者管制;造成严重后果的,处三年以上七年以下有期徒刑。

最高人民法院、最高人民检察院关于办理利用互联网、移动通讯终端、声讯台制作、复制、出版、贩卖、传播淫秽电子信息刑事案件具体应用法律若干问题的解释

1. 2004年9月3日公布
2. 法释〔2004〕11号
3. 自2004年9月6日起施行

为依法惩治利用互联网、移动通讯终端制作、复制、出版、贩卖、传播淫秽电

子信息、通过声讯台传播淫秽语音信息等犯罪活动，维护公共网络、通讯的正常秩序，保障公众的合法权益，根据《中华人民共和国刑法》、《全国人民代表大会常务委员会关于维护互联网安全的决定》的规定，现对办理该类刑事案件具体应用法律的若干问题解释如下：

第一条 以牟利为目的，利用互联网、移动通讯终端制作、复制、出版、贩卖、传播淫秽电子信息，具有下列情形之一的，依照刑法第三百六十三条第一款的规定，以制作、复制、出版、贩卖、传播淫秽物品牟利罪定罪处罚：

（一）制作、复制、出版、贩卖、传播淫秽电影、表演、动画等视频文件二十个以上的；

（二）制作、复制、出版、贩卖、传播淫秽音频文件一百个以上的；

（三）制作、复制、出版、贩卖、传播淫秽电子刊物、图片、文章、短信息等二百件以上的；

（四）制作、复制、出版、贩卖、传播的淫秽电子信息，实际被点击数达到一万次以上的；

（五）以会员制方式出版、贩卖、传播淫秽电子信息，注册会员达二百人以上的；

（六）利用淫秽电子信息收取广告费、会员注册费或者其他费用，违法所得一万元以上的；

（七）数量或者数额虽未达到第（一）项至第（六）项规定标准，但分别达到其中两项以上标准一半以上的；

（八）造成严重后果的。

利用聊天室、论坛、即时通信软件、电子邮件等方式，实施第一款规定行为的，依照刑法第三百六十三条第一款的规定，以制作、复制、出版、贩卖、传播淫秽物品牟利罪定罪处罚。

第二条 实施第一条规定的行为，数量或者数额达到第一条第一款第（一）项至第（六）项规定标准五倍以上的，应当认定为刑法第三百六十三条第一款规定的“情节严重”；达到规定标准二十五倍以上的，应当认定为“情节特别严重”。

第三条 不以牟利为目的，利用互联网或者移动通讯终端传播淫秽电子信息，具有下列情形之一的，依照刑法第三百六十四条第一款的规定，以传播淫秽物品罪定罪处罚：

（一）数量达到第一条第一款第（一）项至第（五）项规定标准二倍以上的；

（二）数量分别达到第一条第一款第（一）项至第（五）项两项以上标准的；

（三）造成严重后果的。

利用聊天室、论坛、即时通信软件、电子邮件等方式，实施第一款规定行为的，依照刑法第三百六十四条第一款的规定，以传播淫秽物品罪定罪处罚。

第四条 明知是淫秽电子信息而在自己所有、管理或者使用的网站或者网页上提供直接链接的，其数量标准根据所链接的淫秽电子信息的种类计算。

第五条 以牟利为目的，通过声讯

台传播淫秽语音信息，具有下列情形之一的，依照刑法第三百六十三条第一款的规定，对直接负责的主管人员和其他直接责任人员以传播淫秽物品牟利罪定罪处罚：

（一）向一百人次以上传播的；

（二）违法所得一万元以上的；

（三）造成严重后果的。

实施前款规定行为，数量或者数额达到前款第（一）项至第（二）项规定标准五倍以上的，应当认定为刑法第三百六十三条第一款规定的“情节严重”；达到规定标准二十五倍以上的，应当认定为“情节特别严重”。

第六条 实施本解释前五条规定的犯罪，具有下列情形之一的，依照刑法第三百六十三条第一款、第三百六十四条第一款的规定从重处罚：

（一）制作、复制、出版、贩卖、传播具体描绘不满十八周岁未成年人性行为的淫秽电子信息的；

（二）明知是具体描绘不满十八周岁的未成年人性行为的淫秽电子信息而在自己所有、管理或者使用的网站或者网页上提供直接链接的；

（三）向不满十八周岁的未成年人贩卖、传播淫秽电子信息和语音信息的；

（四）通过使用破坏性程序、恶意代码修改用户计算机设置等方法，强制用户访问、下载淫秽电子信息的。

第七条 明知他人实施制作、复制、出版、贩卖、传播淫秽电子信息犯罪，为其提供互联网接入、服务器托管、网络存储空间、通讯传输通道、费用结算等帮助的，对直接负责的主管人员和其他直接责任人员，以共同犯罪论处。

第八条 利用互联网、移动通讯终端、声讯台贩卖、传播淫秽书刊、影片、录像带、录音带等以实物为载体的淫秽物品的，依照《最高人民法院关于审理非法出版物刑事案件具体应用法律若干问题的解释》的有关规定定罪处罚。

第九条 刑法第三百六十七条第一款规定的“其他淫秽物品”，包括具体描绘性行为或者露骨宣扬色情的诲淫性的视频文件、音频文件、电子刊物、图片、文章、短信息等互联网、移动通讯终端电子信息和声讯台语音信息。

有关人体生理、医学知识的电子信息和声讯台语音信息不是淫秽物品。包含色情内容的有艺术价值的电子文学、艺术作品不视为淫秽物品。

最高人民法院、最高人民检察院关于办理利用互联网、移动通讯终端、声讯台制作、复制、出版、贩卖、传播淫秽电子信息刑事案件具体应用法律若干问题的解释（二）

1．2010年2月2日公布

2．法释〔2010〕3号

3．自2010年2月4日起施行

为依法惩治利用互联网、移动通讯

终端制作、复制、出版、贩卖、传播淫秽电子信息，通过声讯台传播淫秽语音信息等犯罪活动，维护社会秩序，保障公民权益，根据《中华人民共和国刑法》、全国人民代表大会常务委员会《关于维护互联网安全的决定》的规定，现对办理该类刑事案件具体应用法律的若干问题解释如下：

第一条 以牟利为目的，利用互联网、移动通讯终端制作、复制、出版、贩卖、传播淫秽电子信息的，依照最高人民法院、最高人民检察院《关于办理利用互联网、移动通讯终端、声讯台制作、复制、出版、贩卖、传播淫秽电子信息刑事案件具体应用法律若干问题的解释》第一条、第二条的规定定罪处罚。

以牟利为目的，利用互联网、移动通讯终端制作、复制、出版、贩卖、传播内容含有不满十四周岁未成年人的淫秽电子信息，具有下列情形之一的，依照刑法第三百六十三条第一款的规定，以制作、复制、出版、贩卖、传播淫秽物品牟利罪定罪处罚：

（一）制作、复制、出版、贩卖、传播淫秽电影、表演、动画等视频文件十个以上的；

（二）制作、复制、出版、贩卖、传播淫秽音频文件五十个以上的；

（三）制作、复制、出版、贩卖、传播淫秽电子刊物、图片、文章等一百件以上的；

（四）制作、复制、出版、贩卖、传播的淫秽电子信息，实际被点击数达到五千次以上的；

（五）以会员制方式出版、贩卖、传播淫秽电子信息，注册会员达一百人以上的；

（六）利用淫秽电子信息收取广告费、会员注册费或者其他费用，违法所得五千元以上的；

（七）数量或者数额虽未达到第（一）项至第（六）项规定标准，但分别达到其中两项以上标准一半以上的；

（八）造成严重后果的。

实施第二款规定的行为，数量或者数额达到第二款第（一）项至第（七）项规定标准五倍以上的，应当认定为刑法第三百六十三条第一款规定的“情节严重”；达到规定标准二十五倍以上的，应当认定为“情节特别严重”。

第二条 利用互联网、移动通讯终端传播淫秽电子信息的，依照最高人民法院、最高人民检察院《关于办理利用互联网、移动通讯终端、声讯台制作、复制、出版、贩卖、传播淫秽电子信息刑事案件具体应用法律若干问题的解释》第三条的规定定罪处罚。

利用互联网、移动通讯终端传播内容含有不满十四周岁未成年人的淫秽电子信息，具有下列情形之一的，依照刑法第三百六十四条第一款的规定，以传播淫秽物品罪定罪处罚：

（一）数量达到第一条第二款第（一）项至第（五）项规定标准二倍以上的；

（二）数量分别达到第一条第二款

第(一)项至第(五)项两项以上标准的;

(三)造成严重后果的。

第三条　利用互联网建立主要用于传播淫秽电子信息的群组,成员达三十人以上或者造成严重后果的,对建立者、管理者和主要传播者,依照刑法第三百六十四条第一款的规定,以传播淫秽物品罪定罪处罚。

第四条　以牟利为目的,网站建立者、直接负责的管理者明知他人制作、复制、出版、贩卖、传播的是淫秽电子信息,允许或者放任他人在自己所有、管理的网站或者网页上发布,具有下列情形之一的,依照刑法第三百六十三条第一款的规定,以传播淫秽物品牟利罪定罪处罚:

(一)数量或者数额达到第一条第二款第(一)项至第(六)项规定标准五倍以上的;

(二)数量或者数额分别达到第一条第二款第(一)项至第(六)项两项以上标准二倍以上的;

(三)造成严重后果的。

实施前款规定的行为,数量或者数额达到第一条第二款第(一)项至第(七)项规定标准二十五倍以上的,应当认定为刑法第三百六十三条第一款规定的"情节严重";达到规定标准一百倍以上的,应当认定为"情节特别严重"。

第五条　网站建立者、直接负责的管理者明知他人制作、复制、出版、贩卖、传播的是淫秽电子信息,允许或者放任他人在自己所有、管理的网站或者网页上发布,具有下列情形之一的,依照刑法第三百六十四条第一款的规定,以传播淫秽物品罪定罪处罚:

(一)数量达到第一条第二款第(一)项至第(五)项规定标准十倍以上的;

(二)数量分别达到第一条第二款第(一)项至第(五)项两项以上标准五倍以上的;

(三)造成严重后果的。

第六条　电信业务经营者、互联网信息服务提供者明知是淫秽网站,为其提供互联网接入、服务器托管、网络存储空间、通讯传输通道、代收费等服务,并收取服务费,具有下列情形之一的,对直接负责的主管人员和其他直接责任人员,依照刑法第三百六十三条第一款的规定,以传播淫秽物品牟利罪定罪处罚:

(一)为五个以上淫秽网站提供上述服务的;

(二)为淫秽网站提供互联网接入、服务器托管、网络存储空间、通讯传输通道等服务,收取服务费数额在二万元以上的;

(三)为淫秽网站提供代收费服务,收取服务费数额在五万元以上的;

(四)造成严重后果的。

实施前款规定的行为,数量或者数额达到前款第(一)项至第(三)项规定标准五倍以上的,应当认定为刑法第三百六十三条第一款规定的"情节严重";达到规定标准二十五倍以上的,应当认定为“情节特别严重”。

第七条 明知是淫秽网站，以牟利为目的，通过投放广告等方式向其直接或者间接提供资金，或者提供费用结算服务，具有下列情形之一的，对直接负责的主管人员和其他直接责任人员，依照刑法第三百六十三条第一款的规定，以制作、复制、出版、贩卖、传播淫秽物品牟利罪的共同犯罪处罚：

（一）向十个以上淫秽网站投放广告或者以其他方式提供资金的；

（二）向淫秽网站投放广告二十条以上的；

（三）向十个以上淫秽网站提供费用结算服务的；

（四）以投放广告或者其他方式向淫秽网站提供资金数额在五万元以上的；

（五）为淫秽网站提供费用结算服务，收取服务费数额在二万元以上的；

（六）造成严重后果的。

实施前款规定的行为，数量或者数额达到前款第（一）项至第（五）项规定标准五倍以上的，应当认定为刑法第三百六十三条第一款规定的“情节严重”；达到规定标准二十五倍以上的，应当认定为“情节特别严重”。

第八条 实施第四条至第七条规定的行为，具有下列情形之一的，应当认定行为人“明知”，但是有证据证明确实不知道的除外：

（一）行政主管机关书面告知后仍然实施上述行为的；

（二）接到举报后不履行法定管理职责的；

（三）为淫秽网站提供互联网接入、服务器托管、网络存储空间、通讯传输通道、代收费、费用结算等服务，收取服务费明显高于市场价格的；

（四）向淫秽网站投放广告，广告点击率明显异常的；

（五）其他能够认定行为人明知的情形。

第九条 一年内多次实施制作、复制、出版、贩卖、传播淫秽电子信息行为未经处理，数量或者数额累计计算构成犯罪的，应当依法定罪处罚。

第十条 单位实施制作、复制、出版、贩卖、传播淫秽电子信息犯罪的，依照《中华人民共和国刑法》、最高人民法院、最高人民检察院《关于办理利用互联网、移动通讯终端、声讯台制作、复制、出版、贩卖、传播淫秽电子信息刑事案件具体应用法律若干问题的解释》和本解释规定的相应个人犯罪的定罪量刑标准，对直接负责的主管人员和其他直接责任人员定罪处罚，并对单位判处罚金。

第十一条 对于以牟利为目的，实施制作、复制、出版、贩卖、传播淫秽电子信息犯罪的，人民法院应当综合考虑犯罪的违法所得、社会危害性等情节，依法判处罚金或者没收财产。罚金数额一般在违法所得的一倍以上五倍以下。

第十二条 最高人民法院、最高人民检察院《关于办理利用互联网、移动通讯终端、声讯台制作、复制、出版、贩卖、传播淫秽电子信息刑事案件具体应用法律若干问题的解释》和本解释所称网站，是指可以通过互联网域名、IP 地址等方式访问的内容提供站点。

以制作、复制、出版、贩卖、传播淫秽电子信息为目的建立或者建立后主要从事制作、复制、出版、贩卖、传播淫秽电子信息活动的网站，为淫秽网站。

第十三条　以前发布的司法解释与本解释不一致的，以本解释为准。

最高人民法院、最高人民检察院关于办理侵犯知识产权刑事案件具体应用法律若干问题的解释(节录)

1．2004 年 12 月 8 日公布
2．法释〔2004〕19 号
3．自 2004 年 12 月 22 日起施行

第十一条　以刊登收费广告等方式直接或者间接收取费用的情形，属于刑法第二百一十七条规定的“以营利为目的”。

刑法第二百一十七条规定的“未经著作权人许可”，是指没有得到著作权人授权或者伪造、涂改著作权人授权许可文件或者超出授权许可范围的情形。

通过信息网络向公众传播他人文字作品、音乐、电影、电视、录像作品、计算机软件及其他作品的行为，应当视为刑法第二百一十七条规定的“复制发行”。

最高人民法院、最高人民检察院关于办理危害计算机信息系统安全刑事案件应用法律若干问题的解释

1．2011 年 8 月 1 日公布
2．法释〔2011〕19 号
3．自 2011 年 9 月 1 日起施行

为依法惩治危害计算机信息系统安全的犯罪活动，根据《中华人民共和国刑法》、《全国人民代表大会常务委员会关于维护互联网安全的决定》的规定，现就办理这类刑事案件应用法律的若干问题解释如下：

第一条　非法获取计算机信息系统数据或者非法控制计算机信息系统，具有下列情形之一的，应当认定为刑法第二百八十五条第二款规定的“情节严重”：

(一)获取支付结算、证券交易、期货交易等网络金融服务的身份认证信息十组以上的；

(二)获取第(一)项以外的身份认证信息五百组以上的；

(三)非法控制计算机信息系统二十台以上的；

(四)违法所得五千元以上或者造成经济损失一万元以上的；

(五)其他情节严重的情形。

实施前款规定行为，具有下列情形之一的，应当认定为刑法第二百八十五条第二款规定的“情节特别严重”：

（一）数量或者数额达到前款第（一）项至第（四）项规定标准五倍以上的；

（二）其他情节特别严重的情形。

明知是他人非法控制的计算机信息系统，而对该计算机信息系统的控制权加以利用的，依照前两款的规定定罪处罚。

第二条 具有下列情形之一的程序、工具，应当认定为刑法第二百八十五条第三款规定的“专门用于侵入、非法控制计算机信息系统的程序、工具”：

（一）具有避开或者突破计算机信息系统安全保护措施，未经授权或者超越授权获取计算机信息系统数据的功能的；

（二）具有避开或者突破计算机信息系统安全保护措施，未经授权或者超越授权对计算机信息系统实施控制的功能的；

（三）其他专门设计用于侵入、非法控制计算机信息系统、非法获取计算机信息系统数据的程序、工具。

第三条 提供侵入、非法控制计算机信息系统的程序、工具，具有下列情形之一的，应当认定为刑法第二百八十五条第三款规定的“情节严重”：

（一）提供能够用于非法获取支付结算、证券交易、期货交易等网络金融服务身份认证信息的专门性程序、工具五人次以上的；

（二）提供第（一）项以外的专门用于侵入、非法控制计算机信息系统的程序、工具二十人次以上的；

（三）明知他人实施非法获取支付结算、证券交易、期货交易等网络金融服务身份认证信息的违法犯罪行为而为其提供程序、工具五人次以上的；

（四）明知他人实施第（三）项以外的侵入、非法控制计算机信息系统的违法犯罪行为而为其提供程序、工具二十人次以上的；

（五）违法所得五千元以上或者造成经济损失一万元以上的；

（六）其他情节严重的情形。

实施前款规定行为，具有下列情形之一的，应当认定为提供侵入、非法控制计算机信息系统的程序、工具“情节特别严重”：

（一）数量或者数额达到前款第（一）项至第（五）项规定标准五倍以上的；

（二）其他情节特别严重的情形。

第四条 破坏计算机信息系统功能、数据或者应用程序，具有下列情形之一的，应当认定为刑法第二百八十六条第一款和第二款规定的“后果严重”：

（一）造成十台以上计算机信息系统的主要软件或者硬件不能正常运行的；

（二）对二十台以上计算机信息系统中存储、处理或者传输的数据进行删除、修改、增加操作的；

（三）违法所得五千元以上或者造成经济损失一万元以上的；

（四）造成为一百台以上计算机信息系统提供域名解析、身份认证、计费等基础服务或者为一万以上用户提供服务的计算机信息系统不能正常运行累计一小时以上的；

（五）造成其他严重后果的。

实施前款规定行为，具有下列情形之一的，应当认定为破坏计算机信息系统"后果特别严重"：

（一）数量或者数额达到前款第（一）项至第（三）项规定标准五倍以上的；

（二）造成为五百台以上计算机信息系统提供域名解析、身份认证、计费等基础服务或者为五万以上用户提供服务的计算机信息系统不能正常运行累计一小时以上的；

（三）破坏国家机关或者金融、电信、交通、教育、医疗、能源等领域提供公共服务的计算机信息系统的功能、数据或者应用程序，致使生产、生活受到严重影响或者造成恶劣社会影响的；

（四）造成其他特别严重后果的。

第五条 具有下列情形之一的程序，应当认定为刑法第二百八十六条第三款规定的"计算机病毒等破坏性程序"：

（一）能够通过网络、存储介质、文件等媒介，将自身的部分、全部或者变种进行复制、传播，并破坏计算机系统功能、数据或者应用程序的；

（二）能够在预先设定条件下自动触发，并破坏计算机系统功能、数据或者应用程序的；

（三）其他专门设计用于破坏计算机系统功能、数据或者应用程序的程序。

第六条 故意制作、传播计算机病毒等破坏性程序，影响计算机系统正常运行，具有下列情形之一的，应当认定为刑法第二百八十六条第三款规定的"后果严重"：

（一）制作、提供、传输第五条第（一）项规定的程序，导致该程序通过网络、存储介质、文件等媒介传播的；

（二）造成二十台以上计算机系统被植入第五条第（二）、（三）项规定的程序的；

（三）提供计算机病毒等破坏性程序十人次以上的；

（四）违法所得五千元以上或者造成经济损失一万元以上的；

（五）造成其他严重后果的。

实施前款规定行为，具有下列情形之一的，应当认定为破坏计算机信息系统"后果特别严重"：

（一）制作、提供、传输第五条第（一）项规定的程序，导致该程序通过网络、存储介质、文件等媒介传播，致使生产、生活受到严重影响或者造成恶劣社会影响的；

（二）数量或者数额达到前款第（二）项至第（四）项规定标准五倍以上的；

（三）造成其他特别严重后果的。

第七条 明知是非法获取计算机信息系统数据犯罪所获取的数据、非法控制计算机信息系统犯罪所获取的计算机信息系统控制权，而予以转移、收购、代为销售或者以其他方法掩饰、隐瞒，违法所得五千元以上的，应当依照刑法第三百一十二条第一款的规定，以掩饰、隐瞒犯罪所得罪定罪处罚。

实施前款规定行为，违法所得五万元以上的，应当认定为刑法第三百一十二条第一款规定的“情节严重”。

单位实施第一款规定行为的，定罪量刑标准依照第一款、第二款的规定执行。

第八条 以单位名义或者单位形式实施危害计算机信息系统安全犯罪，达到本解释规定的定罪量刑标准的，应当依照刑法第二百八十五条、第二百八十六条的规定追究直接负责的主管人员和其他直接责任人员的刑事责任。

第九条 明知他人实施刑法第二百八十五条、第二百八十六条规定的行为，具有下列情形之一的，应当认定为共同犯罪，依照刑法第二百八十五条、第二百八十六条的规定处罚：

（一）为其提供用于破坏计算机信息系统功能、数据或者应用程序的程序、工具，违法所得五千元以上或者提供十人次以上的；

（二）为其提供互联网接入、服务器托管、网络存储空间、通讯传输通道、费用结算、交易服务、广告服务、技术培训、技术支持等帮助，违法所得五千元以上的；

（三）通过委托推广软件、投放广告等方式向其提供资金五千元以上的。

实施前款规定行为，数量或者数额达到前款规定标准五倍以上的，应当认定为刑法第二百八十五条、第二百八十六条规定的“情节特别严重”或者“后果特别严重”。

第十条 对于是否属于刑法第二百八十五条、第二百八十六条规定的“国家事务、国防建设、尖端科学技术领域的计算机信息系统”、“专门用于侵入、非法控制计算机信息系统的程序、工具”、“计算机病毒等破坏性程序”难以确定的，应当委托省级以上负责计算机信息系统安全保护管理工作的部门检验。司法机关根据检验结论，并结合案件具体情况认定。

第十一条 本解释所称“计算机信息系统”和“计算机系统”，是指具备自动处理数据功能的系统，包括计算机、网络设备、通信设备、自动化控制设备等。

本解释所称“身份认证信息”，是指用于确认用户在计算机信息系统上操作权限的数据，包括账号、口令、密码、数字证书等。

本解释所称“经济损失”，包括危害计算机信息系统犯罪行为给用户直接造成的经济损失，以及用户为恢复数据、功能而支出的必要费用。

最高人民法院、最高人民检察院关于办理利用信息网络实施诽谤等刑事案件适用法律若干问题的解释

1. 2013年9月6日公布
2. 法释〔2013〕21号
3. 自2013年9月10日起施行

为保护公民、法人和其他组织的合法权益，维护社会秩序，根据《中华人民共和国刑法》、《全国人民代表大会常务委员会关于维护互联网安全的决定》等规定，对办理利用信息网络实施诽谤、寻衅滋事、敲诈勒索、非法经营等刑事案件适用法律的若干问题解释如下：

第一条 具有下列情形之一的，应当认定为刑法第二百四十六条第一款规定的"捏造事实诽谤他人"：

（一）捏造损害他人名誉的事实，在信息网络上散布，或者组织、指使人员在信息网络上散布的；

（二）将信息网络上涉及他人的原始信息内容篡改为损害他人名誉的事实，在信息网络上散布，或者组织、指使人员在信息网络上散布的。

明知是捏造的损害他人名誉的事实，在信息网络上散布，情节恶劣的，以"捏造事实诽谤他人"论。

第二条 利用信息网络诽谤他人，具有下列情形之一的，应当认定为刑法第二百四十六条第一款规定的"情节严重"：

（一）同一诽谤信息实际被点击、浏览次数达到五千次以上，或者被转发次数达到五百次以上的；

（二）造成被害人或者其近亲属精神失常、自残、自杀等严重后果的；

（三）二年内曾因诽谤受过行政处罚，又诽谤他人的；

（四）其他情节严重的情形。

第三条 利用信息网络诽谤他人，具有下列情形之一的，应当认定为刑法第二百四十六条第二款规定的"严重危害社会秩序和国家利益"：

（一）引发群体性事件的；

（二）引发公共秩序混乱的；

（三）引发民族、宗教冲突的；

（四）诽谤多人，造成恶劣社会影响的；

（五）损害国家形象，严重危害国家利益的；

（六）造成恶劣国际影响的；

（七）其他严重危害社会秩序和国家利益的情形。

第四条 一年内多次实施利用信息网络诽谤他人行为未经处理，诽谤信息实际被点击、浏览、转发次数累计计算构成犯罪的，应当依法定罪处罚。

第五条 利用信息网络辱骂、恐吓他人，情节恶劣，破坏社会秩序的，依照刑法第二百九十三条第一款第（二）项的规定，以寻衅滋事罪定罪处罚。

编造虚假信息，或者明知是编造的

虚假信息，在信息网络上散布，或者组织、指使人员在信息网络上散布，起哄闹事，造成公共秩序严重混乱的，依照刑法第二百九十三条第一款第（四）项的规定，以寻衅滋事罪定罪处罚。

第六条　以在信息网络上发布、删除等方式处理网络信息为由，威胁、要挟他人，索取公私财物，数额较大，或者多次实施上述行为的，依照刑法第二百七十四条的规定，以敲诈勒索罪定罪处罚。

第七条　违反国家规定，以营利为目的，通过信息网络有偿提供删除信息服务，或者明知是虚假信息，通过信息网络有偿提供发布信息等服务，扰乱市场秩序，具有下列情形之一的，属于非法经营行为"情节严重"，依照刑法第二百二十五条第（四）项的规定，以非法经营罪定罪处罚：

（一）个人非法经营数额在五万元以上，或者违法所得数额在二万元以上的；

（二）单位非法经营数额在十五万元以上，或者违法所得数额在五万元以上的。

实施前款规定的行为，数额达到前款规定的数额五倍以上的，应当认定为刑法第二百二十五条规定的"情节特别严重"。

第八条　明知他人利用信息网络实施诽谤、寻衅滋事、敲诈勒索、非法经营等犯罪，为其提供资金、场所、技术支持等帮助的，以共同犯罪论处。

第九条　利用信息网络实施诽谤、寻衅滋事、敲诈勒索、非法经营犯罪，同时又构成刑法第二百二十一条规定的损害商业信誉、商品声誉罪，第二百七十八条规定的煽动暴力抗拒法律实施罪，第二百九十一条之一规定的编造、故意传播虚假恐怖信息罪等犯罪的，依照处罚较重的规定定罪处罚。

第十条　本解释所称信息网络，包括以计算机、电视机、固定电话机、移动电话机等电子设备为终端的计算机互联网、广播电视网、固定通信网、移动通信网等信息网络，以及向公众开放的局域网络。

最高人民法院、最高人民检察院关于办理侵犯公民个人信息刑事案件适用法律若干问题的解释

1. 2017年5月8日公布
2. 法释〔2017〕10号
3. 自2017年6月1日起施行

为依法惩治侵犯公民个人信息犯罪活动，保护公民个人信息安全和合法权益，根据《中华人民共和国刑法》《中华人民共和国刑事诉讼法》的有关规定，现就办理此类刑事案件适用法律的若干问题解释如下：

第一条　刑法第二百五十三条之一

规定的“公民个人信息”，是指以电子或者其他方式记录的能够单独或者与其他信息结合识别特定自然人身份或者反映特定自然人活动情况的各种信息，包括姓名、身份证件号码、通信通讯联系方式、住址、账号密码、财产状况、行踪轨迹等。

第二条　违反法律、行政法规、部门规章有关公民个人信息保护的规定的，应当认定为刑法第二百五十三条之一规定的“违反国家有关规定”。

第三条　向特定人提供公民个人信息，以及通过信息网络或者其他途径发布公民个人信息的，应当认定为刑法第二百五十三条之一规定的“提供公民个人信息”。

未经被收集者同意，将合法收集的公民个人信息向他人提供的，属于刑法第二百五十三条之一规定的“提供公民个人信息”，但是经过处理无法识别特定个人且不能复原的除外。

第四条　违反国家有关规定，通过购买、收受、交换等方式获取公民个人信息，或者在履行职责、提供服务过程中收集公民个人信息的，属于刑法第二百五十三条之一第三款规定的“以其他方法非法获取公民个人信息”。

第五条　非法获取、出售或者提供公民个人信息，具有下列情形之一的，应当认定为刑法第二百五十三条之一规定的“情节严重”：

（一）出售或者提供行踪轨迹信息，被他人用于犯罪的；

（二）知道或者应当知道他人利用公民个人信息实施犯罪，向其出售或者提供的；

（三）非法获取、出售或者提供行踪轨迹信息、通信内容、征信信息、财产信息五十条以上的；

（四）非法获取、出售或者提供住宿信息、通信记录、健康生理信息、交易信息等其他可能影响人身、财产安全的公民个人信息五百条以上的；

（五）非法获取、出售或者提供第三项、第四项规定以外的公民个人信息五千条以上的；

（六）数量未达到第三项至第五项规定标准，但是按相应比例合计达到有关数量标准的；

（七）违法所得五千元以上的；

（八）将在履行职责或者提供服务过程中获得的公民个人信息出售或者提供给他人，数量或者数额达到第三项至第七项规定标准一半以上的；

（九）曾因侵犯公民个人信息受过刑事处罚或者二年内受过行政处罚，又非法获取、出售或者提供公民个人信息的；

（十）其他情节严重的情形。

实施前款规定的行为，具有下列情形之一的，应当认定为刑法第二百五十三条之一第一款规定的“情节特别严重”：

（一）造成被害人死亡、重伤、精神失常或者被绑架等严重后果的；

（二）造成重大经济损失或者恶劣

社会影响的；

（三）数量或者数额达到前款第三项至第八项规定标准十倍以上的；

（四）其他情节特别严重的情形。

第六条 为合法经营活动而非法购买、收受本解释第五条第一款第三项、第四项规定以外的公民个人信息，具有下列情形之一的，应当认定为刑法第二百五十三条之一规定的“情节严重”：

（一）利用非法购买、收受的公民个人信息获利五万元以上的；

（二）曾因侵犯公民个人信息受过刑事处罚或者二年内受过行政处罚，又非法购买、收受公民个人信息的；

（三）其他情节严重的情形。

实施前款规定的行为，将购买、收受的公民个人信息非法出售或者提供的，定罪量刑标准适用本解释第五条的规定。

第七条 单位犯刑法第二百五十三条之一规定之罪的，依照本解释规定的相应自然人犯罪的定罪量刑标准，对直接负责的主管人员和其他直接责任人员定罪处罚，并对单位判处罚金。

第八条 设立用于实施非法获取、出售或者提供公民个人信息违法犯罪活动的网站、通讯群组，情节严重的，应当依照刑法第二百八十七条之一的规定，以非法利用信息网络罪定罪处罚；同时构成侵犯公民个人信息罪的，依照侵犯公民个人信息罪定罪处罚。

第九条 网络服务提供者拒不履行法律、行政法规规定的信息网络安全管理义务，经监管部门责令采取改正措施而拒不改正，致使用户的公民个人信息泄露，造成严重后果的，应当依照刑法第二百八十六条之一的规定，以拒不履行信息网络安全管理义务罪定罪处罚。

第十条 实施侵犯公民个人信息犯罪，不属于“情节特别严重”，行为人系初犯，全部退赃，并确有悔罪表现的，可以认定为情节轻微，不起诉或者免予刑事处罚；确有必要判处刑罚的，应当从宽处罚。

第十一条 非法获取公民个人信息后又出售或者提供的，公民个人信息的条数不重复计算。

向不同单位或者个人分别出售、提供同一公民个人信息的，公民个人信息的条数累计计算。

对批量公民个人信息的条数，根据查获的数量直接认定，但是有证据证明信息不真实或者重复的除外。

第十二条 对于侵犯公民个人信息犯罪，应当综合考虑犯罪的危害程度、犯罪的违法所得数额以及被告人的前科情况、认罪悔罪态度等，依法判处罚金。罚金数额一般在违法所得的一倍以上五倍以下。

第十三条 本解释自 2017 年 6 月 1 日起施行。

最高人民法院、最高人民检察院关于办理非法利用信息网络、帮助信息网络犯罪活动等刑事案件适用法律若干问题的解释

1．2019年10月21日公布
2．法释〔2019〕15号
3．自2019年11月1日起施行

为依法惩治拒不履行信息网络安全管理义务、非法利用信息网络、帮助信息网络犯罪活动等犯罪，维护正常网络秩序，根据《中华人民共和国刑法》《中华人民共和国刑事诉讼法》的规定，现就办理此类刑事案件适用法律的若干问题解释如下：

第一条　提供下列服务的单位和个人，应当认定为刑法第二百八十六条之一第一款规定的“网络服务提供者”：

（一）网络接入、域名注册解析等信息网络接入、计算、存储、传输服务；

（二）信息发布、搜索引擎、即时通讯、网络支付、网络预约、网络购物、网络游戏、网络直播、网站建设、安全防护、广告推广、应用商店等信息网络应用服务；

（三）利用信息网络提供的电子政务、通信、能源、交通、水利、金融、教育、医疗等公共服务。

第二条　刑法第二百八十六条之一第一款规定的“监管部门责令采取改正措施”，是指网信、电信、公安等依照法律、行政法规的规定承担信息网络安全监管职责的部门，以责令整改通知书或者其他文书形式，责令网络服务提供者采取改正措施。

认定“经监管部门责令采取改正措施而拒不改正”，应当综合考虑监管部门责令改正是否具有法律、行政法规依据，改正措施及期限要求是否明确、合理，网络服务提供者是否具有按照要求采取改正措施的能力等因素进行判断。

第三条　拒不履行信息网络安全管理义务，具有下列情形之一的，应当认定为刑法第二百八十六条之一第一款第一项规定的“致使违法信息大量传播”：

（一）致使传播违法视频文件二百个以上的；

（二）致使传播违法视频文件以外的其他违法信息二千个以上的；

（三）致使传播违法信息，数量虽未达到第一项、第二项规定标准，但是按相应比例折算合计达到有关数量标准的；

（四）致使向二千个以上用户账号传播违法信息的；

（五）致使利用群组成员账号数累计三千以上的通讯群组或者关注人员账号数累计三万以上的社交网络传播违法信息的；

（六）致使违法信息实际被点击数达到五万以上的；

（七）其他致使违法信息大量传播的情形。

第四条　拒不履行信息网络安全管

理义务，致使用户信息泄露，具有下列情形之一的，应当认定为刑法第二百八十六条之一第一款第二项规定的“造成严重后果”：

（一）致使泄露行踪轨迹信息、通信内容、征信信息、财产信息五百条以上的；

（二）致使泄露住宿信息、通信记录、健康生理信息、交易信息等其他可能影响人身、财产安全的用户信息五千条以上的；

（三）致使泄露第一项、第二项规定以外的用户信息五万条以上的；

（四）数量虽未达到第一项至第三项规定标准，但是按相应比例折算合计达到有关数量标准的；

（五）造成他人死亡、重伤、精神失常或者被绑架等严重后果的；

（六）造成重大经济损失的；

（七）严重扰乱社会秩序的；

（八）造成其他严重后果的。

第五条 拒不履行信息网络安全管理义务，致使影响定罪量刑的刑事案件证据灭失，具有下列情形之一的，应当认定为刑法第二百八十六条之一第一款第三项规定的“情节严重”：

（一）造成危害国家安全犯罪、恐怖活动犯罪、黑社会性质组织犯罪、贪污贿赂犯罪案件的证据灭失的；

（二）造成可能判处五年有期徒刑以上刑罚犯罪案件的证据灭失的；

（三）多次造成刑事案件证据灭失的；

（四）致使刑事诉讼程序受到严重影响的；

（五）其他情节严重的情形。

第六条 拒不履行信息网络安全管理义务，具有下列情形之一的，应当认定为刑法第二百八十六条之一第一款第四项规定的“有其他严重情节”：

（一）对绝大多数用户日志未留存或者未落实真实身份信息认证义务的；

（二）二年内经多次责令改正拒不改正的；

（三）致使信息网络服务被主要用于违法犯罪的；

（四）致使信息网络服务、网络设施被用于实施网络攻击，严重影响生产、生活的；

（五）致使信息网络服务被用于实施危害国家安全犯罪、恐怖活动犯罪、黑社会性质组织犯罪、贪污贿赂犯罪或者其他重大犯罪的；

（六）致使国家机关或者通信、能源、交通、水利、金融、教育、医疗等领域提供公共服务的信息网络受到破坏，严重影响生产、生活的；

（七）其他严重违反信息网络安全管理义务的情形。

第七条 刑法第二百八十七条之一规定的“违法犯罪”，包括犯罪行为和属于刑法分则规定的行为类型但尚未构成犯罪的违法行为。

第八条 以实施违法犯罪活动为目的而设立或者设立后主要用于实施违法犯罪活动的网站、通讯群组，应当认定为刑法第二百八十七条之一第一款第一项规定的“用于实施诈骗、传授犯罪方法、制作或者销售违禁物品、管制物品等违法犯罪活动的网站、通讯群组”。

第九条 利用信息网络提供信息的链接、截屏、二维码、访问账号密码及其他指引访问服务的，应当认定为刑法第二百八十七条之一第一款第二项、第三项规定的“发布信息”。

第十条 非法利用信息网络，具有下列情形之一的，应当认定为刑法第二百八十七条之一第一款规定的“情节严重”：

（一）假冒国家机关、金融机构名义，设立用于实施违法犯罪活动的网站的；

（二）设立用于实施违法犯罪活动的网站，数量达到三个以上或者注册账号数累计达到二千以上的；

（三）设立用于实施违法犯罪活动的通讯群组，数量达到五个以上或者群组成员账号数累计达到一千以上的；

（四）发布有关违法犯罪的信息或者为实施违法犯罪活动发布信息，具有下列情形之一的：

1. 在网站上发布有关信息一百条以上的；

2. 向二千个以上用户账号发送有关信息的；

3. 向群组成员数累计达到三千以上的通讯群组发送有关信息的；

4. 利用关注人员账号数累计达到三万以上的社交网络传播有关信息的；

（五）违法所得一万元以上的；

（六）二年内曾因非法利用信息网络、帮助信息网络犯罪活动、危害计算机信息系统安全受过行政处罚，又非法利用信息网络的；

（七）其他情节严重的情形。

第十一条 为他人实施犯罪提供技术支持或者帮助，具有下列情形之一的，可以认定行为人明知他人利用信息网络实施犯罪，但是有相反证据的除外：

（一）经监管部门告知后仍然实施有关行为的；

（二）接到举报后不履行法定管理职责的；

（三）交易价格或者方式明显异常的；

（四）提供专门用于违法犯罪的程序、工具或者其他技术支持、帮助的；

（五）频繁采用隐蔽上网、加密通信、销毁数据等措施或者使用虚假身份，逃避监管或者规避调查的；

（六）为他人逃避监管或者规避调查提供技术支持、帮助的；

（七）其他足以认定行为人明知的情形。

第十二条 明知他人利用信息网络实施犯罪，为其犯罪提供帮助，具有下列情形之一的，应当认定为刑法第二百八十七条之二第一款规定的“情节严重”：

（一）为三个以上对象提供帮助的；

（二）支付结算金额二十万元以上的；

（三）以投放广告等方式提供资金

五万元以上的；

（四）违法所得一万元以上的；

（五）二年内曾因非法利用信息网络、帮助信息网络犯罪活动、危害计算机信息系统安全受过行政处罚，又帮助信息网络犯罪活动的；

（六）被帮助对象实施的犯罪造成严重后果的；

（七）其他情节严重的情形。

实施前款规定的行为，确因客观条件限制无法查证被帮助对象是否达到犯罪的程度，但相关数额总计达到前款第二项至第四项规定标准五倍以上，或者造成特别严重后果的，应当以帮助信息网络犯罪活动罪追究行为人的刑事责任。

第十三条 被帮助对象实施的犯罪行为可以确认，但尚未到案、尚未依法裁判或者因未达到刑事责任年龄等原因依法未予追究刑事责任的，不影响帮助信息网络犯罪活动罪的认定。

第十四条 单位实施本解释规定的犯罪的，依照本解释规定的相应自然人犯罪的定罪量刑标准，对直接负责的主管人员和其他直接责任人员定罪处罚，并对单位判处罚金。

第十五条 综合考虑社会危害程度、认罪悔罪态度等情节，认为犯罪情节轻微的，可以不起诉或者免予刑事处罚；情节显著轻微危害不大的，不以犯罪论处。

第十六条 多次拒不履行信息网络安全管理义务、非法利用信息网络、帮助信息网络犯罪活动构成犯罪，依法应当追诉的，或者二年内多次实施前述行为未经处理的，数量或者数额累计计算。

第十七条 对于实施本解释规定的犯罪被判处刑罚的，可以根据犯罪情况和预防再犯罪的需要，依法宣告职业禁止；被判处管制、宣告缓刑的，可以根据犯罪情况，依法宣告禁止令。

第十八条 对于实施本解释规定的犯罪的，应当综合考虑犯罪的危害程度、违法所得数额以及被告人的前科情况、认罪悔罪态度等，依法判处罚金。

第十九条 本解释自2019年11月1日起施行。

最高人民法院、最高人民检察院、公安部关于办理网络赌博犯罪案件适用法律若干问题的意见

1. 2010年8月31日发布
2. 公通字〔2010〕40号

各省、自治区、直辖市高级人民法院、人民检察院、公安厅、局，新疆维吾尔自治区高级人民法院生产建设兵团分院、新疆生产建设兵团人民检察院、公安局：

为依法惩治网络赌博犯罪活动，根据《中华人民共和国刑法》、《中华人民共和国刑事诉讼法》和《最高人民法院、最高人民检察院关于办理赌博刑事案件具体应用法律若干问题的解释》等有关

规定,结合司法实践,现就办理网络赌博犯罪案件适用法律的若干问题,提出如下意见:

一、关于网上开设赌场犯罪的定罪量刑标准

利用互联网、移动通讯终端等传输赌博视频、数据,组织赌博活动,具有下列情形之一的,属于刑法第三百零三条第二款规定的“开设赌场”行为:

(一)建立赌博网站并接受投注的;

(二)建立赌博网站并提供给他人组织赌博的;

(三)为赌博网站担任代理并接受投注的;

(四)参与赌博网站利润分成的。

实施前款规定的行为,具有下列情形之一的,应当认定为刑法第三百零三条第二款规定的“情节严重”:

(一)抽头渔利数额累计达到三万元以上的;

(二)赌资数额累计达到三十万元以上的;

(三)参赌人数累计达到一百二十人以上的;

(四)建立赌博网站后通过提供给他人组织赌博,违法所得数额在三万元以上的;

(五)参与赌博网站利润分成,违法所得数额在三万元以上的;

(六)为赌博网站招募下级代理,由下级代理接受投注的;

(七)招揽未成年人参与网络赌博的;

(八)其他情节严重的情形。

二、关于网上开设赌场共同犯罪的认定和处罚

明知是赌博网站,而为其提供下列服务或者帮助的,属于开设赌场罪的共同犯罪,依照刑法第三百零三条第二款的规定处罚:

(一)为赌博网站提供互联网接入、服务器托管、网络存储空间、通讯传输通道、投放广告、发展会员、软件开发、技术支持等服务,收取服务费数额在二万元以上的;

(二)为赌博网站提供资金支付结算服务,收取服务费数额在一万元以上或者帮助收取赌资二十万元以上的;

(三)为十个以上赌博网站投放与网址、赔率等信息有关的广告或者为赌博网站投放广告累计一百条以上的。

实施前款规定的行为,数量或者数额达到前款规定标准五倍以上的,应当认定为刑法第三百零三条第二款规定的“情节严重”。

实施本条第一款规定的行为,具有下列情形之一的,应当认定行为人“明知”,但是有证据证明确实不知道的除外:

(一)收到行政主管机关书面等方式的告知后,仍然实施上述行为的;

(二)为赌博网站提供互联网接入、服务器托管、网络存储空间、通讯传输通道、投放广告、软件开发、技术支持、资金支付结算等服务,收取服务费明显异常的;

(三)在执法人员调查时,通过销

毁、修改数据、账本等方式故意规避调查或者向犯罪嫌疑人通风报信的；

（四）其他有证据证明行为人明知的。

如果有开设赌场的犯罪嫌疑人尚未到案，但是不影响对已到案共同犯罪嫌疑人、被告人的犯罪事实认定的，可以依法对已到案者定罪处罚。

三、关于网络赌博犯罪的参赌人数、赌资数额和网站代理的认定

赌博网站的会员账号数可以认定为参赌人数，如果查实一个账号多人使用或者多个账号一人使用的，应当按照实际使用的人数计算参赌人数。

赌资数额可以按照在网络上投注或者赢取的点数乘以每一点实际代表的金额认定。

对于将资金直接或间接兑换为虚拟货币、游戏道具等虚拟物品，并用其作为筹码投注的，赌资数额按照购买该虚拟物品所需资金数额或者实际支付资金数额认定。

对于开设赌场犯罪中用于接收、流转赌资的银行账户内的资金，犯罪嫌疑人、被告人不能说明合法来源的，可以认定为赌资。向该银行账户转入、转出资金的银行账户数量可以认定为参赌人数。如果查实一个账户多人使用或多个账户一人使用的，应当按照实际使用的人数计算参赌人数。

有证据证明犯罪嫌疑人在赌博网站上的账号设置有下级账号的，应当认定其为赌博网站的代理。

四、关于网络赌博犯罪案件的管辖

网络赌博犯罪案件的地域管辖，应当坚持以犯罪地管辖为主、被告人居住地管辖为辅的原则。

“犯罪地”包括赌博网站服务器所在地、网络接入地，赌博网站建立者、管理者所在地，以及赌博网站代理人、参赌人实施网络赌博行为地等。

公安机关对侦办跨区域网络赌博犯罪案件的管辖权有争议的，应本着有利于查清犯罪事实、有利于诉讼的原则，认真协商解决。经协商无法达成一致的，报共同的上级公安机关指定管辖。对即将侦查终结的跨省（自治区、直辖市）重大网络赌博案件，必要时可由公安部商最高人民法院和最高人民检察院指定管辖。

为保证及时结案，避免超期羁押，人民检察院对于公安机关提请审查逮捕、移送审查起诉的案件，人民法院对于已进入审判程序的案件，犯罪嫌疑人、被告人及其辩护人提出管辖异议或者办案单位发现没有管辖权的，受案人民检察院、人民法院经审查可以依法报请上级人民检察院、人民法院指定管辖，不再自行移送有管辖权的人民检察院、人民法院。

五、关于电子证据的收集与保全

侦查机关对于能够证明赌博犯罪案件真实情况的网站页面、上网记录、电子邮件、电子合同、电子交易记录、电子账册等电子数据，应当作为刑事证据予以提取、复制、固定。

侦查人员应当对提取、复制、固定电子数据的过程制作相关文字说明，记录案由、对象、内容以及提取、复制、固定的时间、地点、方法，电子数据的规格、类别、文件格式等，并由提取、复制、固定电子数据的制作人、电子数据的持有人签名或者盖章，附所提取、复制、固定的电子数据一并随案移送。

对于电子数据存储在境外的计算机上的，或者侦查机关从赌博网站提取电子数据时犯罪嫌疑人未到案的，或者电子数据的持有人无法签字或者拒绝签字的，应当由能够证明提取、复制、固定过程的见证人签名或者盖章，记明有关情况。必要时，可对提取、复制、固定有关电子数据的过程拍照或者录像。

最高人民法院、最高人民检察院、公安部关于办理侵犯知识产权刑事案件适用法律若干问题的意见

1．2011年1月10日发布
2．法发〔2011〕3号

为解决近年来公安机关、人民检察院、人民法院在办理侵犯知识产权刑事案件中遇到的新情况、新问题，依法惩治侵犯知识产权犯罪活动，维护社会主义市场经济秩序，根据刑法、刑事诉讼法及有关司法解释的规定，结合侦查、起诉、审判实践，制定本意见。

一、关于侵犯知识产权犯罪案件的管辖问题

侵犯知识产权犯罪案件由犯罪地公安机关立案侦查。必要时，可以由犯罪嫌疑人居住地公安机关立案侦查。侵犯知识产权犯罪案件的犯罪地，包括侵权产品制造地、储存地、运输地、销售地，传播侵权作品、销售侵权产品的网站服务器所在地、网络接入地、网站建立者或者管理者所在地，侵权作品上传者所在地，权利人受到实际侵害的犯罪结果发生地。对有多个侵犯知识产权犯罪地的，由最初受理的公安机关或者主要犯罪地公安机关管辖。多个侵犯知识产权犯罪地的公安机关对管辖有争议的，由共同的上级公安机关指定管辖，需要提请批准逮捕、移送审查起诉、提起公诉的，由该公安机关所在地的同级人民检察院、人民法院受理。

对于不同犯罪嫌疑人、犯罪团伙跨地区实施的涉及同一批侵权产品的制造、储存、运输、销售等侵犯知识产权犯罪行为，符合并案处理要求的，有关公安机关可以一并立案侦查，需要提请批准逮捕、移送审查起诉、提起公诉的，由该公安机关所在地的同级人民检察院、人民法院受理。

二、关于办理侵犯知识产权刑事案件中行政执法部门收集、调取证据的效力问题

行政执法部门依法收集、调取、制作的物证、书证、视听资料、检验报告、鉴定结论、勘验笔录、现场笔录，经公安机关、

人民检察院审查,人民法院庭审质证确认,可以作为刑事证据使用。

行政执法部门制作的证人证言、当事人陈述等调查笔录,公安机关认为有必要作为刑事证据使用的,应当依法重新收集、制作。

三、关于办理侵犯知识产权刑事案件的抽样取证问题和委托鉴定问题

公安机关在办理侵犯知识产权刑事案件时,可以根据工作需要抽样取证,或者商请同级行政执法部门、有关检验机构协助抽样取证。法律、法规对抽样机构或者抽样方法有规定的,应当委托规定的机构并按照规定方法抽取样品。

公安机关、人民检察院、人民法院在办理侵犯知识产权刑事案件时,对于需要鉴定的事项,应当委托国家认可的有鉴定资质的鉴定机构进行鉴定。

公安机关、人民检察院、人民法院应当对鉴定结论进行审查,听取权利人、犯罪嫌疑人、被告人对鉴定结论的意见,可以要求鉴定机构作出相应说明。

四、关于侵犯知识产权犯罪自诉案件的证据收集问题

人民法院依法受理侵犯知识产权刑事自诉案件,对于当事人因客观原因不能取得的证据,在提起自诉时能够提供有关线索,申请人民法院调取的,人民法院应当依法调取。

五、关于刑法第二百一十三条规定的“同一种商品”的认定问题

名称相同的商品以及名称不同但指同一事物的商品,可以认定为“同一种商品”。“名称”是指国家工商行政管理总局商标局在商标注册工作中对商品使用的名称,通常即《商标注册用商品和服务国际分类》中规定的商品名称。“名称不同但指同一事物的商品”是指在功能、用途、主要原料、消费对象、销售渠道等方面相同或者基本相同,相关公众一般认为是同一种事物的商品。

认定“同一种商品”,应当在权利人注册商标核定使用的商品和行为人实际生产销售的商品之间进行比较。

六、关于刑法第二百一十三条规定的“与其注册商标相同的商标”的认定问题

具有下列情形之一,可以认定为“与其注册商标相同的商标”:

(一)改变注册商标的字体、字母大小写或者文字横竖排列,与注册商标之间仅有细微差别的;

(二)改变注册商标的文字、字母、数字等之间的间距,不影响体现注册商标显著特征的;

(三)改变注册商标颜色的;

(四)其他与注册商标在视觉上基本无差别、足以对公众产生误导的商标。

七、关于尚未附着或者尚未全部附着假冒注册商标标识的侵权产品价值是否计入非法经营数额的问题

在计算制造、储存、运输和未销售的假冒注册商标侵权产品价值时,对于已经制作完成但尚未附着(含加贴)或者尚未全部附着(含加贴)假冒注册商标标识的产品,如果有确实、充分证据证明该产品将假冒他人注册商标,其价值计入非法经营数额。

八、关于销售假冒注册商标的商品犯罪案件中尚未销售或者部分销售情形的定罪量刑问题

销售明知是假冒注册商标的商品,具有下列情形之一的,依照刑法第二百一十四条的规定,以销售假冒注册商标的商品罪(未遂)定罪处罚:

(一)假冒注册商标的商品尚未销售,货值金额在十五万元以上的;

(二)假冒注册商标的商品部分销售,已销售金额不满五万元,但与尚未销售的假冒注册商标的商品的货值金额合计在十五万元以上的。

假冒注册商标的商品尚未销售,货值金额分别达到十五万元以上不满二十五万元、二十五万元以上的,分别依照刑法第二百一十四条规定的各法定刑幅度定罪处罚。

销售金额和未销售货值金额分别达到不同的法定刑幅度或者均达到同一法定刑幅度的,在处罚较重的法定刑或者同一法定刑幅度内酌情从重处罚。

九、关于销售他人非法制造的注册商标标识犯罪案件中尚未销售或者部分销售情形的定罪问题

销售他人伪造、擅自制造的注册商标标识,具有下列情形之一的,依照刑法第二百一十五条的规定,以销售非法制造的注册商标标识罪(未遂)定罪处罚:

(一)尚未销售他人伪造、擅自制造的注册商标标识数量在六万件以上的;

(二)尚未销售他人伪造、擅自制造的两种以上注册商标标识数量在三万件以上的;

(三)部分销售他人伪造、擅自制造的注册商标标识,已销售标识数量不满二万件,但与尚未销售标识数量合计在六万件以上的;

(四)部分销售他人伪造、擅自制造的两种以上注册商标标识,已销售标识数量不满一万件,但与尚未销售标识数量合计在三万件以上的。

十、关于侵犯著作权犯罪案件"以营利为目的"的认定问题

除销售外,具有下列情形之一的,可以认定为"以营利为目的":

(一)以在他人作品中刊登收费广告、捆绑第三方作品等方式直接或者间接收取费用的;

(二)通过信息网络传播他人作品,或者利用他人上传的侵权作品,在网站或者网页上提供刊登收费广告服务,直接或者间接收取费用的;

(三)以会员制方式通过信息网络传播他人作品,收取会员注册费或者其他费用的;

(四)其他利用他人作品牟利的情形。

十一、关于侵犯著作权犯罪案件"未经著作权人许可"的认定问题

"未经著作权人许可"一般应当依

据著作权人或者其授权的代理人、著作权集体管理组织、国家著作权行政管理部门指定的著作权认证机构出具的涉案作品版权认证文书,或者证明出版者、复制发行者伪造、涂改授权许可文件或者超出授权许可范围的证据,结合其他证据综合予以认定。

在涉案作品种类众多且权利人分散的案件中,上述证据确实难以一一取得,但有证据证明涉案复制品系非法出版、复制发行的,且出版者、复制发行者不能提供获得著作权人许可的相关证明材料的,可以认定为“未经著作权人许可”。但是,有证据证明权利人放弃权利、涉案作品的著作权不受我国著作权法保护,或者著作权保护期限已经届满的除外。

十二、关于刑法第二百一十七条规定的“发行”的认定及相关问题

“发行”,包括总发行、批发、零售、通过信息网络传播以及出租、展销等活动。

非法出版、复制、发行他人作品,侵犯著作权构成犯罪的,按照侵犯著作权罪定罪处罚,不认定为非法经营罪等其他犯罪。

十三、关于通过信息网络传播侵权作品行为的定罪处罚标准问题

以营利为目的,未经著作权人许可,通过信息网络向公众传播他人文字作品、音乐、电影、电视、美术、摄影、录像作品、录音录像制品、计算机软件及其他作品,具有下列情形之一的,属于刑法第二百一十七条规定的“其他严重情节”:

(一)非法经营数额在五万元以上的;

(二)传播他人作品的数量合计在五百件(部)以上的;

(三)传播他人作品的实际被点击数达到五万次以上的;

(四)以会员制方式传播他人作品,注册会员达到一千人以上的;

(五)数额或者数量虽未达到第(一)项至第(四)项规定标准,但分别达到其中两项以上标准一半以上的;

(六)其他严重情节的情形。

实施前款规定的行为,数额或者数量达到前款第(一)项至第(五)项规定标准五倍以上的,属于刑法第二百一十七条规定的“其他特别严重情节”。

十四、关于多次实施侵犯知识产权行为累计计算数额问题

依照最高人民法院、最高人民检察院《关于办理侵犯知识产权刑事案件具体应用法律若干问题的解释》第十二条第二款的规定,多次实施侵犯知识产权行为,未经行政处理或者刑事处罚的,非法经营数额、违法所得数额或者销售金额累计计算。

二年内多次实施侵犯知识产权违法行为,未经行政处理,累计数额构成犯罪的,应当依法定罪处罚。实施侵犯知识产权犯罪行为的追诉期限,适用刑法的有关规定,不受前述二年的限制。

十五、关于为他人实施侵犯知识产权犯罪提供原材料、机械设备等行为的定性问题

明知他人实施侵犯知识产权犯罪,

而为其提供生产、制造侵权产品的主要原材料、辅助材料、半成品、包装材料、机械设备、标签标识、生产技术、配方等帮助，或者提供互联网接入、服务器托管、网络存储空间、通讯传输通道、代收费、费用结算等服务的，以侵犯知识产权犯罪的共犯论处。

十六、关于侵犯知识产权犯罪竞合的处理问题

行为人实施侵犯知识产权犯罪，同时构成生产、销售伪劣商品犯罪的，依照侵犯知识产权犯罪与生产、销售伪劣商品犯罪中处罚较重的规定定罪处罚。

最高人民法院、最高人民检察院、公安部关于办理电信网络诈骗等刑事案件适用法律若干问题的意见

1. 2016年12月19日发布
2. 法发〔2016〕32号

为依法惩治电信网络诈骗等犯罪活动，保护公民、法人和其他组织的合法权益，维护社会秩序，根据《中华人民共和国刑法》《中华人民共和国刑事诉讼法》等法律和有关司法解释的规定，结合工作实际，制定本意见。

一、总体要求

近年来，利用通讯工具、互联网等技术手段实施的电信网络诈骗犯罪活动持续高发，侵犯公民个人信息，扰乱无线电通讯管理秩序，掩饰、隐瞒犯罪所得、犯罪所得收益等上下游关联犯罪不断蔓延。此类犯罪严重侵害人民群众财产安全和其他合法权益，严重干扰电信网络秩序，严重破坏社会诚信，严重影响人民群众安全感和社会和谐稳定，社会危害性大，人民群众反映强烈。

人民法院、人民检察院、公安机关要针对电信网络诈骗等犯罪的特点，坚持全链条全方位打击，坚持依法从严从快惩处，坚持最大力度最大限度追赃挽损，进一步健全工作机制，加强协作配合，坚决有效遏制电信网络诈骗等犯罪活动，努力实现法律效果和社会效果的高度统一。

二、依法严惩电信网络诈骗犯罪

（一）根据最高人民法院、最高人民检察院《关于办理诈骗刑事案件具体应用法律若干问题的解释》第一条的规定，利用电信网络技术手段实施诈骗，诈骗公私财物价值三千元以上、三万元以上、五十万元以上的，应当分别认定为刑法第二百六十六条规定的“数额较大”“数额巨大”“数额特别巨大”。

二年内多次实施电信网络诈骗未经处理，诈骗数额累计计算构成犯罪的，应当依法定罪处罚。

（二）实施电信网络诈骗犯罪，达到相应数额标准，具有下列情形之一的，酌情从重处罚：

1. 造成被害人或其近亲属自杀、死亡或者精神失常等严重后果的；

2. 冒充司法机关等国家机关工作人

员实施诈骗的；

3. 组织、指挥电信网络诈骗犯罪团伙的；

4. 在境外实施电信网络诈骗的；

5. 曾因电信网络诈骗犯罪受过刑事处罚或者二年内曾因电信网络诈骗受过行政处罚的；

6. 诈骗残疾人、老年人、未成年人、在校学生、丧失劳动能力人的财物，或者诈骗重病患者及其亲属财物的；

7. 诈骗救灾、抢险、防汛、优抚、扶贫、移民、救济、医疗等款物的；

8. 以赈灾、募捐等社会公益、慈善名义实施诈骗的；

9. 利用电话追呼系统等技术手段严重干扰公安机关等部门工作的；

10. 利用“钓鱼网站”链接、“木马”程序链接、网络渗透等隐蔽技术手段实施诈骗的。

（三）实施电信网络诈骗犯罪，诈骗数额接近“数额巨大”“数额特别巨大”的标准，具有前述第（二）条规定的情形之一的，应当分别认定为刑法第二百六十六条规定的“其他严重情节”“其他特别严重情节”。

上述规定的“接近”，一般应掌握在相应数额标准的百分之八十以上。

（四）实施电信网络诈骗犯罪，犯罪嫌疑人、被告人实际骗得财物的，以诈骗罪（既遂）定罪处罚。诈骗数额难以查证，但具有下列情形之一的，应当认定为刑法第二百六十六条规定的“其他严重情节”，以诈骗罪（未遂）定罪处罚：

1. 发送诈骗信息五千条以上的，或者拨打诈骗电话五百人次以上的；

2. 在互联网上发布诈骗信息，页面浏览量累计五千次以上的。

具有上述情形，数量达到相应标准十倍以上的，应当认定为刑法第二百六十六条规定的“其他特别严重情节”，以诈骗罪（未遂）定罪处罚。

上述“拨打诈骗电话”，包括拨出诈骗电话和接听被害人回拨电话。反复拨打、接听同一电话号码，以及反复向同一被害人发送诈骗信息的，拨打、接听电话次数、发送信息条数累计计算。

因犯罪嫌疑人、被告人故意隐匿、毁灭证据等原因，致拨打电话次数、发送信息条数的证据难以收集的，可以根据经查证属实的日拨打人次数、日发送信息条数，结合犯罪嫌疑人、被告人实施犯罪的时间、犯罪嫌疑人、被告人的供述等相关证据，综合予以认定。

（五）电信网络诈骗既有既遂，又有未遂，分别达到不同量刑幅度的，依照处罚较重的规定处罚；达到同一量刑幅度的，以诈骗罪既遂处罚。

（六）对实施电信网络诈骗犯罪的被告人裁量刑罚，在确定量刑起点、基准刑时，一般应就高选择。确定宣告刑时，应当综合全案事实情节，准确把握从重、从轻量刑情节的调节幅度，保证罪责刑相适应。

（七）对实施电信网络诈骗犯罪的被告人，应当严格控制适用缓刑的范围，严格掌握适用缓刑的条件。

（八）对实施电信网络诈骗犯罪的被告人，应当更加注重依法适用财产刑，加大经济上的惩罚力度，最大限度剥夺被告人再犯的能力。

三、全面惩处关联犯罪

（一）在实施电信网络诈骗活动中，非法使用“伪基站”“黑广播”，干扰无线电通讯秩序，符合刑法第二百八十八条规定的，以扰乱无线电通讯管理秩序罪追究刑事责任。同时构成诈骗罪的，依照处罚较重的规定定罪处罚。

（二）违反国家有关规定，向他人出售或者提供公民个人信息，窃取或者以其他方法非法获取公民个人信息，符合刑法第二百五十三条之一规定的，以侵犯公民个人信息罪追究刑事责任。

使用非法获取的公民个人信息，实施电信网络诈骗犯罪行为，构成数罪的，应当依法予以并罚。

（三）冒充国家机关工作人员实施电信网络诈骗犯罪，同时构成诈骗罪和招摇撞骗罪的，依照处罚较重的规定定罪处罚。

（四）非法持有他人信用卡，没有证据证明从事电信网络诈骗犯罪活动，符合刑法第一百七十七条之一第一款第（二）项规定的，以妨害信用卡管理罪追究刑事责任。

（五）明知是电信网络诈骗犯罪所得及其产生的收益，以下列方式之一予以转账、套现、取现的，依照刑法第三百一十二条第一款的规定，以掩饰、隐瞒犯罪所得、犯罪所得收益罪追究刑事责任。但有证据证明确实不知道的除外：

1. 通过使用销售点终端机具（POS机）刷卡套现等非法途径，协助转换或者转移财物的；

2. 帮助他人将巨额现金散存于多个银行账户，或在不同银行账户之间频繁划转的；

3. 多次使用或者使用多个非本人身份证明开设的信用卡、资金支付结算账户或者多次采用遮蔽摄像头、伪装等异常手段，帮助他人转账、套现、取现的；

4. 为他人提供非本人身份证明开设的信用卡、资金支付结算账户后，又帮助他人转账、套现、取现的；

5. 以明显异于市场的价格，通过手机充值、交易游戏点卡等方式套现的。

实施上述行为，事前通谋的，以共同犯罪论处。

实施上述行为，电信网络诈骗犯罪嫌疑人尚未到案或案件尚未依法裁判，但现有证据足以证明该犯罪行为确实存在的，不影响掩饰、隐瞒犯罪所得、犯罪所得收益罪的认定。

实施上述行为，同时构成其他犯罪的，依照处罚较重的规定定罪处罚。法律和司法解释另有规定的除外。

（六）网络服务提供者不履行法律、行政法规规定的信息网络安全管理义务，经监管部门责令采取改正措施而拒不改正，致使诈骗信息大量传播，或者用户信息泄露造成严重后果的，依照刑法第二百八十六条之一的规定，以拒不履行信息网络安全管理义务罪追究刑事责任。同时构成诈骗罪的，依照处罚较重的规定定罪处罚。

（七）实施刑法第二百八十七条之一、第二百八十七条之二规定之行为，构成非法利用信息网络罪、帮助信息网络犯罪活动罪，同时构成诈骗罪的，依照处罚较重的规定定罪处罚。

（八）金融机构、网络服务提供者、电信业务经营者等在经营活动中，违反国家有关规定，被电信网络诈骗犯罪分子利用，使他人遭受财产损失的，依法承担相应责任。构成犯罪的，依法追究刑事责任。

四、准确认定共同犯罪与主观故意

（一）三人以上为实施电信网络诈骗犯罪而组成的较为固定的犯罪组织，应依法认定为诈骗犯罪集团。对组织、领导犯罪集团的首要分子，按照集团所犯的全部罪行处罚。对犯罪集团中组织、指挥、策划者和骨干分子依法从严惩处。

对犯罪集团中起次要、辅助作用的从犯，特别是在规定期限内投案自首、积极协助抓获主犯、积极协助追赃的，依法从轻或减轻处罚。

对犯罪集团首要分子以外的主犯，应当按照其所参与的或者组织、指挥的全部犯罪处罚。全部犯罪包括能够查明具体诈骗数额的事实和能够查明发送诈骗信息条数、拨打诈骗电话人次数、诈骗信息网页浏览次数的事实。

（二）多人共同实施电信网络诈骗，犯罪嫌疑人、被告人应对其参与期间该诈骗团伙实施的全部诈骗行为承担责任。在其所参与的犯罪环节中起主要作用的，可以认定为主犯；起次要作用的，可以认定为从犯。

上述规定的“参与期间”，从犯罪嫌疑人、被告人着手实施诈骗行为开始起算。

（三）明知他人实施电信网络诈骗犯罪，具有下列情形之一的，以共同犯罪论处，但法律和司法解释另有规定的除外：

1. 提供信用卡、资金支付结算账户、手机卡、通讯工具的；

2. 非法获取、出售、提供公民个人信息的；

3. 制作、销售、提供“木马”程序和“钓鱼软件”等恶意程序的；

4. 提供“伪基站”设备或相关服务的；

5. 提供互联网接入、服务器托管、网络存储、通讯传输等技术支持，或者提供支付结算等帮助的；

6. 在提供改号软件、通话线路等技术服务时，发现主叫号码被修改为国内党政机关、司法机关、公共服务部门号码，或者境外用户改为境内号码，仍提供服务的；

7. 提供资金、场所、交通、生活保障等帮助的；

8. 帮助转移诈骗犯罪所得及其产生的收益，套现、取现的。

上述规定的“明知他人实施电信网络诈骗犯罪”，应当结合被告人的认知能力，既往经历，行为次数和手段，与他人关系，获利情况，是否曾因电信网络诈骗受过处罚，是否故意规避调查等主客观因素进行综合分析认定。

（四）负责招募他人实施电信网络诈骗犯罪活动，或者制作、提供诈骗方案、术语清单、语音包、信息等的，以诈骗共同犯罪论处。

（五）部分犯罪嫌疑人在逃，但不影响对已到案共同犯罪嫌疑人、被告人的犯罪事实认定的，可以依法先行追究已到案共同犯罪嫌疑人、被告人的刑事责任。

五、依法确定案件管辖

（一）电信网络诈骗犯罪案件一般由犯罪地公安机关立案侦查，如果由犯罪嫌疑人居住地公安机关立案侦查更为适宜的，可以由犯罪嫌疑人居住地公安机关立案侦查。犯罪地包括犯罪行为发生地和犯罪结果发生地。

“犯罪行为发生地”包括用于电信网络诈骗犯罪的网站服务器所在地，网站建立者、管理者所在地，被侵害的计算机信息系统或其管理者所在地，犯罪嫌疑人、被害人使用的计算机信息系统所在地，诈骗电话、短信息、电子邮件等的拨打地、发送地、到达地、接受地，以及诈骗行为持续发生的实施地、预备地、开始地、途经地、结束地。

“犯罪结果发生地”包括被害人被骗时所在地，以及诈骗所得财物的实际取得地、藏匿地、转移地、使用地、销售地等。

（二）电信网络诈骗最初发现地公安机关侦办的案件，诈骗数额当时未达到“数额较大”标准，但后续累计达到“数额较大”标准，可由最初发现地公安机关立案侦查。

（三）具有下列情形之一的，有关公安机关可以在其职责范围内并案侦查：

1. 一人犯数罪的；

2. 共同犯罪的；

3. 共同犯罪的犯罪嫌疑人还实施其他犯罪的；

4. 多个犯罪嫌疑人实施的犯罪存在直接关联，并案处理有利于查明案件事实的。

（四）对因网络交易、技术支持、资金支付结算等关系形成多层级链条、跨区域的电信网络诈骗等犯罪案件，可由共同上级公安机关按照有利于查清犯罪事实、有利于诉讼的原则，指定有关公安机关立案侦查。

（五）多个公安机关都有权立案侦查的电信网络诈骗等犯罪案件，由最初受理的公安机关或者主要犯罪地公安机关立案侦查。有争议的，按照有利于查清犯罪事实、有利于诉讼的原则，协商解决。经协商无法达成一致的，由共同上级公安机关指定有关公安机关立案侦查。

（六）在境外实施的电信网络诈骗等犯罪案件，可由公安部按照有利于查清犯罪事实、有利于诉讼的原则，指定有关公安机关立案侦查。

（七）公安机关立案、并案侦查，或

因有争议，由共同上级公安机关指定立案侦查的案件，需要提请批准逮捕、移送审查起诉、提起公诉的，由该公安机关所在地的人民检察院、人民法院受理。

对重大疑难复杂案件和境外案件，公安机关应在指定立案侦查前，向同级人民检察院、人民法院通报。

（八）已确定管辖的电信诈骗共同犯罪案件，在逃的犯罪嫌疑人归案后，一般由原管辖的公安机关、人民检察院、人民法院管辖。

六、证据的收集和审查判断

（一）办理电信网络诈骗案件，确因被害人人数众多等客观条件的限制，无法逐一收集被害人陈述的，可以结合已收集的被害人陈述，以及经查证属实的银行账户交易记录、第三方支付结算账户交易记录、通话记录、电子数据等证据，综合认定被害人人数及诈骗资金数额等犯罪事实。

（二）公安机关采取技术侦查措施收集的案件证明材料，作为证据使用的，应当随案移送批准采取技术侦查措施的法律文书和所收集的证据材料，并对其来源等作出书面说明。

（三）依照国际条约、刑事司法协助、互助协议或平等互助原则，请求证据材料所在地司法机关收集，或通过国际警务合作机制、国际刑警组织启动合作取证程序收集的境外证据材料，经查证属实，可以作为定案的依据。公安机关应对其来源、提取人、提取时间或者提供人、提供时间以及保管移交的过程等作出说明。

对其他来自境外的证据材料，应当对其来源、提供人、提供时间以及提取人、提取时间进行审查。能够证明案件事实且符合刑事诉讼法规定的，可以作为证据使用。

七、涉案财物的处理

（一）公安机关侦办电信网络诈骗案件，应当随案移送涉案赃款赃物，并附清单。人民检察院提起公诉时，应一并移交受理案件的人民法院，同时就涉案赃款赃物的处理提出意见。

（二）涉案银行账户或者涉案第三方支付账户内的款项，对权属明确的被害人的合法财产，应当及时返还。确因客观原因无法查实全部被害人，但有证据证明该账户系用于电信网络诈骗犯罪，且被告人无法说明款项合法来源的，根据刑法第六十四条的规定，应认定为违法所得，予以追缴。

（三）被告人已将诈骗财物用于清偿债务或者转让给他人，具有下列情形之一的，应当依法追缴：

1. 对方明知是诈骗财物而收取的；

2. 对方无偿取得诈骗财物的；

3. 对方以明显低于市场的价格取得诈骗财物的；

4. 对方取得诈骗财物系源于非法债务或者违法犯罪活动的。

他人善意取得诈骗财物的，不予追缴。

最高人民法院、最高人民检察院、公安部关于办理电信网络诈骗等刑事案件适用法律若干问题的意见（二）

1．2021 年 6 月 17 日发布
2．法发〔2021〕22 号

为进一步依法严厉惩治电信网络诈骗犯罪，对其上下游关联犯罪实行全链条、全方位打击，根据《中华人民共和国刑法》《中华人民共和国刑事诉讼法》等法律和有关司法解释的规定，针对司法实践中出现的新的突出问题，结合工作实际，制定本意见。

一、电信网络诈骗犯罪地，除《最高人民法院、最高人民检察院、公安部关于办理电信网络诈骗等刑事案件适用法律若干问题的意见》规定的犯罪行为发生地和结果发生地外，还包括：

（一）用于犯罪活动的手机卡、流量卡、物联网卡的开立地、销售地、转移地、藏匿地；

（二）用于犯罪活动的信用卡的开立地、销售地、转移地、藏匿地、使用地以及资金交易对手资金交付和汇出地；

（三）用于犯罪活动的银行账户、非银行支付账户的开立地、销售地、使用地以及资金交易对手资金交付和汇出地；

（四）用于犯罪活动的即时通讯信息、广告推广信息的发送地、接受地、到达地；

（五）用于犯罪活动的“猫池”（Modem Pool）、GOIP 设备、多卡宝等硬件设备的销售地、入网地、藏匿地；

（六）用于犯罪活动的互联网账号的销售地、登录地。

二、为电信网络诈骗犯罪提供作案工具、技术支持等帮助以及掩饰、隐瞒犯罪所得及其产生的收益，由此形成多层级犯罪链条的，或者利用同一网站、通讯群组、资金账户、作案窝点实施电信网络诈骗犯罪的，应当认定为多个犯罪嫌疑人、被告人实施的犯罪存在关联，人民法院、人民检察院、公安机关可以在其职责范围内并案处理。

三、有证据证实行为人参加境外诈骗犯罪集团或犯罪团伙，在境外针对境内居民实施电信网络诈骗犯罪行为，诈骗数额难以查证，但一年内出境赴境外诈骗犯罪窝点累计时间 30 日以上或多次出境赴境外诈骗犯罪窝点的，应当认定为刑法第二百六十六条规定的“其他严重情节”，以诈骗罪依法追究刑事责任。有证据证明其出境从事正当活动的除外。

四、无正当理由持有他人的单位结算卡的，属于刑法第一百七十七条之一第一款第（二）项规定的“非法持有他人信用卡”。

五、非法获取、出售、提供具有信息发布、即时通讯、支付结算等功能的互联网账号密码、个人生物识别信息，符合刑法第二百五十三条之一规定的,以侵犯公民个人信息罪追究刑事责任。

对批量前述互联网账号密码、个人生物识别信息的条数,根据查获的数量直接认定,但有证据证明信息不真实或者重复的除外。

六、在网上注册办理手机卡、信用卡、银行账户、非银行支付账户时,为通过网上认证,使用他人身份证件信息并替换他人身份证件相片,属于伪造身份证件行为,符合刑法第二百八十条第三款规定的,以伪造身份证件罪追究刑事责任。

使用伪造、变造的身份证件或者盗用他人身份证件办理手机卡、信用卡、银行账户、非银行支付账户,符合刑法第二百八十条之一第一款规定的,以使用虚假身份证件、盗用身份证件罪追究刑事责任。

实施上述两款行为,同时构成其他犯罪的,依照处罚较重的规定定罪处罚。法律和司法解释另有规定的除外。

七、为他人利用信息网络实施犯罪而实施下列行为,可以认定为刑法第二百八十七条之二规定的"帮助"行为:

(一)收购、出售、出租信用卡、银行账户、非银行支付账户、具有支付结算功能的互联网账号密码、网络支付接口、网上银行数字证书的;

(二)收购、出售、出租他人手机卡、流量卡、物联网卡的。

八、认定刑法第二百八十七条之二规定的行为人明知他人利用信息网络实施犯罪,应当根据行为人收购、出售、出租前述第七条规定的信用卡、银行账户、非银行支付账户、具有支付结算功能的互联网账号密码、网络支付接口、网上银行数字证书,或者他人手机卡、流量卡、物联网卡等的次数、张数、个数,并结合行为人的认知能力、既往经历、交易对象、与实施信息网络犯罪的行为人的关系、提供技术支持或者帮助的时间和方式、获利情况以及行为人的供述等主客观因素,予以综合认定。

收购、出售、出租单位银行结算账户、非银行支付机构单位支付账户,或者电信、银行、网络支付等行业从业人员利用履行职责或提供服务便利,非法开办并出售、出租他人手机卡、信用卡、银行账户、非银行支付账户等的,可以认定为《最高人民法院、最高人民检察院关于办理非法利用信息网络、帮助信息网络犯罪活动等刑事案件适用法律若干问题的解释》第十一条第(七)项规定的"其他足以认定行为人明知的情形"。但有相反证据的除外。

九、明知他人利用信息网络实施犯罪,为其犯罪提供下列帮助之一的,可以认定为《最高人民法院、最高人民检察院关于办理非法利用信息网络、帮助信息网络犯罪活动等刑事案件适用法律若干问题的解释》第十二条第一款第(七)项规定的"其他情节严重的情形":

(一)收购、出售、出租信用卡、银行账户、非银行支付账户、具有支付结算功能的互联网账号密码、网络支付接口、网

上银行数字证书 5 张(个)以上的;

(二)收购、出售、出租他人手机卡、流量卡、物联网卡 20 张以上的。

十、电商平台预付卡、虚拟货币、手机充值卡、游戏点卡、游戏装备等经销商,在公安机关调查案件过程中,被明确告知其交易对象涉嫌电信网络诈骗犯罪,仍与其继续交易,符合刑法第二百八十七条之二规定的,以帮助信息网络犯罪活动罪追究刑事责任。同时构成其他犯罪的,依照处罚较重的规定定罪处罚。

十一、明知是电信网络诈骗犯罪所得及其产生的收益,以下列方式之一予以转账、套现、取现,符合刑法第三百一十二条第一款规定的,以掩饰、隐瞒犯罪所得、犯罪所得收益罪追究刑事责任。但有证据证明确实不知道的除外。

(一)多次使用或者使用多个非本人身份证明开设的收款码、网络支付接口等,帮助他人转账、套现、取现的;

(二)以明显异于市场的价格,通过电商平台预付卡、虚拟货币、手机充值卡、游戏点卡、游戏装备等转换财物、套现的;

(三)协助转换或者转移财物,收取明显高于市场的"手续费"的。

实施上述行为,事前通谋的,以共同犯罪论处;同时构成其他犯罪的,依照处罚较重的规定定罪处罚。法律和司法解释另有规定的除外。

十二、为他人实施电信网络诈骗犯罪提供技术支持、广告推广、支付结算等帮助,或者窝藏、转移、收购、代为销售及以其他方法掩饰、隐瞒电信网络诈骗犯罪所得及其产生的收益,诈骗犯罪行为可以确认,但实施诈骗的行为人尚未到案,可以依法先行追究已到案的上述犯罪嫌疑人、被告人的刑事责任。

十三、办案地公安机关可以通过公安机关信息化系统调取异地公安机关依法制作、收集的刑事案件受案登记表、立案决定书、被害人陈述等证据材料。调取时不得少于两名侦查人员,并应记载调取的时间、使用的信息化系统名称等相关信息,调取人签名并加盖办案地公安机关印章。经审核证明真实的,可以作为证据使用。

十四、通过国(区)际警务合作收集或者境外警方移交的境外证据材料,确因客观条件限制,境外警方未提供相关证据的发现、收集、保管、移交情况等材料的,公安机关应当对上述证据材料的来源、移交过程以及种类、数量、特征等作出书面说明,由两名以上侦查人员签名并加盖公安机关印章。经审核能够证明案件事实的,可以作为证据使用。

十五、对境外司法机关抓获并羁押的电信网络诈骗犯罪嫌疑人,在境内接受审判的,境外的羁押期限可以折抵刑期。

十六、办理电信网络诈骗犯罪案件,应当充分贯彻宽严相济刑事政策。在侦查、审查起诉、审判过程中,应当全面收集证据、准确甄别犯罪嫌疑人、被告人在共同犯罪中的层级地位及作用大小,结合其认罪态度和悔罪表现,区别对待,宽严并用,科学量刑,确保罚当其罪。

对于电信网络诈骗犯罪集团、犯罪团伙的组织者、策划者、指挥者和骨干分子,以及利用未成年人、在校学生、老年人、残疾人实施电信网络诈骗的,依法从严惩处。

对于电信网络诈骗犯罪集团、犯罪团伙中的从犯,特别是其中参与时间相对较短、诈骗数额相对较低或者从事辅助性工作并领取少量报酬,以及初犯、偶犯、未成年人、在校学生等,应当综合考虑其在共同犯罪中的地位作用、社会危害程度、主观恶性、人身危险性、认罪悔罪表现等情节,可以依法从轻、减轻处罚。犯罪情节轻微的,可以依法不起诉或者免予刑事处罚;情节显著轻微危害不大的,不以犯罪论处。

十七、查扣的涉案账户内资金,应当优先返还被害人,如不足以全额返还的,应当按照比例返还。

最高人民法院、最高人民检察院、公安部、司法部关于办理利用信息网络实施黑恶势力犯罪刑事案件若干问题的意见

1. 2019 年 7 月 23 日发布
2. 自 2019 年 10 月 21 日起施行

为认真贯彻中央关于开展扫黑除恶专项斗争的部署要求,正确理解和适用最高人民法院、最高人民检察院、公安部、司法部《关于办理黑恶势力犯罪案件若干问题的指导意见》(法发〔2018〕1号,以下简称《指导意见》),根据刑法、刑事诉讼法、网络安全法及有关司法解释、规范性文件的规定,现对办理利用信息网络实施黑恶势力犯罪案件若干问题提出以下意见:

一、总体要求

1. 各级人民法院、人民检察院、公安机关及司法行政机关应当统一执法思想、提高执法效能,坚持“打早打小”,坚决依法严厉惩处利用信息网络实施的黑恶势力犯罪,有效维护网络安全和经济、社会生活秩序。

2. 各级人民法院、人民检察院、公安机关及司法行政机关应当正确运用法律,严格依法办案,坚持“打准打实”,认真贯彻落实宽严相济刑事政策,切实做到宽严有据、罚当其罪,实现政治效果、法律效果和社会效果的统一。

3. 各级人民法院、人民检察院、公安机关及司法行政机关应当分工负责,互相配合、互相制约,切实加强与相关行政管理部门的协作,健全完善风险防控机制,积极营造线上线下社会综合治理新格局。

二、依法严惩利用信息网络实施的黑恶势力犯罪

4. 对通过发布、删除负面或虚假信息,发送侮辱性信息、图片,以及利用信息、电话骚扰等方式,威胁、要挟、恐吓、滋扰他人,实施黑恶势力违法犯罪的,应当准确认定,依法严惩。

5. 利用信息网络威胁他人，强迫交易，情节严重的，依照刑法第二百二十六条的规定，以强迫交易罪定罪处罚。

6. 利用信息网络威胁、要挟他人，索取公私财物，数额较大，或者多次实施上述行为的，依照刑法第二百七十四条的规定，以敲诈勒索罪定罪处罚。

7. 利用信息网络辱骂、恐吓他人，情节恶劣，破坏社会秩序的，依照刑法第二百九十三条第一款第二项的规定，以寻衅滋事罪定罪处罚。

编造虚假信息，或者明知是编造的虚假信息，在信息网络上散布，或者组织、指使人员在信息网络上散布，起哄闹事，造成公共秩序严重混乱的，依照刑法第二百九十三条第一款第四项的规定，以寻衅滋事罪定罪处罚。

8. 侦办利用信息网络实施的强迫交易、敲诈勒索等非法敛财类案件，确因被害人人数众多等客观条件的限制，无法逐一收集被害人陈述的，可以结合已收集的被害人陈述，以及经查证属实的银行账户交易记录、第三方支付结算账户交易记录、通话记录、电子数据等证据，综合认定被害人人数以及涉案资金数额等。

三、准确认定利用信息网络实施犯罪的黑恶势力

9. 利用信息网络实施违法犯罪活动，符合刑法、《指导意见》以及最高人民法院、最高人民检察院、公安部、司法部《关于办理恶势力刑事案件若干问题的意见》等规定的恶势力、恶势力犯罪集团、黑社会性质组织特征和认定标准的，应当依法认定为恶势力、恶势力犯罪集团、黑社会性质组织。

认定利用信息网络实施违法犯罪活动的黑社会性质组织时，应当依照刑法第二百九十四条第五款规定的“四个特征”进行综合审查判断，分析“四个特征”相互间的内在联系，根据在网络空间和现实社会中实施违法犯罪活动对公民人身、财产、民主权利和经济、社会生活秩序所造成的危害，准确评价，依法予以认定。

10. 认定利用信息网络实施违法犯罪的黑恶势力组织特征，要从违法犯罪的起因、目的，以及组织、策划、指挥、参与人员是否相对固定，组织形成后是否持续进行犯罪活动、是否有明确的职责分工、行为规范、利益分配机制等方面综合判断。利用信息网络实施违法犯罪的黑恶势力组织成员之间一般通过即时通讯工具、通讯群组、电子邮件、网盘等信息网络方式联络，对部分组织成员通过信息网络方式联络实施黑恶势力违法犯罪活动，即使相互未见面、彼此不熟识，不影响对组织特征的认定。

11. 利用信息网络有组织地通过实施违法犯罪活动或者其他手段获取一定数量的经济利益，用于违法犯罪活动或者支持该组织生存、发展的，应当认定为符合刑法第二百九十四条第五款第二项规定的黑社会性质组织经济特征。

12. 通过线上线下相结合的方式，有组织地多次利用信息网络实施违法犯罪活动，侵犯不特定多人的人身权利、民主权利、财产权利，破坏经济秩序、社会秩序的，应当认定为符合刑法第二百九十四条第五款第三项规定的黑社会性质组织行为特征。单纯通过线上方式实施的违法犯罪活动，且不具有为非作恶、欺压残害群众特征的，一般不应作为黑社会性质组织行为特征的认定依据。

13. 对利用信息网络实施黑恶势力犯罪非法控制和影响的“一定区域或者行业”，应当结合危害行为发生地或者危害行业的相对集中程度，以及犯罪嫌疑人、被告人在网络空间和现实社会中的控制和影响程度综合判断。虽然危害行为发生地、危害的行业比较分散，但涉案犯罪组织利用信息网络多次实施强迫交易、寻衅滋事、敲诈勒索等违法犯罪活动，在网络空间和现实社会造成重大影响，严重破坏经济、社会生活秩序的，应当认定为“在一定区域或者行业内，形成非法控制或者重大影响”。

四、利用信息网络实施黑恶势力犯罪案件管辖

14. 利用信息网络实施的黑恶势力犯罪案件管辖依照《关于办理黑社会性质组织犯罪案件若干问题的规定》和《关于办理网络犯罪案件适用刑事诉讼程序若干问题的意见》的有关规定确定，坚持以犯罪地管辖为主、被告人居住地管辖为辅的原则。

15. 公安机关可以依法对利用信息网络实施的黑恶势力犯罪相关案件并案侦查或者指定下级公安机关管辖，并案侦查或者由上级公安机关指定管辖的公安机关应当全面调查收集能够证明黑恶势力犯罪事实的证据，各涉案地公安机关应当积极配合。并案侦查或者由上级公安机关指定管辖的案件，需要提请批准逮捕、移送审查起诉、提起公诉的，由立案侦查的公安机关所在地的人民检察院、人民法院受理。

16. 人民检察院对于公安机关提请批准逮捕、移送审查起诉的利用信息网络实施的黑恶势力犯罪案件，人民法院对于已进入审判程序的利用信息网络实施的黑恶势力犯罪案件，被告人及其辩护人提出的管辖异议成立，或者办案单位发现没有管辖权的，受案人民检察院、人民法院经审查，可以依法报请与有管辖权的人民检察院、人民法院共同的上级人民检察院、人民法院指定管辖，不再自行移交。对于在审查批准逮捕阶段，上级检察机关已经指定管辖的案件，审查起诉工作由同一人民检察院受理。人民检察院、人民法院认为应当分案起诉、审理的，可以依法分案处理。

17. 公安机关指定下级公安机关办理利用信息网络实施的黑恶势力犯罪案件的，应当同时抄送同级人民检察院、人民法院。人民检察院认为需要依法指定审判管辖的，应当协商同级人民法院办理指定管辖有关事宜。

18. 本意见自2019年10月21日起施行。

最高人民检察院关于办理涉互联网金融犯罪案件有关问题座谈会纪要

1. 2017 年 6 月 2 日发布
2. 高检诉〔2017〕14 号

互联网金融是金融与互联网相互融合形成的新型金融业务模式。发展互联网金融，对加快实施创新驱动发展战略、推进供给侧结构性改革、促进经济转型升级具有积极作用。但是，在互联网金融快速发展过程中，部分机构、业态偏离了正确方向，有些甚至打着“金融创新”的幌子进行非法集资、金融诈骗等违法犯罪活动，严重扰乱了金融管理秩序，侵害了人民群众合法权益。2016 年 4 月，国务院部署开展了互联网金融风险专项整治工作，集中整治违法违规行为，防范和化解互联网金融风险。各级检察机关积极参与专项整治工作，依法办理进入检察环节的涉互联网金融犯罪案件。针对办案中遇到的新情况、新问题，高检院公诉厅先后在昆明、上海、福州召开座谈会，对办理涉互联网金融犯罪案件中遇到的有关行为性质、法律适用、证据审查、追诉范围等问题进行了深入研究。纪要如下：

一、办理涉互联网金融犯罪案件的基本要求

促进和保障互联网金融规范健康发展，是检察机关服务经济社会发展的重要内容。各地检察机关公诉部门应当充分认识防范和化解互联网金融风险的重要性、紧迫性和复杂性，立足检察职能，积极参与互联网金融风险专项整治工作，有效预防、依法惩治涉互联网金融犯罪，切实维护人民群众合法权益，维护国家金融安全。

1. 准确认识互联网金融的本质。互联网金融的本质仍然是金融，其潜在的风险与传统金融没有区别，甚至还可能因互联网的作用而被放大。要依据现有的金融管理法律规定，依法准确判断各类金融活动、金融业态的法律性质，准确界定金融创新和金融违法犯罪的界限。在办理涉互联网金融犯罪案件时，判断是否符合“违反国家规定”“未经有关国家主管部门批准”等要件时，应当以现行刑事法律和金融管理法律法规为依据。对各种类型互联网金融活动，要深入剖析行为实质并据此判断其性质，从而准确区分罪与非罪、此罪与彼罪、罪轻与罪重、打击与保护的界限，不能机械地被所谓“互联网金融创新”表象所迷惑。

2. 妥善把握刑事追诉的范围和边界。涉互联网金融犯罪案件涉案人员众多，要按照区别对待的原则分类处理，综合运用刑事追诉和非刑事手段处置和化解风险，打击少数、教育挽救大多数。要坚持主客观相统一的原则，根据犯罪嫌疑人在犯罪活动中的地位作用、涉案数额、危害结果、主观过错等主客观情节，综合判断责任轻重及刑事追诉的必要性,做到罪责适应、罚当其罪。对犯罪情节严重、主观恶性大、在犯罪中起主要作用的人员,特别是核心管理层人员和骨干人员,依法从严打击;对犯罪情节相对较轻、主观恶性较小、在犯罪中起次要作用的人员依法从宽处理。

3. 注重案件统筹协调推进。涉互联网金融犯罪跨区域特征明显,各地检察机关公诉部门要按照"统一办案协调、统一案件指挥、统一资产处置、分别侦查诉讼、分别落实维稳"(下称"三统两分")的要求分别处理好辖区内案件,加强横向、纵向联系,在上级检察机关特别是省级检察院的指导下统一协调推进办案工作,确保辖区内案件处理结果相对平衡统一。跨区县案件由地市级检察院统筹协调,跨地市案件由省级检察院统一协调,跨省案件由高检院公诉厅统一协调。各级检察机关公诉部门要加强与公安机关、地方金融办等相关单位以及检察机关内部侦监、控申等部门的联系,建立健全案件信息通报机制,及时掌握重大案件的立案、侦查、批捕、信访等情况,适时开展提前介入侦查等工作,并及时上报上级检察院。省级检察院公诉部门要发挥工作主动性,主动掌握社会影响大的案件情况,研究制定工作方案,统筹协调解决办案中遇到的问题,重大、疑难、复杂问题要及时向高检院报告。

4. 坚持司法办案"三个效果"有机统一。涉互联网金融犯罪影响广泛,社会各界特别是投资人群体十分关注案件处理。各级检察机关公诉部门要从有利于全案依法妥善处置的角度出发,切实做好提前介入侦查引导取证、审查起诉、出庭公诉等各个阶段的工作,依法妥善处理重大敏感问题,不能机械司法、就案办案。同时,要把办案工作与保障投资人合法权益紧密结合起来,同步做好释法说理、风险防控、追赃挽损、维护稳定等工作,努力实现司法办案的法律效果、社会效果、政治效果有机统一。

二、准确界定涉互联网金融行为法律性质

5. 互联网金融涉及 P2P 网络借贷、股权众筹、第三方支付、互联网保险以及通过互联网开展资产管理及跨界从事金融业务等多个金融领域,行为方式多样,所涉法律关系复杂。违法犯罪行为隐蔽性、迷惑性强,波及面广,社会影响大,要根据犯罪行为的实质特征和社会危害,准确界定行为的法律性质和刑法适用的罪名。

(一)非法吸收公众存款行为的认定

6. 涉互联网金融活动在未经有关部门依法批准的情形下,公开宣传并向不特定公众吸收资金,承诺在一定期限内还本付息的,应当依法追究刑事责任。其中,应重点审查互联网金融活动相关主体是否存在归集资金、沉淀资金,致使投资人资金存在被挪用、侵占等重大风险等情形。

7. 互联网金融的本质是金融,判断其是否属于"未经有关部门依法批准",即行为是否具有非法性的主要法律依据是《商业银行法》、《非法金融机构和非法金融业务活动取缔办法》(国务院令第247号)等现行有效的金融管理法律规定。

8. 对以下网络借贷领域的非法吸收公众资金的行为,应当以非法吸收公众存款罪分别追究相关行为主体的刑事责任:

(1)中介机构以提供信息中介服务为名,实际从事直接或间接归集资金、甚至自融或变相自融等行为,应当依法追究中介机构的刑事责任。特别要注意识别变相自融行为,如中介机构通过拆分融资项目期限、实行债权转让等方式为自己吸收资金的,应当认定为非法吸收公众存款。

(2)中介机构与借款人存在以下情形之一的,应当依法追究刑事责任:①中介机构与借款人合谋或者明知借款人存在违规情形,仍为其非法吸收公众存款提供服务的;中介机构与借款人合谋,采取向出借人提供信用担保、通过电子渠道以外的物理场所开展借贷业务等违规方式向社会公众吸收资金的;②双方合谋通过拆分融资项目期限、实行债权转让等方式为借款人吸收资金的。在对中介机构、借款人进行追诉时,应根据各自在非法集资中的地位、作用确定其刑事责任。中介机构虽然没有直接吸收资金,但是通过大肆组织借款人开展非法集资并从中收取费用数额巨大、情节严重的,可以认定为主犯。

(3)借款人故意隐瞒事实,违反规定,以自己名义或借用他人名义利用多个网络借贷平台发布借款信息,借款总额超过规定的最高限额,或将吸收资金用于明确禁止的投资股票、场外配资、期货合约等高风险行业,造成重大损失和社会影响的,应当依法追究借款人的刑事责任。对于借款人将借款主要用于正常的生产经营活动,能够及时清退所吸收资金,不作为犯罪处理。

9. 在非法吸收公众存款罪中,原则上认定主观故意并不要求以明知法律的禁止性规定为要件。特别是具备一定涉金融活动相关从业经历、专业背景或在犯罪活动中担任一定管理职务的犯罪嫌疑人,应当知晓相关金融法律管理规定,如果有证据证明其实际从事的行为应当批准而未经批准,行为在客观上具有非法性,原则上就可以认定其具有非法吸收公众存款的主观故意。在证明犯罪嫌疑人的主观故意时,可以收集运用犯罪嫌疑人的任职情况、职业经历、专业背景、培训经历、此前任职单位或者其本人因从事同类行为受到处罚情况等证据,证明犯罪嫌疑人提出的“不知道相关行为被法律所禁止,故不具有非法吸收公众存款的主观故意”等辩解不能成立。除此之外,还可以收集运用以下证据进一步印证犯罪嫌疑人知道或应当知道其所从事行为具有非法性,比如犯罪嫌疑人故意规避法律以逃避监管的相关证据:自己或要求下属与投资人签订虚假的亲友关系确认书,频繁更换宣传用语逃避监管,实际推介内容与宣传用语、实际经营状况不一致,刻意向投资人夸大公司兑付能力,在培训课程中传授或接受规避法律的方法,等等。

10. 对于无相关职业经历、专业背景,且从业时间短暂,在单位犯罪中层级较低,纯属执行单位领导指令的犯罪嫌疑人提出辩解的,如确实无其他证据证明其具有主观故意的,可以不作为犯罪处理。另外,实践中还存在犯罪嫌疑人提出因信赖行政主管部门出具的相关意见而陷入错误认识的辩解。如果上述辩解确有证据证明,不应作为犯罪处理,但应当对行政主管部门出具的相关意见及其出具过程进行查证,如存在以下情形之一,仍应认定犯罪嫌疑人具有非法吸收公众存款的主观故意:

(1)行政主管部门出具意见所涉及的行为与犯罪嫌疑人实际从事的行为不一致的;

(2)行政主管部门出具的意见未对是否存在非法吸收公众存款问题进行合法性审查,仅对其他合法性问题进行审查的;

(3)犯罪嫌疑人在行政主管部门出具意见时故意隐瞒事实、弄虚作假的;

(4)犯罪嫌疑人与出具意见的行政主管部门的工作人员存在利益输送行为的;

(5)犯罪嫌疑人存在其他影响和干扰行政主管部门出具意见公正性的情形的。

对于犯罪嫌疑人提出因信赖专家学者、律师等专业人士、主流新闻媒体宣传或有关行政主管部门工作人员的个人意见而陷入错误认识的辩解,不能作为犯罪嫌疑人判断自身行为合法性的根据和排除主观故意的理由。

11. 负责或从事吸收资金行为的犯罪嫌疑人非法吸收公众存款金额,根据其实际参与吸收的全部金额认定。但以下金额不应计入该犯罪嫌疑人的吸收金额:

(1)犯罪嫌疑人自身及其近亲属所投资的资金金额;

(2)记录在犯罪嫌疑人名下,但其未实际参与吸收且未从中收取任何形式好处的资金。

吸收金额经过司法会计鉴定的,可以将前述不计入部分直接扣除。但是,前述两项所涉金额仍应计入相对应的上一级负责人及所在单位的吸收金额。

12. 投资人在每期投资结束后,利用投资账户中的资金(包括每期投资结束后归还的本金、利息)进行反复投资的金额应当累计计算,但对反复投资的数额应当作出说明。对负责或从事行政管理、财务会计、技术服务等辅助工作的犯罪嫌疑人,应当按照其参与的犯罪事实,结合其在犯罪中的地位和作用,依法确定刑事责任范围。

13. 确定犯罪嫌疑人的吸收金额时,应当重点审查、运用以下证据:(1)涉案主体自身的服务器或第三方服务器上存储的交易记录等电子数据;(2)会计账簿和会计凭证;(3)银行账户交易记录、POS 机支付记录;(4)资金收付凭证、书面合同等书证。仅凭投资人报案数据不能认定吸收金额。

（二）集资诈骗行为的认定

14. 以非法占有为目的，使用诈骗方法非法集资，是集资诈骗罪的本质特征。是否具有非法占有目的，是区分非法吸收公众存款罪和集资诈骗罪的关键要件，对此要重点围绕融资项目真实性、资金去向、归还能力等事实进行综合判断。犯罪嫌疑人存在以下情形之一的，原则上可以认定具有非法占有目的：

（1）大部分资金未用于生产经营活动，或名义上投入生产经营但又通过各种方式抽逃转移资金的；

（2）资金使用成本过高，生产经营活动的盈利能力不具有支付全部本息的现实可能性的；

（3）对资金使用的决策极度不负责任或肆意挥霍造成资金缺口较大的；

（4）归还本息主要通过借新还旧来实现的；

（5）其他依照有关司法解释可以认定为非法占有目的的情形。

15. 对于共同犯罪或单位犯罪案件中，不同层级的犯罪嫌疑人之间存在犯罪目的发生转化或者犯罪目的明显不同的，应当根据犯罪嫌疑人的犯罪目的分别认定。

（1）注意区分犯罪目的发生转变的时间节点。犯罪嫌疑人在初始阶段仅具有非法吸收公众存款的故意，不具有非法占有目的，但在发生经营失败、资金链断裂等问题后，明知没有归还能力仍然继续吸收公众存款的，这一时间节点之后的行为应当认定为集资诈骗罪，此前的行为应当认定为非法吸收公众存款罪。

（2）注意区分犯罪嫌疑人的犯罪目的的差异。在共同犯罪或单位犯罪中，犯罪嫌疑人由于层级、职责分工、获取收益方式、对全部犯罪事实的知情程度等不同，其犯罪目的也存在不同。在非法集资犯罪中，有的犯罪嫌疑人具有非法占有的目的，有的则不具有非法占有目的，对此，应当分别认定为集资诈骗罪和非法吸收公众存款罪。

16. 证明主观上是否具有非法占有目的，可以重点收集、运用以下客观证据：

（1）与实施集资诈骗整体行为模式相关的证据：投资合同、宣传资料、培训内容等；

（2）与资金使用相关的证据：资金往来记录、会计账簿和会计凭证、资金使用成本（包括利息和佣金等）、资金决策使用过程、资金主要用途、财产转移情况等；

（3）与归还能力相关的证据：吸收资金所投资项目内容、投资实际经营情况、盈利能力、归还本息资金的主要来源、负债情况、是否存在虚构业绩等虚假宣传行为等；

（4）其他涉及欺诈等方面的证据：虚构融资项目进行宣传、隐瞒资金实际用途、隐匿销毁账簿；等等。司法会计鉴定机构对相关数据进行鉴定时，办案部门可以根据查证犯罪事实的需要提出重点鉴定的项目,保证司法会计鉴定意见与待证的构成要件事实之间的关联性。

17. 集资诈骗的数额,应当以犯罪嫌疑人实际骗取的金额计算。犯罪嫌疑人为吸收公众资金制造还本付息的假象,在诈骗的同时对部分投资人还本付息的,集资诈骗的金额以案发时实际未兑付的金额计算。案发后,犯罪嫌疑人主动退还集资款项的,不能从集资诈骗的金额中扣除,但可以作为量刑情节考虑。

(三)非法经营资金支付结算行为的认定

18. 支付结算业务(也称支付业务)是商业银行或者支付机构在收付款人之间提供的货币资金转移服务。非银行机构从事支付结算业务,应当经中国人民银行批准取得《支付业务许可证》,成为支付机构。未取得支付业务许可从事该业务的行为,违反《非法金融机构和非法金融业务活动取缔办法》第四条第一款第(三)、(四)项的规定,破坏了支付结算业务许可制度,危害支付市场秩序和安全,情节严重的,适用刑法第二百二十五条第(三)项,以非法经营罪追究刑事责任。具体情形:

(1)未取得支付业务许可经营基于客户支付账户的网络支付业务。无证网络支付机构为客户非法开立支付账户,客户先把资金支付到该支付账户,再由无证机构根据订单信息从支付账户平台将资金结算到收款人银行账户。

(2)未取得支付业务许可经营多用途预付卡业务。无证发卡机构非法发行可跨地区、跨行业、跨法人使用的多用途预付卡,聚集大量的预付卡销售资金,并根据客户订单信息向商户划转结算资金。

19. 在具体办案时,要深入剖析相关行为是否具备资金支付结算的实质特征,准确区分支付工具的正常商业流转与提供支付结算服务、区分单用途预付卡与多用途预付卡业务,充分考虑具体行为与"地下钱庄"等同类犯罪在社会危害方面的相当性以及刑事处罚的必要性,严格把握入罪和出罪标准。

三、依法认定单位犯罪及其责任人员

20. 涉互联网金融犯罪案件多以单位形式组织实施,所涉单位数量众多、层级复杂,其中还包括大量分支机构和关联单位,集团化特征明显。有的涉互联网金融犯罪案件中分支机构遍布全国,既有具备法人资格的,又有不具备法人资格的;既有受总公司直接领导的,又有受总公司的下属单位领导的。公安机关在立案时做法不一,有的对单位立案,有的不对单位立案,有的被立案的单位不具有独立法人资格,有的仅对最上层的单位立案而不对分支机构立案。对此,检察机关公诉部门在审查起诉时,应当从能够全面揭示犯罪行为基本特征、全面覆盖犯罪活动、准确界定区分各层级人员的地位作用、有利于有力指控犯罪、有利于追缴违法所得等方面依法具体把握,确定是否以单位犯罪追究。

21. 涉互联网金融犯罪所涉罪名中,刑法规定应当追究单位刑事责任的,对

同时具备以下情形且具有独立法人资格的单位,可以以单位犯罪追究:

(1)犯罪活动经单位决策实施;

(2)单位的员工主要按照单位的决策实施具体犯罪活动;

(3)违法所得归单位所有,经单位决策使用,收益亦归单位所有。但是,单位设立后专门从事违法犯罪活动的,应当以自然人犯罪追究刑事责任。

22. 对参与涉互联网金融犯罪,但不具有独立法人资格的分支机构,是否追究其刑事责任,可以区分两种情形处理:

(1)全部或部分违法所得归分支机构所有并支配,分支机构作为单位犯罪主体追究刑事责任;

(2)违法所得完全归分支机构上级单位所有并支配的,不能对分支机构作为单位犯罪主体追究刑事责任,而是应当对分支机构的上级单位(符合单位犯罪主体资格)追究刑事责任。

23. 分支机构认定为单位犯罪主体的,该分支机构相关涉案人员应当作为该分支机构的“直接负责的主管人员”或者“其他直接责任人员”追究刑事责任。仅将分支机构的上级单位认定为单位犯罪主体的,该分支机构相关涉案人员可以作为该上级单位的“其他直接责任人员”追究刑事责任。

24. 对符合追诉条件的分支机构(包括具有独立法人资格的和不具有独立法人资格)及其所属单位,公安机关均没有作为犯罪嫌疑单位移送审查起诉,仅将其所属单位的上级单位作为犯罪嫌疑单位移送审查起诉的,对相关分支机构涉案人员可以区分以下情形处理:

(1)有证据证明被立案的上级单位(比如总公司)在业务、财务、人事等方面对下属单位及其分支机构进行实际控制,下属单位及其分支机构涉案人员可以作为被移送审查起诉的上级单位的“其他直接责任人员”追究刑事责任。在证明实际控制关系时,应当收集、运用公司决策、管理、考核等相关文件,OA系统等电子数据,资金往来记录等证据。对不同地区同一单位的分支机构涉案人员起诉时,证明实际控制关系的证据体系、证明标准应基本一致。

(2)据现有证据无法证明被立案的上级单位与下属单位及其分支机构之间存在实际控制关系的,对符合单位犯罪构成要件的下属单位或分支机构应当补充起诉,下属单位及其分支机构已不具备补充起诉条件的,可以将下属单位及其分支机构的涉案犯罪嫌疑人直接起诉。

四、综合运用定罪量刑情节

25. 在办理跨区域涉互联网金融犯罪案件时,在追诉标准、追诉范围以及量刑建议等方面应当注意统一平衡。对于同一单位在多个地区分别设立分支机构的,在同一省(自治区、直辖市)范围内应当保持基本一致。分支机构所涉犯罪嫌疑人与上级单位主要犯罪嫌疑人之间应当保持适度平衡,防止出现责任轻重“倒挂”的现象。

26. 单位犯罪中,直接负责的主管人员和其他直接责任人员在涉互联网金融犯罪案件中的地位、作用存在明显差别的,可以区分主犯和从犯。对起组织领导作用的总公司的直接负责的主管人员和发挥主要作用的其他直接责任人员,可以认定为全案的主犯,其他人员可以认定为从犯。

27. 最大限度减少投资人的实际损失是办理涉互联网金融犯罪案件特别是非法集资案件的重要工作。在决定是否起诉、提出量刑建议时,要重视对是否具有认罪认罚、主动退赃退赔等情节的考察。分支机构涉案人员积极配合调查、主动退还违法所得、真诚认罪悔罪的,应当依法提出从轻、减轻处罚的量刑建议。其中,对情节轻微、可以免予刑事处罚的,或者情节显著轻微、危害不大、不认为是犯罪的,应当依法作出不起诉决定。对被不起诉人需要给予行政处罚或者没收违法所得的,应当向行政主管部门提出检察意见。

五、证据的收集、审查与运用

28. 涉互联网金融犯罪案件证据种类复杂、数量庞大、且分散于各地,收集、审查、运用证据的难度大。各地检察机关公诉部门要紧紧围绕证据的真实性、合法性、关联性,引导公安机关依法全面收集固定证据,加强证据的审查、运用,确保案件事实经得起法律的检验。

29. 对于重大、疑难、复杂涉互联网金融犯罪案件,检察机关公诉部门要依法提前介入侦查,围绕指控犯罪的需要积极引导公安机关全面收集固定证据,必要时与公安机关共同会商,提出完善侦查思路、侦查提纲的意见建议。加强对侦查取证合法性的监督,对应当依法排除的非法证据坚决予以排除,对应当补正或作出合理解释的及时提出意见。

30. 电子数据在涉互联网金融犯罪案件的证据体系中地位重要,对于指控证实相关犯罪事实具有重要作用。随着互联网技术的不断发展,电子数据的形式、载体出现了许多新的变化,对电子数据的勘验、提取、审查等提出了更高要求,处理不当会对电子数据的真实性、合法性造成不可逆转的损害。检察机关公诉部门要严格执行《最高人民法院、最高人民检察院、公安部关于办理刑事案件收集提取和审查判断电子数据问题的若干规定》(法发〔2016〕22 号),加强对电子数据收集、提取程序和技术标准的审查,确保电子数据的真实性、合法性。对云存储电子数据等新类型电子数据进行提取、审查时,要高度重视程序合法性、数据完整性等问题,必要时主动征求相关领域专家意见,在提取前会同公安机关、云存储服务提供商制定科学合法的提取方案,确保万无一失。

31. 落实“三统两分”要求,健全证据交换共享机制,协调推进跨区域案件办理。对涉及主案犯罪嫌疑人的证据,一般由主案侦办地办案机构负责收集,其他地区提供协助。其他地区办案机构需要主案侦办地提供证据材料的,应当向主案侦办地办案机构提出证据需求,由主案侦办地办案机构收集并依法移送。无法移送证据原件的，应当在移送复制件的同时，按照相关规定作出说明。各地检察机关公诉部门之间要加强协作，加强与公安机关的协调，督促本地公安机关与其他地区公安机关做好证据交换共享相关工作。案件进入审查起诉阶段后，检察机关公诉部门可以根据案件需要，直接向其他地区检察机关调取证据，其他地区检察机关公诉部门应积极协助。此外，各地检察机关在办理案件过程中发现对其他地区案件办理有重要作用的证据，应当及时采取措施并通知相应检察机关，做好依法移送工作。

六、投资人合法权益的保护

32. 涉互联网金融犯罪案件投资人诉求复杂多样，矛盾化解和维护稳定工作任务艰巨繁重，各地检察机关公诉部门在办案过程中要坚持刑事追诉和权益保护并重，根据《刑事诉讼法》等相关法律规定，依法保证互联网金融活动中投资人的合法权益，坚持把追赃挽损等工作贯穿到侦查、起诉、审判各个环节，配合公安、法院等部门最大限度减少投资人的实际损失，加强与本院控申部门、公安机关的联系沟通，及时掌握涉案动态信息，认真开展办案风险评估预警工作，周密制定处置预案，并落实责任到位，避免因部门之间衔接不畅、处置不当造成工作被动。发现重大风险隐患的，及时向有关部门通报情况，必要时逐级上报高检院。

随着互联网金融的发展，涉互联网金融犯罪中的新情况、新问题还将不断出现，各地检察机关公诉部门要按照会议纪要的精神，结合各地办案实际，依法办理涉互联网金融犯罪案件；在办好案件的同时，要不断总结办案经验，加强对重大疑难复杂案件的研究，努力提高办理涉互联网金融犯罪案件的能力和水平，为促进互联网金融规范发展、保障经济社会大局稳定作出积极贡献。在办案过程中遇到疑难问题的，要及时层报高检院公诉厅。

最高人民法院、最高人民检察院关于办理侵犯著作权刑事案件中涉及录音录像制品有关问题的批复

1. 2005年10月13日公布
2. 法释〔2005〕12号
3. 自2005年10月18日起施行

各省、自治区、直辖市高级人民法院、人民检察院，解放军军事法院、军事检察院，新疆维吾尔自治区高级人民法院生产建设兵团分院、新疆生产建设兵团人民检察院：

《最高人民法院、最高人民检察院关于办理侵犯知识产权刑事案件具体应用法律若干问题的解释》发布以后，部分高级人民法院、省级人民检察院就关于办理侵犯著作权刑事案件中涉及录音录像制品的有关问题提出请示。经研究，批复如下：

以营利为目的，未经录音录像制作者许可，复制发行其制作的录音录像制品的行为，复制品的数量标准分别适用《最高人民法院、最高人民检察院关于办理侵犯知识产权刑事案件具体应用法律若干问题的解释》第五条第一款第（二）项、第二款第（二）项的规定。

未经录音录像制作者许可，通过信息网络传播其制作的录音录像制品的行为，应当视为刑法第二百一十七条第（三）项规定的“复制发行”。

此复。

最高人民法院、最高人民检察院关于利用网络云盘制作、复制、贩卖、传播淫秽电子信息牟利行为定罪量刑问题的批复

1. 2017年11月22日公布
2. 法释〔2017〕19号
3. 自2017年12月1日起施行

各省、自治区、直辖市高级人民法院、人民检察院，解放军军事法院、军事检察院，新疆维吾尔自治区高级人民法院生产建设兵团分院、新疆生产建设兵团人民检察院：

近来，部分高级人民法院、省级人民检察院就如何对利用网络云盘制作、复制、贩卖、传播淫秽电子信息牟利行为定罪量刑的问题提出请示。经研究，批复如下：

一、对于以牟利为目的，利用网络云盘制作、复制、贩卖、传播淫秽电子信息的行为，是否应当追究刑事责任，适用刑法和《最高人民法院、最高人民检察院关于办理利用互联网、移动通讯终端、声讯台制作、复制、出版、贩卖、传播淫秽电子信息刑事案件具体应用法律若干问题的解释》（法释〔2004〕11号）、《最高人民法院、最高人民检察院关于办理利用互联网、移动通讯终端、声讯台制作、复制、出版、贩卖、传播淫秽电子信息刑事案件具体应用法律若干问题的解释（二）》（法释〔2010〕3号）的有关规定。

二、对于以牟利为目的，利用网络云盘制作、复制、贩卖、传播淫秽电子信息的行为，在追究刑事责任时，鉴于网络云盘的特点，不应单纯考虑制作、复制、贩卖、传播淫秽电子信息的数量，还应充分考虑传播范围、违法所得、行为人一贯表现以及淫秽电子信息、传播对象是否涉及未成年人等情节，综合评估社会危害性，恰当裁量刑罚，确保罪责刑相适应。

此复。

最高人民法院、最高人民检察院、公安部、工业和信息化部、中国人民银行、中国银行业监督管理委员会关于防范和打击电信网络诈骗犯罪的通告

2016年9月23日发布

电信网络诈骗犯罪是严重影响人民群众合法权益、破坏社会和谐稳定的社会公害,必须坚决依法严惩。为切实保障广大人民群众合法权益,维护社会和谐稳定,根据《中华人民共和国刑法》《中华人民共和国刑事诉讼法》《全国人民代表大会常务委员会关于加强网络信息保护的决定》等有关规定,现就防范和打击电信网络诈骗犯罪相关事项通告如下:

一、凡是实施电信网络诈骗犯罪的人员,必须立即停止一切违法犯罪活动。自本通告发布之日起至2016年10月31日,主动投案、如实供述自己罪行的,依法从轻或者减轻处罚,在此规定期限内拒不投案自首的,将依法从严惩处。

二、公安机关要主动出击,将电信网络诈骗案件依法立为刑事案件,集中侦破一批案件、打掉一批犯罪团伙、整治一批重点地区,坚决拔掉一批地域性职业电信网络诈骗犯罪"钉子"。对电信网络诈骗案件,公安机关、人民检察院、人民法院要依法快侦、快捕、快诉、快审、快判,坚决遏制电信网络诈骗犯罪发展蔓延势头。

三、电信企业(含移动转售企业,下同)要严格落实电话用户真实身份信息登记制度,确保到2016年10月底前全部电话实名率达到96%,年底前达到100%。未实名登记的单位和个人,应按要求对所持有的电话进行实名登记,在规定时间内未完成真实身份信息登记的,一律予以停机。电信企业在为新入网用户办理真实身份信息登记手续时,要通过采取二代身份证识别设备、联网核验等措施验证用户身份信息,并现场拍摄和留存用户照片。

四、电信企业立即开展一证多卡用户的清理,对同一用户在同一家基础电信企业或同一移动转售企业办理有效使用的电话卡达到5张的,该企业不得为其开办新的电话卡。电信企业和互联网企业要采取措施阻断改号软件网上发布、搜索、传播、销售渠道,严禁违法网络改号电话的运行、经营。电信企业要严格规范国际通信业务出入口局主叫号码传送,全面实施语音专线规范清理和主叫鉴权,加大网内和网间虚假主叫发现与拦截力度,立即清理规范一号通、商务总机、400等电话业务,对违规经营的网络电话业务一律依法予以取缔,对违规经营的各级代理商责令限期整改,逾期不改的一律由相关部门吊销执照,并严肃追究民事、行政责任。移动转售企业要依法开展业务,对整治不力、屡次违规的移动转售企业,将依法坚决查处,直至取消相应资质。

五、各商业银行要抓紧完成借记卡存量清理工作，严格落实“同一客户在同一商业银行开立借记卡原则上不得超过4张”等规定。任何单位和个人不得出租、出借、出售银行账户（卡）和支付账户，构成犯罪的依法追究刑事责任。自2016年12月1日起，同一个人在同一家银行业金融机构只能开立一个Ⅰ类银行账户，在同一家非银行支付机构只能开立一个Ⅲ类支付账户。自2017年起，银行业金融机构和非银行支付机构对经设区市级及以上公安机关认定的出租、出借、出售、购买银行账户（卡）或支付账户的单位和个人及相关组织者，假冒他人身份或虚构代理关系开立银行账户（卡）或支付账户的单位和个人，5年内停止其银行账户（卡）非柜面业务、支付账户所有业务，3年内不得为其新开立账户。对经设区市级及以上公安机关认定为被不法分子用于电信网络诈骗作案的涉案账户，将对涉案账户开户人名下其他银行账户暂停非柜面业务，支付账户暂停全部业务。自2016年12月1日起，个人通过银行自助柜员机向非同名账户转账的，资金24小时后到账。

六、严禁任何单位和个人非法获取、非法出售、非法向他人提供公民个人信息。对泄露、买卖个人信息的违法犯罪行为，坚决依法打击。对互联网上发布的贩卖信息、软件、木马病毒等要及时监控、封堵、删除，对相关网站和网络账号要依法关停，构成犯罪的依法追究刑事责任。

七、电信企业、银行、支付机构和银联，要切实履行主体责任，对责任落实不到位导致被不法分子用于实施电信网络诈骗犯罪的，要依法追究责任。各级行业主管部门要落实监管责任，对监管不到位的，要严肃问责。对因重视不够，防范、打击、整治措施不落实，导致电信网络诈骗犯罪问题严重的地区、部门、国有电信企业、银行和支付机构，坚决依法实行社会治安综合治理“一票否决”，并追究相关责任人的责任。

八、各地各部门要加大宣传力度，广泛开展宣传报道，形成强大舆论声势。要运用多种媒体渠道，及时向公众发布电信网络犯罪预警提示，普及法律知识，提高公众对各类电信网络诈骗的鉴别能力和安全防范意识。

九、欢迎广大人民群众积极举报相关违法犯罪线索，对在捣毁特大犯罪窝点、打掉特大犯罪团伙中发挥重要作用的，予以重奖，并依法保护举报人的个人信息及安全。

本通告自发布之日起施行。

人民检察院办理网络犯罪案件规定

2021年1月22日发布

第一章　一般规定

第一条　为规范人民检察院办理网络犯罪案件，维护国家安全、网络安全、社会公共利益，保护公民、法人和其他组织的合法权益，根据《中华人民共和国刑事诉讼法》《人民检察院刑事诉讼规则》等规定，结合司法实践，制定本规定。

第二条　本规定所称网络犯罪是指针对信息网络实施的犯罪，利用信息网络实施的犯罪，以及其他上下游关联犯罪。

第三条　人民检察院办理网络犯罪案件应当加强全链条惩治，注重审查和发现上下游关联犯罪线索。对涉嫌犯罪，公安机关未立案侦查、应当提请批准逮捕而未提请批准逮捕或者应当移送起诉而未移送起诉的，依法进行监督。

第四条　人民检察院办理网络犯罪案件应当坚持惩治犯罪与预防犯罪并举，建立捕、诉、监、防一体的办案机制，加强以案释法，发挥检察建议的作用，促进有关部门、行业组织、企业等加强网络犯罪预防和治理，净化网络空间。

第五条　网络犯罪案件的管辖适用刑事诉讼法及其他相关规定。

有多个犯罪地的，按照有利于查清犯罪事实、有利于保护被害人合法权益、保证案件公正处理的原则确定管辖。

因跨区域犯罪、共同犯罪、关联犯罪等原因存在管辖争议的，由争议的人民检察院协商解决，协商不成的，报请共同的上级人民检察院指定管辖。

第六条　人民检察院办理网络犯罪案件应当发挥检察一体化优势，加强跨区域协作办案，强化信息互通、证据移交、技术协作，增强惩治网络犯罪的合力。

第七条　人民检察院办理网络犯罪案件应当加强对电子数据收集、提取、保全、固定等的审查，充分运用同一电子数据往往具有的多元关联证明作用，综合运用电子数据与其他证据，准确认定案件事实。

第八条　建立检察技术人员、其他有专门知识的人参与网络犯罪案件办理制度。根据案件办理需要，吸收检察技术人员加入办案组辅助案件办理。积极探索运用大数据、云计算、人工智能等信息技术辅助办案，提高网络犯罪案件办理的专业化水平。

第九条　人民检察院办理网络犯罪案件，对集团犯罪或者涉案人数众多的，根据行为人的客观行为、主观恶性、犯罪情节及地位、作用等综合判断责任轻重和刑事追究的必要性，按照区别对待原则分类处理，依法追诉。

第十条　人民检察院办理网络犯罪案件应当把追赃挽损贯穿始终，主动加强与有关机关协作，保证及时查封、扣押、冻结涉案财物，阻断涉案财物移转链条，督促涉案人员退赃退赔。

第二章　引导取证和案件审查

第十一条　人民检察院办理网络犯罪案件应当重点围绕主体身份同一性、技术手段违法性、上下游行为关联性等方面全面审查案件事实和证据，注重电子数据与其他证据之间的相互印证，构建完整的证据体系。

第十二条 经公安机关商请，根据追诉犯罪的需要，人民检察院可以派员适时介入重大、疑难、复杂网络犯罪案件的侦查活动，并对以下事项提出引导取证意见：

（一）案件的侦查方向及可能适用的罪名；

（二）证据的收集、提取、保全、固定、检验、分析等；

（三）关联犯罪线索；

（四）追赃挽损工作；

（五）其他需要提出意见的事项。

人民检察院开展引导取证活动时，涉及专业性问题的，可以指派检察技术人员共同参与。

第十三条 人民检察院可以通过以下方式了解案件办理情况：

（一）查阅案件材料；

（二）参加公安机关对案件的讨论；

（三）了解讯（询）问犯罪嫌疑人、被害人、证人的情况；

（四）了解、参与电子数据的收集、提取；

（五）其他方式。

第十四条 人民检察院介入网络犯罪案件侦查活动，发现关联犯罪或其他新的犯罪线索，应当建议公安机关依法立案或移送相关部门；对于犯罪嫌疑人不构成犯罪的，依法监督公安机关撤销案件。

第十五条 人民检察院可以根据案件侦查情况，向公安机关提出以下取证意见：

（一）能够扣押、封存原始存储介质的，及时扣押、封存；

（二）扣押可联网设备时，及时采取信号屏蔽、信号阻断或者切断电源等方式，防止电子数据被远程破坏；

（三）及时提取账户密码及相应数据，如电子设备、网络账户、应用软件等的账户密码，以及存储于其中的聊天记录、电子邮件、交易记录等；

（四）及时提取动态数据，如内存数据、缓存数据、网络连接数据等；

（五）及时提取依赖于特定网络环境的数据，如点对点网络传输数据、虚拟专线网络中的数据等；

（六）及时提取书证、物证等客观证据，注意与电子数据相互印证。

第十六条 对于批准逮捕后要求公安机关继续侦查、不批准逮捕后要求公安机关补充侦查或者审查起诉退回公安机关补充侦查的网络犯罪案件，人民检察院应当重点围绕本规定第十二条第一款规定的事项，有针对性地制作继续侦查提纲或者补充侦查提纲。对于专业性问题，应当听取检察技术人员或者其他有专门知识的人的意见。

人民检察院应当及时了解案件继续侦查或者补充侦查的情况。

第十七条 认定网络犯罪的犯罪嫌疑人，应当结合全案证据，围绕犯罪嫌疑人与原始存储介质、电子数据的关联性、犯罪嫌疑人网络身份与现实身份的同一性，注重审查以下内容：

（一）扣押、封存的原始存储介质是否为犯罪嫌疑人所有、持有或者使用；

（二）社交、支付结算、网络游戏、电子商务、物流等平台的账户信息、身份认证信息、数字签名、生物识别信息等是否与犯罪嫌疑人身份关联；

（三）通话记录、短信、聊天信息、文档、图片、语音、视频等文件内容是否能够反映犯罪嫌疑人的身份；

（四）域名、IP 地址、终端 MAC 地址、通信基站信息等是否能够反映电子设备为犯罪嫌疑人所使用；

（五）其他能够反映犯罪嫌疑人主体身份的内容。

第十八条　认定犯罪嫌疑人的客观行为，应当结合全案证据，围绕其利用的程序工具、技术手段的功能及其实现方式、犯罪行为和结果之间的关联性，注重审查以下内容：

（一）设备信息、软件程序代码等作案工具；

（二）系统日志、域名、IP 地址、WiFi 信息、地理位置信息等是否能够反映犯罪嫌疑人的行为轨迹；

（三）操作记录、网络浏览记录、物流信息、交易结算记录、即时通信信息等是否能够反映犯罪嫌疑人的行为内容；

（四）其他能够反映犯罪嫌疑人客观行为的内容。

第十九条　认定犯罪嫌疑人的主观方面，应当结合犯罪嫌疑人的认知能力、专业水平、既往经历、人员关系、行为次数、获利情况等综合认定，注重审查以下内容：

（一）反映犯罪嫌疑人主观故意的聊天记录、发布内容、浏览记录等；

（二）犯罪嫌疑人行为是否明显违背系统提示要求、正常操作流程；

（三）犯罪嫌疑人制作、使用或者向他人提供的软件程序是否主要用于违法犯罪活动；

（四）犯罪嫌疑人支付结算的对象、频次、数额等是否明显违反正常交易习惯；

（五）犯罪嫌疑人是否频繁采用隐蔽上网、加密通信、销毁数据等措施或者使用虚假身份；

（六）其他能够反映犯罪嫌疑人主观方面的内容。

第二十条　认定犯罪行为的情节和后果，应当结合网络空间、网络行为的特性，从违法所得、经济损失、信息系统的破坏、网络秩序的危害程度以及对被害人的侵害程度等综合判断，注重审查以下内容：

（一）聊天记录、交易记录、音视频文件、数据库信息等能够反映犯罪嫌疑人违法所得、获取和传播数据及文件的性质、数量的内容；

（二）账号数量、信息被点击次数、浏览次数、被转发次数等能够反映犯罪行为对网络空间秩序产生影响的内容；

（三）受影响的计算机信息系统数量、服务器日志信息等能够反映犯罪行为对信息网络运行造成影响程度的内容；

（四）被害人数量、财产损失数额、名誉侵害的影响范围等能够反映犯罪行为对被害人的人身、财产等造成侵害的内容；

（五）其他能够反映犯罪行为情节、后果的内容。

第二十一条　人民检察院办理网络犯罪案件，确因客观条件限制无法逐一收集相关言词证据的，可以根据记录被害人人数、被侵害的计算机信息系统数量、涉案资金数额等犯罪事实的电子数据、书证等证据材料，在审查被告人及其辩护人所提辩解、辩护意见的基础上，综合全案证据材料，对相关犯罪事实作出认定。

第二十二条　对于数量众多的同类证据材料，在证明是否具有同样的性质、特征或者功能时，因客观条件限制不能全部验证的，可以进行抽样验证。

第二十三条　对鉴定意见、电子数据等技术性证据材料，需要进行专门审查的，应当指派检察技术人员或者聘请其他有专门知识的人进行审查并提出意见。

第二十四条　人民检察院在审查起诉过程中，具有下列情形之一的，可以依法自行侦查：

（一）公安机关未能收集的证据，特别是存在灭失、增加、删除、修改风险的电子数据，需要及时收集和固定的；

（二）经退回补充侦查未达到补充侦查要求的；

（三）其他需要自行侦查的情形。

第二十五条　自行侦查由检察官组织实施，开展自行侦查的检察人员不得少于二人。需要技术支持和安全保障的，由人民检察院技术部门和警务部门派员协助。必要时，可以要求公安机关予以配合。

第二十六条　人民检察院办理网络犯罪案件的部门，发现或者收到侵害国家利益、社会公共利益的公益诉讼案件线索的，应当及时移送负责公益诉讼的部门处理。

第三章　电子数据的审查

第二十七条　电子数据是以数字化形式存储、处理、传输的，能够证明案件事实的数据，主要包括以下形式：

（一）网页、社交平台、论坛等网络平台发布的信息；

（二）手机短信、电子邮件、即时通信、通讯群组等网络通讯信息；

（三）用户注册信息、身份认证信息、数字签名、生物识别信息等用户身份信息；

（四）电子交易记录、通信记录、浏览记录、操作记录、程序安装、运行、删除记录等用户行为信息；

（五）恶意程序、工具软件、网站源代码、运行脚本等行为工具信息；

（六）系统日志、应用程序日志、安全日志、数据库日志等系统运行信息；

（七）文档、图片、音频、视频、数字证书、数据库文件等电子文件及其创建时间、访问时间、修改时间、大小等文件附属信息。

第二十八条　电子数据取证主要包括以下方式:收集、提取电子数据;电子数据检查和侦查实验;电子数据检验和鉴定。

收集、提取电子数据可以采取以下方式:

(一)扣押、封存原始存储介质;

(二)现场提取电子数据;

(三)在线提取电子数据;

(四)冻结电子数据;

(五)调取电子数据。

第二十九条　人民检察院办理网络犯罪案件,应当围绕客观性、合法性、关联性的要求对电子数据进行全面审查。注重审查电子数据与案件事实之间的多元关联,加强综合分析,充分发挥电子数据的证明作用。

第三十条　对电子数据是否客观、真实,注重审查以下内容:

(一)是否移送原始存储介质,在原始存储介质无法封存、不便移动时,是否说明原因,并注明相关情况;

(二)电子数据是否有数字签名、数字证书等特殊标识;

(三)电子数据的收集、提取过程及结果是否可以重现;

(四)电子数据有增加、删除、修改等情形的,是否附有说明;

(五)电子数据的完整性是否可以保证。

第三十一条　对电子数据是否完整,注重审查以下内容:

(一)原始存储介质的扣押、封存状态是否完好;

(二)比对电子数据完整性校验值是否发生变化;

(三)电子数据的原件与备份是否相同;

(四)冻结后的电子数据是否生成新的操作日志。

第三十二条　对电子数据的合法性,注重审查以下内容:

(一)电子数据的收集、提取、保管的方法和过程是否规范;

(二)查询、勘验、扣押、调取、冻结等的法律手续是否齐全;

(三)勘验笔录、搜查笔录、提取笔录等取证记录是否完备;

(四)是否由符合法律规定的取证人员、见证人、持有人(提供人)等参与,因客观原因没有见证人、持有人(提供人)签名或者盖章的,是否说明原因;

(五)是否按照有关规定进行同步录音录像;

(六)对于收集、提取的境外电子数据是否符合国(区)际司法协作及相关法律规定的要求。

第三十三条　对电子数据的关联性,注重审查以下内容:

(一)电子数据与案件事实之间的关联性;

(二)电子数据及其存储介质与案件当事人之间的关联性。

第三十四条　原始存储介质被扣押封存的,注重从以下方面审查扣押封存过程是否规范：

（一）是否记录原始存储介质的品牌、型号、容量、序列号、识别码、用户标识等外观信息，是否与实物一一对应；

（二）是否封存或者计算完整性校验值，封存前后是否拍摄被封存原始存储介质的照片，照片是否清晰反映封口或者张贴封条处的状况；

（三）是否由取证人员、见证人、持有人（提供人）签名或者盖章。

第三十五条 对原始存储介质制作数据镜像予以提取固定的，注重审查以下内容：

（一）是否记录原始存储介质的品牌、型号、容量、序列号、识别码、用户标识等外观信息，是否记录原始存储介质的存放位置、使用人、保管人；

（二）是否附有制作数据镜像的工具、方法、过程等必要信息；

（三）是否计算完整性校验值；

（四）是否由取证人员、见证人、持有人（提供人）签名或者盖章。

第三十六条 提取原始存储介质中的数据内容并予以固定的，注重审查以下内容：

（一）是否记录原始存储介质的品牌、型号、容量、序列号、识别码、用户标识等外观信息，是否记录原始存储介质的存放位置、使用人、保管人；

（二）所提取数据内容的原始存储路径，提取的工具、方法、过程等信息，是否一并提取相关的附属信息、关联痕迹、系统环境等信息；

（三）是否计算完整性校验值；

（四）是否由取证人员、见证人、持有人（提供人）签名或者盖章。

第三十七条 对于在线提取的电子数据，注重审查以下内容：

（一）是否记录反映电子数据来源的网络地址、存储路径或者数据提取时的进入步骤等；

（二）是否记录远程计算机信息系统的访问方式、电子数据的提取日期和时间、提取的工具、方法等信息，是否一并提取相关的附属信息、关联痕迹、系统环境等信息；

（三）是否计算完整性校验值；

（四）是否由取证人员、见证人、持有人（提供人）签名或者盖章。

对可能无法重复提取或者可能出现变化的电子数据，是否随案移送反映提取过程的拍照、录像、截屏等材料。

第三十八条 对冻结的电子数据，注重审查以下内容：

（一）冻结手续是否符合规定；

（二）冻结的电子数据是否与案件事实相关；

（三）冻结期限是否即将到期、有无必要继续冻结或者解除；

（四）冻结期间电子数据是否被增加、删除、修改等。

第三十九条 对调取的电子数据，注重审查以下内容：

（一）调取证据通知书是否注明所调取的电子数据的相关信息；

（二）被调取单位、个人是否在通知

书回执上签名或者盖章；

（三）被调取单位、个人拒绝签名、盖章的，是否予以说明；

（四）是否计算完整性校验值或者以其他方法保证电子数据的完整性。

第四十条 对电子数据进行检查、侦查实验，注重审查以下内容：

（一）是否记录检查过程、检查结果和其他需要记录的内容，并由检查人员签名或者盖章；

（二）是否记录侦查实验的条件、过程和结果，并由参加侦查实验的人员签名或者盖章；

（三）检查、侦查实验使用的电子设备、网络环境等是否与发案现场一致或者基本一致；

（四）是否使用拍照、录像、录音、通信数据采集等一种或者多种方式客观记录检查、侦查实验过程。

第四十一条 对电子数据进行检验、鉴定，注重审查以下内容：

（一）鉴定主体的合法性。包括审查司法鉴定机构、司法鉴定人员的资质，委托鉴定事项是否符合司法鉴定机构的业务范围，鉴定人员是否存在回避等情形；

（二）鉴定材料的客观性。包括鉴定材料是否真实、完整、充分，取得方式是否合法，是否与原始电子数据一致；

（三）鉴定方法的科学性。包括鉴定方法是否符合国家标准、行业标准，方法标准的选用是否符合相关规定；

（四）鉴定意见的完整性。是否包含委托人、委托时间、检材信息、鉴定或者分析论证过程、鉴定结果以及鉴定人签名、日期等内容；

（五）鉴定意见与其他在案证据能否相互印证。

对于鉴定机构以外的机构出具的检验、检测报告，可以参照本条规定进行审查。

第四十二条 行政机关在行政执法和查办案件过程中依法收集、提取的电子数据，人民检察院经审查符合法定要求的，可以作为刑事案件的证据使用。

第四十三条 电子数据的收集、提取程序有下列瑕疵，经补正或者作出合理解释的，可以采用；不能补正或者作出合理解释的，不得作为定案的根据：

（一）未以封存状态移送的；

（二）笔录或者清单上没有取证人员、见证人、持有人（提供人）签名或者盖章的；

（三）对电子数据的名称、类别、格式等注明不清的；

（四）有其他瑕疵的。

第四十四条 电子数据系篡改、伪造、无法确定真伪的，或者有其他无法保证电子数据客观、真实情形的，不得作为定案的根据。

电子数据有增加、删除、修改等情形，但经司法鉴定、当事人确认等方式确定与案件相关的重要数据未发生变化，或者能够还原电子数据原始状态、查清变化过程的，可以作为定案的根据。

第四十五条 对于无法直接展示的

电子数据，人民检察院可以要求公安机关提供电子数据的内容、存储位置、附属信息、功能作用等情况的说明，随案移送人民法院。

第四章 出庭支持公诉

第四十六条 人民检察院依法提起公诉的网络犯罪案件，具有下列情形之一的，可以建议人民法院召开庭前会议：

（一）案情疑难复杂的；

（二）跨国（边）境、跨区域案件社会影响重大的；

（三）犯罪嫌疑人、被害人等人数众多、证据材料较多的；

（四）控辩双方对电子数据合法性存在较大争议的；

（五）案件涉及技术手段专业性强，需要控辩双方提前交换意见的；

（六）其他有必要召开庭前会议的情形。

必要时，人民检察院可以向法庭申请指派检察技术人员或者聘请其他有专门知识的人参加庭前会议。

第四十七条 人民法院开庭审理网络犯罪案件，公诉人出示证据可以借助多媒体示证、动态演示等方式进行。必要时，可以向法庭申请指派检察技术人员或者聘请其他有专门知识的人进行相关技术操作，并就专门性问题发表意见。

公诉人在出示电子数据时，应当从以下方面进行说明：

（一）电子数据的来源、形成过程；

（二）电子数据所反映的犯罪手段、人员关系、资金流向、行为轨迹等案件事实；

（三）电子数据与被告人供述、被害人陈述、证人证言、物证、书证等的相互印证情况；

（四）其他应当说明的内容。

第四十八条 在法庭审理过程中，被告人及其辩护人针对电子数据的客观性、合法性、关联性提出辩解或者辩护意见的，公诉人可以围绕争议点从证据来源是否合法，提取、复制、制作过程是否规范，内容是否真实完整，与案件事实有无关联等方面，有针对性地予以答辩。

第四十九条 支持、推动人民法院开庭审判网络犯罪案件全程录音录像。对庭审全程录音录像资料，必要时人民检察院可以商请人民法院复制，并将存储介质附检察卷宗保存。

第五章 跨区域协作办案

第五十条 对跨区域网络犯罪案件，上级人民检察院应当加强统一指挥和统筹协调，相关人民检察院应当加强办案协作。

第五十一条 上级人民检察院根据办案需要，可以统一调用辖区内的检察人员参与办理网络犯罪案件。

第五十二条 办理关联网络犯罪案件的人民检察院可以相互申请查阅卷宗材料、法律文书，了解案件情况，被申请的人民检察院应当予以协助。

第五十三条 承办案件的人民检察院需要向办理关联网络犯罪案件的人民

检察院调取证据材料的,可以持相关法律文书和证明文件申请调取在案证据材料,被申请的人民检察院应当配合。

第五十四条 承办案件的人民检察院需要异地调查取证的,可以将相关法律文书及证明文件传输至证据所在地的人民检察院,请其代为调查取证。相关法律文书应当注明具体的取证对象、方式、内容和期限等。

被请求协助的人民检察院应当予以协助,及时将取证结果送达承办案件的人民检察院;无法及时调取的,应当作出说明。被请求协助的人民检察院有异议的,可以与承办案件的人民检察院进行协商;无法解决的,由承办案件的人民检察院报请共同的上级人民检察院决定。

第五十五条 承办案件的人民检察院需要询问异地证人、被害人的,可以通过远程视频系统进行询问,证人、被害人所在地的人民检察院应当予以协助。远程询问的,应当对询问过程进行同步录音录像。

第六章 跨国(边)境司法协作

第五十六条 办理跨国网络犯罪案件应当依照《中华人民共和国国际刑事司法协助法》及我国批准加入的有关刑事司法协助条约,加强国际司法协作,维护我国主权、安全和社会公共利益,尊重协作国司法主权、坚持平等互惠原则,提升跨国司法协作质效。

第五十七条 地方人民检察院在案件办理中需要向外国请求刑事司法协助的,应当制作刑事司法协助请求书并附相关材料,经报最高人民检察院批准后,由我国与被请求国间司法协助条约规定的对外联系机关向外国提出申请。没有刑事司法协助条约的,通过外交途径联系。

第五十八条 人民检察院参加现场移交境外证据的检察人员不少于二人,外方有特殊要求的除外。

移交、开箱、封存、登记的情况应当制作笔录,由最高人民检察院或者承办案件的人民检察院代表、外方移交人员签名或者盖章,一般应当全程录音录像。有其他见证人的,在笔录中注明。

第五十九条 人民检察院对境外收集的证据,应当审查证据来源是否合法、手续是否齐备以及证据的移交、保管、转换等程序是否连续、规范。

第六十条 人民检察院办理涉香港特别行政区、澳门特别行政区、台湾地区的网络犯罪案件,需要当地有关部门协助的,可以参照本规定及其他相关规定执行。

第七章 附 则

第六十一条 人民检察院办理网络犯罪案件适用本规定,本规定没有规定的,适用其他相关规定。

第六十二条 本规定中下列用语的含义:

(一)信息网络,包括以计算机、电视机、固定电话机、移动电话机等电子设备为终端的计算机互联网、广播电视网、固定通信网、移动通信网等信息网络，以及局域网络；

（二）存储介质，是指具备数据存储功能的电子设备、硬盘、光盘、优盘、记忆棒、存储芯片等载体；

（三）完整性校验值，是指为防止电子数据被篡改或者破坏，使用散列算法等特定算法对电子数据进行计算，得出的用于校验数据完整性的数据值；

（四）数字签名，是指利用特定算法对电子数据进行计算，得出的用于验证电子数据来源和完整性的数据值；

（五）数字证书，是指包含数字签名并对电子数据来源、完整性进行认证的电子文件；

（六）生物识别信息，是指计算机利用人体所固有的生理特征（包括人脸、指纹、声纹、虹膜、DNA 等）或者行为特征（步态、击键习惯等）来进行个人身份识别的信息；

（七）运行脚本，是指使用一种特定的计算机编程语言，依据符合语法要求编写的执行指定操作的可执行文件；

（八）数据镜像，是指二进制（0101 排序的数据码流）相同的数据复制件，与原件的内容无差别；

（九）MAC 地址，是指计算机设备中网卡的唯一标识，每个网卡有且只有一个 MAC 地址。

第六十三条 人民检察院办理国家安全机关、海警机关、监狱等移送的网络犯罪案件，适用本规定和其他相关规定。

第六十四条 本规定由最高人民检察院负责解释。

第六十五条 本规定自发布之日起施行。